股市取款密码

卢宁　卢平忠　著

四川人民出版社

图书在版编目（CIP）数据

股市取款密码 / 卢平忠，卢宁著. —成都：四川人民出版社，2017.3

ISBN 978—7—220—10059—8

Ⅰ. ①股… Ⅱ. ①卢… ②卢… Ⅲ. ①股票投资－基本知识 Ⅳ. ①F830.91

中国版本图书馆 CIP 数据核字（2017）第 036544 号

GUSHI QUKUAN MIMA

股市取款密码

卢平忠　卢宁　著

责任编辑	江　风
封面设计	张　科
技术设计	张迪茗
责任校对	蓝　海
责任印制	王　俊
出版发行	四川人民出版社（成都市槐树街 2 号）
网　　址	http://www.scpph.com
E-mail	scrmcbs@sina.com
新浪微博	@四川人民出版社
发行部业务电话	（028）86259624　86259453
防盗版举报电话	（028）86259624
照　　排	成都勤慧彩色制版印务有限公司
印　　刷	成都蜀通印务有限责任公司
成品尺寸	185mm×260mm
印　　张	13
字　　数	195 千字
版　　次	2017 年 4 月第 1 版
印　　次	2018 年 4 月第 2 次
印　　数	8001—12000 册
书　　号	ISBN 978—7—220—10059—8
定　　价	46.00 元

序言

沪深交易所设立至今26年，上市公司数量快速增长，逾3000家企业，总市值高达50万亿元。当今社会，股票资产已成为机构投资者和居民财富配置的重要组成部分，两市开立A股账户1.15亿元，且以每周30万户的速度增加。

股市暴富的故事，时常成社会热议话题。然而受诸多因素的影响，股市走势变幻莫测，区间波动剧烈，把握不得当，导致亏损者比比皆是，更有甚者，借助杠杆高比例融资交易导致输光钱财、赔光家产的事也时有发生。对于初入市者或者没有资金和信息优势的广大中小投资者，尤其是喜逐所谓市场热点的"吃瓜群众"，在险如战场的博弈中，掌握基本的投资理论和分析方法就是一堂必修课。

投资股票，每个人抱定的目标不一样，有的人"先定一个能达到的小目标，比方说我先挣它一个亿"，也有人追求的是用闲时余钱，独立研判，体验生活，品味人生，实现价值，怡情又收银。

卢平忠无疑是中国亿万股民中的佼佼者，投身股市十来年，潜心研究，辛勤耕耘且收获颇丰，不仅以此为业"养家糊口"，而且个人财富呈几何级数上升。打虎亲兄弟，上阵父子兵，儿子卢宁受他的影响，毅然放弃杭城知名IT公司稳定的工作，改行进入竞争激烈的券商行列，重头开学投资业务，从一名基层业务人员开始，知难而进，难能可贵。更值得肯定赞许的是卢宁把他父亲卢平忠十多年摸索总结的研究理论和操作方法收集整理成20余万字的书稿，定名《股市取款密码》，相信他这段经历，胜过许多证券从业人员多年的工作实践。书稿即将付梓，书中更有卢平忠实战案例分享，价值极高，是实战客研判切磋的读心之术。

视股市如提款机，获得股市取款密码，无疑是每个投资者的梦想。

约翰·奈夫曾说过：决定命运的，不是股票市场，也不是上市公司本身，而是投资者本人！

《股市取款密码》书中观点虽见仁见智，但对于投身股市的你，洞悉市场，了解对手，修炼自身，提高段位，定有裨益。

愿你投资成功，先挣它一个亿！

徐顺新

2016年11月

（徐顺新，男，长江证券浙江分公司总经理，23年证券从业经历，第一代证券红马甲。长期工作在证券行业第一线，从事证券经纪业务管理工作，任职履历丰富，曾任近十家证券营业部总经理。）

目 录

CONTENTS

股市取款密码

前 言 …… 001

第一章 基本面选股 …… 001

第一节 股市的基本面 …… 004

一、基本面的定义 …… 004

二、影响股市的基本面因素 …… 004

第二节 个股的基本面分析 …… 006

一、行业 …… 008

二、个股的基本面指标分析 …… 017

第三节 估值系统与自选股 …… 040

一、简单实用的估值系统 …… 040

二、建立自选股 …… 048

第二章 技术面选时 …… 075

第一节 根据量能寻找个股的中长线买卖点 …… 077

一、量 …… 078

二、地 量 …… 080

三、天 量 …… 086

四、中长线个股的买卖点 …… 089

五、不能参与的个股 …… 092
第二节　根据图形寻找个股买卖点 …… 093
一、图形概述 …… 093
二、上震仓 …… 094
三、上影光阳 …… 097
四、多方炮 …… 098
五、三角托 …… 100
第三节　根据主力的运作痕迹来寻找个股的买卖点 …… 103
一、主力的定义 …… 103
二、长线主力的运作方法 …… 104
三、通过实际案例了解主力的操作思路与手法 …… 107
第四节　根据过顶形态寻找买卖点 …… 122
一、过顶的概念 …… 123
二、逢顶必调（顶点区域附近是卖点） …… 123
三、带量过顶 …… 125
第五节　涨停板的卖点 …… 127
一、涨停板的概念 …… 127
二、涨停板的好坏 …… 127
三、涨停板的卖点 …… 136

第三章　实战与案例 …… 141
第一节　内功心法 …… 142
一、态　势 …… 143
二、三种境界 …… 144
三、十个阶段 …… 146
四、段位与修行 …… 148
五、对散户的忠告 …… 150
六、谈集中投资 …… 152
七、快与慢的关系 …… 153
八、谈“止损” …… 155

九、散户与大盘 …… 156
十、如果你是一个老股民 …… 157
十一、长线、中线、短线 …… 159
第二节　战略战术 …… 171
一、散打九招 …… 171
二、操作案例 …… 175

第四章　附记——我的职业炒股经历 …… 185
第一节　初入股海 …… 185
第二节　上下求索 …… 192
第三节　稳定盈利 …… 196

后　记 …… 199

前 言

我最早知道股票这个东西大概是在2002年。那年，我刚进入长沙一中读初一。当时，父亲在上海工作，母亲在北方读博，家里只有姨奶奶照顾我的生活起居。可能是父母长期不在身边的原因，我的青春叛逆期来得比别人早一些，天天放学不回家，泡网吧，与街上的小混混混在一起，成绩差不忍睹，是个别人眼中标准的“坏孩子”。父亲一直很担心我的状况，面对每况愈下的我，无奈之下只能辞掉薪资相对丰厚的外地工作，回到湖南照顾我，为此成为一名职业股民。我当时对股票的认识也仅仅停留在“这是父亲赚钱的工具”上，其他则一概不知。

在父亲的看管下，我的学业渐渐回到正轨，高考顺利考入苏州的一所重点本科，主修通信工程专业，大学毕业后又去英国利物浦大学读研，回国后进入一家与通信工程专业相关的上市公司工作。在工作期间，我逐渐对股票产生了兴趣，并接触和了解了父亲的操作系统。在我眼中，父亲是一个成功的职业股民，这么多年里，我们家的大小生活开销全靠父亲从股市赚得。于是我下定决心向父亲拜师学艺，想把他这套“吃饭的家伙”学到手。当时正值2014年“杠杆牛市”的开端，一波波澜壮阔的牛市让我赚到了股市里的第一桶金，慢慢地，我对股票的兴趣超过了当时所从事的工作。为了学到更多东西，我毅然辞掉多年学习通信工程的相关工作，考取证券从业资格进入证券行业，从零起步，当时就想着把父亲的这套操作系统发扬光大。

2014年6月，父亲闲暇之余在《天涯论坛》上发表了一篇名为“十二年职业股民，十二年的酸甜苦辣”的帖子，回顾他十二年的职业股民生涯。

没想到引起了较大的反响，我也通过帖子了解到，即使在牛市里，许多散户也做得并不理想，甚至还亏钱。我便突然萌生了把父亲的这套完整的操作体系整理出来，写成一本书供散户们参考，至少让他们摆脱长期亏损困局的想法。

与父亲交流之后，我的这个想法得到了他的认可。于是，我们开始对这本书的结构、层次与内容以及细节进行了详细的讨论。在最开始的那一个月里，我们几乎每天都通过电话或者 QQ、微信等进行探讨，有时甚至为了找到一个合理的比喻来解释一些笼统的概念而思索好几天，在这种废寝忘食的工作状态下，成型了本书的初稿。

本书的定位是面向广大的散户群体，可以包括相当部分的老股民。他们大都没有形成适合自己的有效的操作系统，买什么票、什么时候进行买卖，可能还在听信身边的朋友、“有消息的内部人士”、电视或网络媒体等股评家的推荐，这种缺乏自己主观判断的“被动投资”，亏损也就自然成为他们的主要共同点。

本书没有晦涩难懂的专业术语、复杂多变的技术指标，选取的是实用至上的内容、朴实无华的语言、直观简单的图形。笔者相信，就算没有任何理论基础的股民也能看懂，笔者也衷心希望这本书能给广大股民朋友提供参考，帮助大家找到适合于自己的操作方法，完善自己的操作系统，早日获取股市的“取款密码”，在股市的操作中稳定获利，无往不胜！

卢　宁

2016 年 9 月

一直在想怎样才能够形象地比喻炒股？想来想去想到了煎鱼，再一琢磨，自认为确实挺像。

第一，鱼要好、新鲜。臭鱼是不能用的，臭鱼再怎么煎都是臭的，只会浪费油盐与时间。（选好一只股票很重要，这是基础）

第二，鱼不能翻得太勤，翻动太多就会稀烂。（短线客少有赢家）

第三，不能一条鱼没有煎熟就又煎另外的鱼，顾及太多就可能半生不熟，吃了半生不熟的鱼，会拉肚子。（同时操作多只股票你就会只得到一堆烂鱼，最终一无所获）

第四，锅里的鱼也不能不翻，不翻鱼就会煎煳。（有利润的股票不获利了结，就可能“坐电梯”或者收效甚微）

第五，锅里没有温度是煎不好鱼的。（大盘没有行情，要么持币，要么持股不动，等待温度起来）

第六，锅里的温度起来了，就要加快速度，煎好一条马上放进另外一条，一条条地煎好、收获，直到锅已烧红，不再适宜煎鱼，这时拿着煎好的鱼撤退，等待锅里合适的温度，进入下一个轮回。

说起中国的股市，由于A股历史很短，自然就需要有一个逐渐成熟的发展过程，在这个过程中，也留给市场参与者一路走过的坎坷与艰辛。

根据2014年4月中登公司的统计，在所有5364万个活跃账户中，亏损的比例接近93%，也就是说，平均每100个人里面只有7个人赚钱，多么低的比例！这比传说的国外股市7亏2平1赚的比例还要低。

要想成为散户里极为稀少的7%里面的一员，除了多花时间，寻找到一条正确的路，形成自己的操作系统并不断地完善，以适应这个复杂多变的股市外，别无他途。幻想快速致富、赌一把就走，最后都会导致含恨离场，即所谓“播下的是龙种，收获的是跳蚤”。

那么，怎样才是正确的做法呢？

股市有一句很有名的格言：复杂的事情简单做，正确的事情重复做。

此话是由美国著名期货交易大师与理论家斯坦利·克罗的交易理论总结而来的。他的座右铭是“KISS”，是“Keep It Simple，Stupid”的缩写，意思是说：务求简单，简单到不必用大脑。不迷信复杂的技术分析法，并且把简单的事情重复做下去。

这就是说，股市投资的最高境界：就是把一个正确的、简单的操作，一辈子孤独地做下去，不管别人如何评价，甚至遭到嘲笑和挖苦，都义无反顾。

当然，真正做到，其实非常难！

最难的就是先要形成一套自己的操作系统，而且这个系统是经得起检验、行之有效、能够赚到钱的。然后，剩下的就是坚持。

对于炒股，如果简单归纳，就是两句话：选什么股票，什么时候买卖！更简单一点就是：选股，选时！这是操作系统的核心。

如何选股呢？大部分散户可能是这样几种选法：

1. 道听途说法

四处打听，身边的朋友买的什么股？多少价位买的？能够涨到多少？谁炒股赚了钱，现在买了某种股票，然后跟着买入。

2. 被推荐法

很多电视台都有关于股市的节目，先是对大势一通分析，振振有词说一大堆术语：支撑、平台、破位、均线、箱体什么的，然后就是对后市的准确判断，最后是推荐一个马上要启动的牛股，只要打进电话就可以得到，再然后就是不定期地更换分析师。至于为什么要更换？你懂的！

网络上有更多，各种微信群、QQ群、网站等等，随时随地都在大力推荐股票，而且都有一大堆非常好听的理由，看了让人热血沸腾，好像马上就要大涨，不买就会后悔，就赶不上这趟赚钱的车了似的。

3. 技术分析法

在书上或者网上学了一些技术理论，比如波浪、均线、背离KDJ、MACD、BOLL，还有金叉死叉、缠论等等，一知半解地拿来选股操作。

当然，还有很多离奇古怪的选股方法，比如用吉利的数字代码，按照奇门八卦选股等等，不一而足。

这些选股方法靠谱吗？看结果就知道了。如果长期使用一个方法让你从股市赚到了钱，那就是可用的。但散户极低的赚钱比例说明这些方法统统不靠谱。

要选好股票，可不是选择一个6位数的代码那么简单，而必须知道股票是什么。选股票其实是选这个股票所代表的公司。

什么是股票？

有很多散户做了多年的股票，却连股票是什么都没有搞明白，不能不说是一件很悲哀的事情。连自己交易的对象是怎么回事都没有搞明白，就敢花辛辛苦苦赚来的钱去买，难道不觉得可怕？这种行为绝不可能说是投资，只能算是一种赌博。想要成为一个成熟的投资者，必须知道自己想要买卖的东西是什么。

所谓股票是指股份公司发行的所有权凭证，是股份公司为筹集资金而发行给各个股东作为持股凭证并据此取得股息或红利的一种有价证券。

股票作为股东向公司入股、获取收益的所有者凭证，持有者就拥有公司的一份资本所有权，成为公司的所有者之一，不仅有权按公司章程从公司领取股息和分享公司的经营红利，还有权出席股东大会，选举董事会，参与公司经营管理的决策。

股票作为一种有价证券，股份公司不会对股票的持有者偿还本金。一旦购入股票，就无权向股份公司要求退股，但能通过股票的转让来收回资金，并将股票所代表着的股东身份及其各种权益转让给受让者，其股价在转让时受到公司收益、公司前景、市场供求关系、经济形势等多种因素的影响，随时都可能发生变化，所以，投资股票是有一定风险的。

接下来问题就来了，既然股票的本质是代表上市公司的权益，那么如何才能选到好的上市公司的股票呢？

想选到好的股票，就必须要了解股票的基本面，通过对基本面的研究选择恰当的个股。

第一节　股市的基本面

一、基本面的定义

基本面通常是指宏观经济、行业和公司的基本情况。

宏观经济运行态势影响着上市公司整体的经营业绩，也为上市公司进一步的发展确定了大的背景，因此，宏观经济与上市公司及相应的股票价格有着密切的关系。上市公司的基本面包括市场状况、经营管理、财务状况、盈利能力、市场占有率、发展规划等各个方面。

二、影响股市的基本面因素

（一）经济因素

1. 宏观经济状况

从长期和根本上看，股票市场的走势和变化是由国家经济发展水平和经济景气状况所决定的，股票市场的价格波动也在很大程度上反映了本国宏观经济状况的变化。

2. 利率水平

在影响股票市场走势的诸多因素中，利率是一个比较敏感的因素。一般来说，国家收紧银根，市场资金紧缺，利率上调，可能会将一部分资金吸引到银行储蓄系统，从而减少股票市场的资金量，对股价会造成一定的下跌。同时，由于利率上升，企业经营成本增加，利润减少，也相应地会使股票价格有所下跌。

反之，利率降低，人们出于保值增值的内在需要，可能会将更多的资金投向股市，从而刺激股票价格的上涨。同时，由于利率降低，企业经营成本降低，利润增加，也相应地促使股票价格上涨。

金融环境放松，市场资金充足，利率下降，存款准备金率下调，很多游资会从银行转向股市，股价往往会出现升势。

3. 通货膨胀

国家的财政状况出现较大的通货膨胀，股价就会下挫，当财政支出增加时，股价会上扬。

在通货膨胀初期，由于货币供应增加会刺激生产和消费，增加企业的盈利，从而促使股票价格上涨。但通货膨胀到了一定程度时，将会推动利率上扬，从而促使股价下跌。

4. 减税

从历史情况来看，发达国家如英国和美国都曾通过减税来降低企业成本，刺激经济增长。从结果上看，减税对股市的影响是很显著的，在降低企业成本、激发企业活力的同时，也都带来了股市的繁荣。

那么，我国从2016年5月1日开始实施的营业税改增值税的税收改革会不会也伴随一波牛市呢，笔者相信是有的，只要是真正地减税，降低企业的负担，就应当会有一波牛市行情。让我们拭目以待吧！

（二）政治因素

政治因素指出于政治方面的原因对股票市场发生直接或间接影响，如国际政治形势、政治事件、国家之间的关系、重要的政治领导人的变换、国家间发生战争、发生较大的劳资纠纷甚至罢工风潮等等，这些都会对股价产生大的、突发性的影响。

比如，2016年7月16日，土耳其发生军事政变，尽管没有成功，但也导致土耳其股市当天大跌7.1%。

（三）企业因素

股票自身价值是决定股价最基本的因素，而这主要取决于相关公司的经营业绩、资信水平以及连带而来的股息红利派发状况、发展前景、股票预期收益水平等。

（四）行业因素

行业在国民经济中地位的变更，行业的发展前景和发展潜力，新兴行业带来的冲击等，以及上市公司在行业中所处的位置、经营业绩、经营状况、资金投向的改变以及领导层人事变动等都会影响相关股票的价格。

总之，影响股价的基本面因素很多，在本书中，我们主要研究个股的基本面以设定在其他因素都比较正常的情况下，该股有没有买入的价值，或者说能不能买入，从而解决买什么股票的问题。

第二节 个股的基本面分析

个股的基本面说起来很简单，所有股票交易软件里都有比较详细的信息。所谓股票的基本面就是某股票所代表公司的基本情况。如这个公司的：行业、主营业务、股本构成、财务指标、高管情况、技术水平、公司大事等等。

纯技术派的散户是不屑于看基本面的。他们的观点很简单，就是认为K线（股票价格）代表了这只股票的一切。

但是，所谓纯技术派高手很少很少，在散户中的比例应当不超过1%，可谓寥若晨星！我在十多年职业生涯中只见到过两个。一个是在某证券公司见到的，我有一个朋友在某证券公司当副总经理，带我见识过他的操作。他当时已经是大家了，很厉害！进场离场很果断，止盈止损都很坚决，选股是跟着热点走，总的收益也很不错。另外一个就是我在新浪UC聊天室认识的一位师傅，宁波人，50多岁了，曾经是某投资公司的操盘手。我长时间跟踪过他的操作。他是纯粹按图形操作，每天选定几种图形，出现买卖点就操作，发现图形一走坏就止损离场。成功率大约七成多一点，总的来说还是有一定的收益。但就是这样一个技术派高手，强调得最多的却是技术的变化。他经常给我讲：技术也在慢慢变化，随着掌握的人不断增多，技术就会发生变化。要做好股票必须适应这种变化，不能抱残守缺，一成不变！如果不能适应这种变化，就会反过来被技术所害。

如果不是或者预计自己不能成为散户里面不到1%的技术高手，那么请从现在起就开始关注基本面。

笔者这十多年职业生涯总结出来的操作理念，概括起来就是两句话：

> 研究基本面决定买什么股票，研究技术面决定何时买卖！
>
> 简述为：基本面选股，技术面选时。

我不会做一只我不熟悉的股票，我的自选股里大概有50多只股票，他们的基本面我都十分清楚，了如指掌。我只在我的自选股里找他们的买卖点，达到我要求的买卖点就操作，反复循环，仅此而已！所以，我对我的股票非常有信心，即使买进以后出现下跌也不害怕，而会耐心等待。

从2007年开始，我没有亏钱卖出一只股票，每次操作都是盈利。当然，在漫长的熊市里，有一只股票让我拿了近3年时间才盈利卖出。这是我拿得最长的一只股票，让我记忆深刻。也就是这只股票的操作，更加让我有了持股的信心：只要买进的股票基本面够好，最终都会盈利。我自己给这种方法取了一个比较血腥的名字，叫作“刀刀见血”。

所以，基本面的研究很重要，它决定你能不能操作这只股票。

俗话说：选股如选妻。如果你对一个女人一点都不了解，能选择她做你的妻子吗？

那么，具体到个股基本面，就有很多内容是我们必须了解并掌握的。

一、行业

行业就是指研究的股票是属于社会经济中的哪个行业。上市公司在社会经济中所处的行业非常重要。

上市公司的行业好不好？是朝阳行业还是夕阳行业？是属于国家重点支持的行业还是正在被慢慢淘汰的行业？这个行业未来的前景是一般还是向好？行业前景广阔还是越来越没有前途？是垄断行业还是竞争过度？

证监会把所有上市公司的行业分得很细，目前大概有 91 个。

我们当然不可能了解这么多，人的能力、精力、资源都是有限的，所以我们只能尽量对我们熟悉以及国家大力提倡发展的行业的股票进行研究。

记不得是哪一年，某报纸报道香港一个家庭主妇炒股，她每买一只股票前都要在市场上买这个公司的产品来用。比如说洗衣粉，她会用完一袋看是不是好用，再决定买不买这家公司的股票，多年下来，其资产达到 1600 多万港币。这其实说明了公司的行业和产品对其股价的重要性。

当然，基金大佬们在买入股票前也都要到公司实地调研，对此，我们只能心向往之，不具有很强的操作性，散户更多的是研究这家公司的各种资料决定是否买这只股票。

我也曾实地调研过一家上市公司，600566 洪城股份，当时股价不到 7 元钱，我重仓介入，然后就去了公司，当时去调研是想知道有个传闻是不是真的。这是一家做阀门的公司，市场上传说是公司开始做核电站的阀门，当时沾核概念的股票就会大涨。

为了弄清楚上市公司是不是在做这方面的业务以及业务量有多大，我坐火车去了荆州，第二天在公司与董秘见面，结果我一报上名字，董秘说他知道我，还买了不少股他们公司的股票。我很诧异。他解释说，公司有所有股东的名录，靠前一些位置的流通股股东他都有印象。

调研的结果证明，核电站阀门业务只占该公司总体业务的极少部分且以后也不可能大力发展该项业务，回家后我赚了点钱就把该股卖掉了。现在，该公司已经改做其他主业。

在研究个股之时，必须了解所属的行业，这点非常重要。我认为，目前需要回避一些行业：

1. 房地产

整个房地产行业已经达到顶峰，接下来会陷入长时间的下调，所以该行业的股票都要回避，尽管股价已经提前在股市中有所反应了，但也是不能介入的。下跌不言底就是这个意思。主力资金都在出逃，散户还去凑什么热闹。俗话说："神仙打架，凡人遭殃。"咱惹不起躲得起。

房地产行业的上下游行业也不能碰。如：钢铁，水泥、涂料、地板以及其他建材、装饰等等都会受到行业下行带来的巨大影响。

我以前的自选股里面有一只是002631 德尔家居（现在已经改名为德尔未来），买卖这只票赚过3 次钱，但也于2016 年初坚决剔除了。

如果读者的自选股里面有这个行业的股票，建议将他们全部剔除。不要抱侥幸心理，更不要想着去抄底。好的行业那么多，为什么要在一个夕阳行业里面投机呢?

2. 百货公司

互联网销售的发达对传统的商业模式带来巨大的冲击。人们已经逐渐认同网购这种消费模式，尤其是年轻人，而现在很多中老年人也开始网购了。

据2016 年2 月13 日《广州日报》报道：

电子商务在经过了多年的快速发展后，已经几乎把你想买的所有东西都挂到了网上，其力量已经渗透至生活的方方面面。"只有你想不到的，没有你买不到的。"这句话是对网购的最新评价。

中国互联网络信息中心（CNNIC）发布《第37 次中国互联网络发展状况统计报告》显示，截至2015 年12 月，中国网民规模达6. 88 亿人，其中网购用户规模达到4. 13 亿，比例高达六成。

商务部的最新统计数据显示，2015 年全国网络零售交易额为3. 88 万亿元，同比增长33. 3%，其中实物商品网上零售额为32424 亿元，同比增长31. 6%，高于同期社会消费品零售总额增速20. 9 个百分点，占社会消费品零售总额（300931 亿元）的10. 8%。

通过网络交易的商品占到全国消费品零售总额的 10.8%，发展的速度非常快。所以百货公司未来的前景不容乐观。

从这类股票的价格也可以看出苗头。比如广州友谊（000987），笔者以前一直关注，该股从 2010 年以后就开始漫长的下跌，2013 年 8 月 8 日股价只有 5 元。业绩不可谓不好，分红不可谓不多，基本面似乎相当好，可股价就是上不去。原因就在于行业，所以这个行业的股票也要坚决剔除。2016 年 5 月 31 日，该股股价已经达到 19.47 元，但这是由于越秀金控入主该股后形成的。它已经变身为一个金融服务公司，行业也属于金融类了。由于主业的萎缩，该行业的股票都在开始积极寻求重组，这当然是另外的一个概念。

3. 煤炭、钢铁等产能过剩的行业

“2012 年国家加大了对煤炭的进口，总量达到了 2.9 亿吨，2013 年更是达到了 3.3 亿吨。由于进口煤炭的成本很低，直接导致了我国煤炭价格的大幅度下滑。也使得煤炭上市公司的业绩大幅度的下降，而且前景黯淡。”以上是我在 2014 年帖子里所写的情况。据海关统计，2015 年进口煤炭 2 亿吨，同比下降 29.9%。出口 533 万吨，下降 7.1%。国家大量进口煤炭可能是为了能源安全的考虑，可以预见的是煤炭行业会有一次很大规模的洗牌。相应的，煤炭价格则一路下行。

2014 年，我国煤炭产量为 38.7 亿吨，出现首次下降，比 2013 年减少 1 亿吨。2015 年前 11 个月，我国煤炭产量为 33.7 亿吨，同比减少 1.3 亿吨，继续下降 3.7%，预计全年煤炭产量在 37 亿吨左右。

在煤炭产量出现下降的同时，煤炭市场需求也在减少。自 2000 年到 2013 年，全国煤炭消费量年均增加 2.18 亿吨，年均递增 8.8%，2013 年煤炭消费量达到 42.4 亿吨的最大值。而到了 2014 年，全国煤炭消费量出现首次下降，同比下降了 2.9%。2015 年，煤炭消费量继续下降。2015 年前 11 个月，我国煤炭消费量为 15.3 亿吨，同比减少 1.5 亿吨，降幅为 4.6%。其中，电煤消耗约 16.6 亿吨，下降了 6.2%；钢铁行业用煤消耗 5.8 亿吨，下降了 3.2%；建材用煤消耗 4.8 亿吨，下降了 8.2%；化工用煤消耗 2.3 亿吨，增长了 8.5%。预计全年全国煤炭消费量将下降 4% 左右。

在煤炭产能过剩、需求不足的情况下，煤炭价格连续大幅度下滑。2012年以来，秦皇岛5500大卡动力煤平仓价以每年100元/吨左右的幅度下降。2015年以来价格下跌更加明显，年初为515元/吨，报道期已跌到360元/吨，比年初下跌了155元/吨，跌幅为30%，回到了10年前水平。炼焦煤价格降幅更大。2012年5月份山西焦化精煤综合售价为1540元/吨，而报道期已跌破600元/吨，降幅达到60%以上。2015年以来，炼焦煤价格累计下降了200元/吨左右，而且仍面临较大的下行压力。

在煤炭价格大幅下跌的背景下，煤炭企业效益严重缩水。2015年前10个月，全国规模以上煤炭企业主营业务收入为2.06万亿元，同比下降14.6%；利润额为356.2亿元，同比下降62.1%；亏损企业亏损额801.9亿元，同比增长33.5%。

所以，煤炭以及煤炭的上下游上市公司的股票，包括焦炭，为煤矿服务的勘探、打井、安全防护等等上市公司的股票应该从自选股里剔除。

钢铁行业同样如此，在此不再展开叙述。

目前哪些行业最值得关注？

1. 互联网行业

我记得大概是1995年的时候，比尔·盖茨曾经说过：互联网会极大地改变人类生活！我当时完全不能理解，因为当时的网络速度很慢。笔者当时开了个卖计算机的公司，主要组装计算机以及给学校提供局域网计算机系统，印象最深的是那时候微软的局域网net还不行，装的是Novell公司的网络系统。而现在，这个当时的老大Novell早就被吞并消灭了。

互联网的急速发展确实极大地改变了人类生活，而且速度越来越快，规模还会越来越大。

据人民网和社会科学文献出版社联合发布的《中国移动互联网发展报告(2014)》显示，截至今年1月，我国移动互联网用户总数达8.38亿户，手机网民规模达5亿，占总网民数的八成多，手机保持第一大上网终端地位。

真是匪夷所思的发展速度。这也就是京东商城在美上市估值达1918亿的原因。

所以，我们要关注 A 股中比较优质的互联网公司。但遗憾的是，中国最好的一些互联网公司都是在国外上市，我们买不到。像腾讯、阿里巴巴、新浪、搜狐、百度等等。但仔细寻找还是可以找到一些。比如做网络信息安全的公司。特别是一些做互联网平台的公司，如进口商品平台，物流平台，消费平台等等值得高度关注。

2. 军工行业

随着我国政府慢慢告别韬光养晦的外交政策，开始奉行经济适用，注重国家利益的外交原则，我们与周围及世界几个大国之间的摩擦可能会增多，或有可能会越来越激烈。如此，大力发展军备就成为当务之急。

飞机、导弹、发动机以及与军工有关系的企业将会持久地获益。成飞集成（002190）股价上涨可视为一个例证。当然，我们不去追高，沉下心来仔细研究军工类的股票，发现其中股价还不高但有很好发展前景的标的，也就是将估值比较恰当的股票放进自选股，一旦发现买点就考虑参与。

3. 环保行业

随着中国经济长期的高速发展，不可避免地对环境造成了较大破坏。空气、土地、河流被污染，有些污染非常严重，而发展与污染又是一个一体两面的矛盾。

以前我们国家穷，重在发展。现在有钱了，就要治理污染。所以，中央、发改委多次强调要认真治理污染。水十条，土十条，以及治理空气污染的各种措施都陆续出台，各项工作也都开始稳步推进，那么这个行业的上市公司就面临着很好的发展机遇，很有前景，不少企业接的单子是越来越大，有的一单就达到几亿甚至几十亿。所以，这个行业会有很牛的股票出现，可以重点关注。

4. 制造业

制造业是技术创新的源泉，是国家经济增长的原动力。如果没有一个强大而极具创新性的制造业体系，任何一个经济体都不可能实现繁荣发展。2008 年金融危机爆发后，世界上各主要经济体都提出增强制造业的国家战略，制造业正重新成为国家竞争力的战略制高点。

“十三五”规划纲要明确提出，深入实施《中国制造 2025》，以提高制造业创新能力和基础能力为重点，推进信息技术与制造技术深度融合，促进制造业朝高端、智能、绿色、服务方向发展，培育制造业竞争新优势。

根据《中国制造 2025》的报告提出的十大重点发展领域，可以重点关注以下五个方面的上市公司。

（1）数控机床

机床是公认的“制造之母”。其中，数控机床以其卓越的柔性自动化性能、优异而稳定的精度、灵捷而多样化的功能引起世人瞩目，开创了机械产品向机电一体化发展的先河，因此数控技术成为先进制造技术中的一项核心技术。

“数控一代”机械产品相当于在机器里安装了一个“大脑”，通过提升装备技术性能和附加价值，实现装备制造业由大变强。因此，通过机械装备数字化、智能化、信息化，加快引领、带动传统制造业全面升级，是传统制造业技改的突破口。

（2）机器人

机器人，作为制造业先进方向的杰出代表，自然是站在“风口”上的。随着制造业的迅猛发展，我国工业机器人的使用量呈爆发式增长，随着个人服务、医药、教育、军事等行业需求的提升，我国服务机器人的使用量也在逐步增长。

机器人已经成为智能制造的竞争制高点。

近段时间以来，机器人领域好消息频传。科技部、工信部、国家发改委、标准委等多家部委纷纷出台政策、设立项目，推进机器人的研发、应用、检测、认证和标准化工作。机器人是《中国制造 2025》规划的重要领域，机器人产业会成为我国抢占技术和市场制高点的关键入口。

（3）信息产业

根据《中国制造 2025》的发展目标，未来十年，制造业信息化水平大幅提升，制造业数字化、网络化、智能化会取得极大进展。在这个过程中，信息产业无疑是一个不可错过的“风口”。

例如，操作系统及工业软件领域，突破智能设计与仿真及其工具、制造物联与服务、工业大数据处理等高端工业软件核心技术，开发自主可控的高端工业平台软件和重点领域应用软件，建立完善工业软件集成标准与安全测评体系，都是软件行业要面对的挑战，当然也就存在着巨大的机遇。

再比如，信息通信领域未来的发展方向是掌握新型计算、高速互联、先进存储、体系化安全保障等核心技术，全面突破第五代移动通信（5G）技术、核心路由交换技术、超高速大容量光传输技术、“未来网络”核心技术和体系架构，积极推动量子计算、神经网络等发展。

此外，高端服务器、大容量存储、新型路由交换、新型智能终端、新一代基站、网络安全等设备也是一个巨大的市场。

（4）高端装备

《中国制造2025》其中一个内容是推动中国企业走出去，其中航空航天装备、海洋工程装备及高技术船舶、先进轨道交通装备、电力装备是重点领域。

用高新技术当敲门砖，摆脱在低水平市场徘徊的局面，逐步在产业链的高端环节大显身手。最具代表性的就是中国高铁、中国核电。我国在这些领域能够在国际市场叫得响，是因为有技术水平位居世界前列的底气。

同时，高端装备制造也是中国制造硬实力的体现。

（5）新能源

全面推行绿色制造；全面推进钢铁、有色等传统制造业绿色改造；实施重点区域、流域、行业清洁生产水平提升计划；制定绿色产品、绿色工厂、绿色园区、绿色企业标准体系，开展绿色评价……在《中国制造2025》中，“绿色”散布其间，是贯穿全文的主色调。

绿色制造是制造业可持续发展的必然选择，因而新能源行业也会是一个受益领域。例如，新能源汽车。中国的汽车在《中国制造2025》的帮助下或将迎来战略性的发展契机。根据规划，中国将优先发展的十大高端装备中就包含节能与新能源汽车。此外，一些高效、清洁、低碳、循环的生产方式和工业产品也是一个增长点，例如节能电机，低压变频器等。

随着中国经济的持续发展，以上这些子行业及上下供应链上的优秀企业都有着很好的前景。

5. 农业

中国是一个农业大国，13 亿人的吃饭问题非同小可。2016 年中央一号文件连续第 13 次聚焦“三农”问题。《中共中央国务院关于落实发展新理念加快农业现代化实现全面小康目标的若干意见》中提出：

（1）大规模推进高标准农田建设，到 2020 年确保建成 8 亿亩、力争建成 10 亿亩集中连片、旱涝保收、稳产高产、生态友好的高标准农田。将高标准农田划为永久基本农田，实行特殊保护。

（2）大规模推进农田水利建设，到 2020 年农田有效灌溉面积达到 10 亿亩以上，农田灌溉水有效利用系数提高到 0.55 以上。

（3）加强农业生态保护和修复，到 2020 年森林覆盖率提高到 23% 以上，湿地面积不低于 8 亿亩，扩大退牧还草工程实施范围。

与此相关的种业、农药、化肥、土壤修复等行业的上市公司有着很大的发展机会。

6. 医疗行业

医药是属于我国民生经济重要的组成部分，也是传统的行业。医疗行业对于保护和增进人民健康、提高生活质量，为计划生育、救灾防疫、军需战备以及促进经济发展和社会进步均具有十分重要的作用。

2000 年以来，药品销售快速增长，从 1572 亿元增至 2015 年的 10985 亿元，增长约 7 倍，年均增速为 16.27%，排在美日之后，位列世界第三位。全球著名医疗咨询机构 IMS 预测：2020 年中国的药品销售总量将取代日本成为全球第二，未来 6 年都会是中国医疗行业的上升期。另外，据中信证券预测，从 2014 至 2020 年，我国药品销售收入复合增速将达到 16%，医疗服务复合增速则将达到 24%，双双呈现两位数增长。

目前，我国医药企业规模普遍偏低，公司规模超过 500 亿的公司仅两家，绝大多数的公司市值规模低于 100 亿，上市的 182 家医药企业中，低于 100 亿的有 119 家，而美国最大的医药公司强生，其市值高达 2961.02 亿美元，所以我国医药市场发展潜力巨大。上市的医药企业更是行业中的龙头公司，其成长前景广阔，未来有望在提高企业规模的同时提高行业集中度，开拓国际市场，成为有巨大发展潜力的公司。

7. 国企混合所有制改革

十八届三中全会，规划了国有企业和国有资本的改革路径，提出了实行混合所有制的改革方向。

2015 年 9 月 24 日，国务院出台《关于国有企业发展混合所有制经济的意见》的文件，明确发展混合所有制经济是深化国有企业改革的重要措施。

国企改革当中，发展混合所有制经济形式，将是我国经济改革当中的重要手段之一，国家寄希望通过国企与市场经济体制相结合的过程，完善国企的管理制度，提高国企的创新力与市场竞争力，盘活一些惨淡经营的国企资产，推动国家经济增长。

2016 年 8 月 18 日，国资委召开通气会，宣布国有控股混合所有制企业员工持股首批试点于 2016 年年内启动，成熟一户开展一户，2018 年年底进行阶段性总结，视情况适时扩大试点。

国资委改革局局长白英姿表示，处于充分竞争行业的商业类企业、营收和利润的 90% 来自集团外部市场等四类企业将可开展持股试点，但员工持股总量原则上不高于公司总股本的 30%，单一员工持股比例原则上不高于总股本的 1%。实施员工持股后，国有股东控持股比例不得低于总股本的 34%。

国企改革是中国经济健康发展的重中之重，混合所有制改革肯定会分期分批地完成。所以，有关的股票就要高度关注。国企改革是后面这轮牛市贯穿始终的主题。

随着行业的不断发展，有些行业以前很不错，但慢慢开始饱和，这些行业就要引起你的注意，等到下降趋势确立的时候就要将它从自选股里剔除。

比如汽车行业，前几年一直在高速发展。据中国汽车工业协会公布的 2013 年中国汽车产销数据显示，2013 年中国汽车产销量双双突破 2100 万辆，产销同比增长 14.76% 和 13.87%，这也是我国连续 5 年成为全球最大的车市。

连续多年的高速增长使得汽车在中国开始饱和，2015 年前 5 月的汽车库存量达到了 110 万辆，销售出现滞动，这就是市场饱和的信号。

笔者所在的城市成都现在白天开车进城已经成为一件很痛苦的事情，到处堵车，停车位很难找。

所以，汽车类股票都要开始注意，如果局面开始恶化就坚决把它们调整出自选股。

笔者在 000550 的江铃汽车上是挣到钱了的。现在自选股里面唯一的汽车类股票就是 300258 的精锻科技，做轿车齿轮的，基本面非常好，但如果行业开始衰退我还是会果断地将其剔除。

了解一只股票所属的行业以后，接下来就是对这只股票具体的基本面进行认真分析，看它是不是有进入自选股股票池的价值，如果有，就把它设置为自选股，反之则放弃！

二、个股的基本面指标分析

关于一只股票的基本面，有很多的信息，林林总总，纷繁杂乱。我们必须抓住重点，仔细研究，才能深入地了解到这个公司的实际情况。对于一只股票的基本面，笔者主要关注以下这些指标：

1. 每股净资产

净资产代表公司本身拥有的财产，也是股东在公司的权益所在，因此，又称为股东权益。在会计计算上，相当于资产负债表中的总资产减去全部债务后的余额。公司净资产除以发行总股数，即得到每股净资产。例如，上市公司净资产为 15 亿元，总股本为 10 亿股，它的每股净资产值为 1.5 元（即 15 亿元/10 亿股）。

每股净资产值反映每股股票代表的公司净资产价值，是支撑股票市场价格的重要基础。每股净资产值越大，表明公司每股股票代表的财富越雄厚，通常被视为创造利润的能力和抵御外来因素影响的能力就越强。股市里流行一个著名的观点，那就是马克思说的：价格围绕价值波动！

通常，每只股票的价格是围绕每股净资产波动。当然，一个公司的价值

还体现在很多方面：行业地位、盈利能力、无形资产、创新能力等。笔者这样说是为了突出净资产的重要性。可以说每股净资产的值是分析这只股票的基础。

我们举例说明：

财务指标	2016-03-31	2015-12-31	2014-12-31	2013-12-31
审计意见	未经审计	标准无保留意见	标准无保留意见	标准无保留意见
净利润(万元)	20424.19	148442.97	74798.63	63348.52
净利润增长率(%)	-40.3659	98.4568	18.0748	72.6812
加权净资产收益率(%)	1.8800	17.3500	10.4100	9.5000
资产负债比率(%)	24.4012	21.4415	23.2986	17.6326
净利润现金含量(%)	30.1006	21.6722	50.7987	58.8519
基本每股收益(元)	0.1400	1.0500	0.5300	0.8100
每股收益-扣除(元)	-	1.0100	-	-
每股收益-摊薄(元)	0.1385	1.0063	0.9606	0.8135
每股资本公积金(元)	1.4140	1.4532	1.0130	1.2546
每股未分配利润(元)	4.0600	3.9347	6.0523	5.3447
每股净资产(元)	7.3526	7.3683	9.5986	8.8830
每股经营现金流量(元)	0.0417	0.2181	0.4880	0.4788
经营活动现金净流量增长率(%)	1164.9205	-15.3324	1.9175	36.9884

表1-1　中山公用（000685）每股净资产

到2016年3月31日为止，000685的中山公用每股净资产为7.3526元，2016年5月29日该股股价为10.28元。典型的价值被低估。

再举一个反面的例子：

财务指标	2016-03-31	2015-12-31	2014-12-31	2013-12-31
审计意见	未经审计	标准无保留意见	标准无保留意见	标准无保留意见
净利润(万元)	-259.96	513.19	60.68	3264.48
净利润增长率(%)	-310.7185	745.7696	-98.1413	204.6883
营业总收入(万元)	1427.23	9290.94	4736.88	4254.01
营业总收入增长率(%)	-35.8470	96.1408	11.3508	557.9788
加权净资产收益率(%)	-8.2100	112.8400	36.1500	-
资产负债比率(%)	74.9361	73.1572	96.3615	97.4992
净利润现金含量(%)	457.6991	-1801.2597	-415.6200	18.1637
基本每股收益(元)	-0.0066	0.0130	0.0020	0.0830
每股收益-扣除(元)	-	0.0050	0.0030	0.0030
每股收益-摊薄(元)	-0.0066	0.0130	0.0015	0.0827
每股资本公积金(元)	0.9829	0.9829	0.9174	0.9174
每股未分配利润(元)	-2.0034	-1.9969	-2.0099	-2.0114
每股净资产(元)	0.0769	0.0835	0.0050	0.0035
每股经营现金流量(元)	-0.0301	-0.2341	-0.0064	0.0150
经营活动现金净流量增长率(%)	35.4(L)	-3565.5(L)	-142.5308	369.2400

表 1－2　慧球科技（600556）每股净资产

到 2016 年 3 月 31 日为止，慧球科技（600556）每股净资产为 0.0769 元，2016 年 5 月 29 日该股股价为 15.8 元。典型的价值被高估。

假如现在要买票，买 600556 就是在赌博，或者换个说法叫投机，相应地风险就很大；如果买 000685，可以算作是稳健地投资，相对风险小。

关于每股净资产选股，散户一般有几个典型的误区：

一是价格越低越好。

有的散户由于不懂股票的基本面，不懂每股净资产，总认为价格越低的股票风险就越小。

我的交谊舞老师就是一个典型。她舞龄 20 年以上，跳得很好，2009 年的时候我想学习交谊舞，经人介绍认识了这位老师，一了解才知道她老公还是我的老乡，慢慢大家熟悉了，才得知他们也炒股，但亏损极为严重，仅从比例来说是我知道亏损最高的。他们的退休金加上卖掉的一套房子共有34万多元（那时候，房价还较低），投进股市后一直亏损。

有一次，她急急忙忙地打电话给我，在电话里都要哭了，要我无论如何帮一下他们，他们的资金余额已不到4万元。我无法推辞，只好答应，要她按我电话的要求进行操作，千万不要乱买股票。前3次的操作都很顺利，本金稳步增长。还记得她当时为了感谢我，买了一个很大的西瓜，满头大汗地骑着电动车给我送来，让我很感动。后来，买入一只票以后，股价就一直震荡，2个多月后才上冲，看到已经涨得很高了，我打电话过去要她卖掉。她说，早就割掉了，现在买的st梅雁，而买它的理由仅仅就是因为价格低，才3元多。我只是一声叹息，无语——感到帮不了他们。这票后来就一直缓慢下跌，一年后到了1.55元。我不知道他们什么时候卖的，猜想是一个悲剧故事。

价格低的股票一般来说都有基本面的大问题。比如说重庆钢铁（601005），走势如下图，见图1－1：

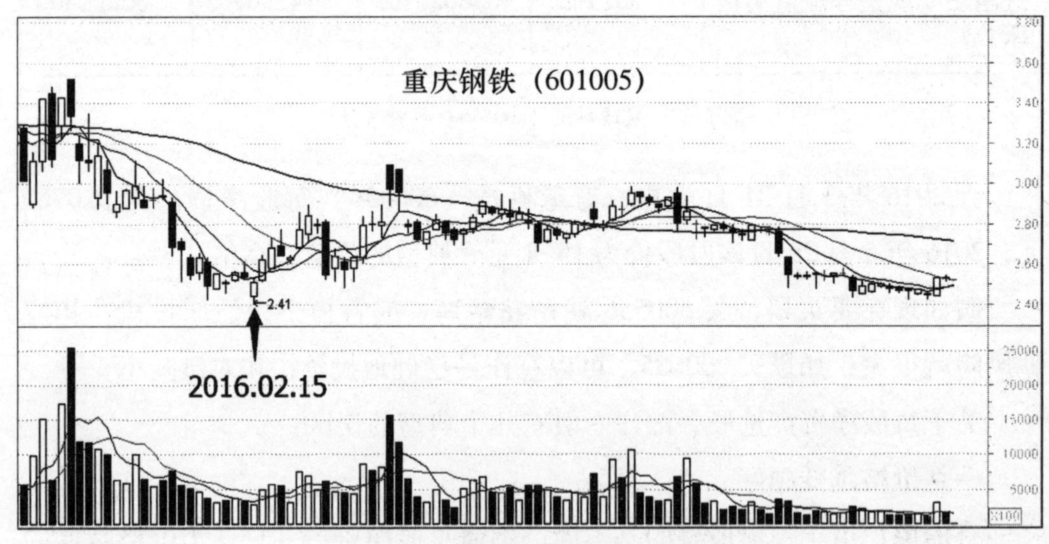

图1－1　重庆钢铁（601005）K线截图

该股的股价很低，2016年2月15日的股价为2.41元。能因为价格低而买入吗？当然不能！

稍微看一下该股的基本面就会发现，这是一个非常糟糕的公司：每股净资产只有0.68元。去年全年亏损59.8亿元，2016年一季度就亏损9.9亿元，如果不出意外，政府不坚决介入，该股的未来就是ST，然后退市。

二是股价越高越好。

有的散户认为股价越高的价值也越高，总爱买高价股、热点股。当然，一般来说，高价股都可能是热点股。价格围绕价值波动，很多股票虽然价格很高，其实价值却很低。这样的票不是散户玩的东东，买它干什么？

比如002362的汉王科技，最高时涨到了175元，有很多散户还在买。该股的净资产只有3.36元，即使复权算上10送10股，也只有6元多。6元多的东西，30元以内似乎还可以考虑，但都超过100元了还要买，不是自作孽不可活是什么？后来，该股最低跌到7.5元，不知道多少散户砍仓割肉，断胳膊断腿，血汗钱哪！

这样的股票一定要认真鉴别。

三是赌垃圾股重组。

A股还有一个极为怪异的现象就是赌重组。很多股票本身一文不值，但由于股票上市的因素，这些股票就成为壳资源，一旦被某个公司借壳上市，股价就会一飞冲天，成为牛股。这不得不说是A股退市制度设计上的缺陷。

对这类股票，价值分析就没有任何作用，其股价的涨跌取决于重组能否成功，而这又是散户不可控也难于了解的，但这些股票又确实有市场，很多矿产类公司就只能通过借壳来上市。

要分析这类股票确实很难，只能从最安全的角度来考虑和判断，也就是设想重组不能成功，这个公司未来会怎么样？假如最坏的结果都能够承受，那就可以适当地介入。比如前不久停牌的000018中冠A就是笔者一直关注的。该公司的主业已经停顿且没有任何发展前途，重组是肯定的。该公司在深圳有两块工业用地，其中一块已经确权，位置极好。最主要的是公司的账户上有高达6500万的现金，而且没有什么负债，就算什么也不做，靠收厂房租金维持10年8年也一点问题没有。这种有重组题材公司的股票就可以适度关注与参与。

楼主：一枝破市走天下 时间：2014-06-24 10:30:57

3、赌垃圾股重组。

A股还有一个极为怪异的现象就是重组。很多股票本身一文不值，但它有个壳资源，一旦被某个公司借壳上市，股价就是一飞冲天，成为牛股。

对这类股票，价值分析就没有任何作用，它的能否重组成功决定于很多我们散户不可控页不了解的因素。但有确实有市场，像很多矿产公司就只能通过借壳上市。

要分析这类股票确实很难，你只能从最安全的角度也就是假如它重组不能成功这个公司会怎么样来作最坏的打算，假如说最坏的结果你都能够承受，那就可以适当买入。比如前不久停牌的000018中冠A就是楼主一直关注的。它的主业已经停顿且没有任何发展前途，重组是肯定的。它在深圳有两块工业用地，其中一块已经确权了的，位置极好。最主要的是它的账户上有高达6500万的现金，它就是什么也不做就收收厂房租金维持个10年8年的一点问题也没有。这样的重组题材的票就可以适度参与。

但由于信息不对称的原因，除非有很深的研究是不能乱赌重组股票的，否则会血本无归。这次st长油也有很多人赌，原因可能就是公司董事长最后一次见面会上所说公司会全力重组引起的。但这种股票很耗时间，至少3年以上。如果你不打算等到云开日出你就坚决不能参与。

黑名单 | 举报有礼 | 618楼 | 打赏 | 回复 | 评论

图1-2 2014年6月24日笔者在天涯的帖子

这只股票，复牌后从10元最高涨到了57元。

由于信息不对称的原因，除非有很深的研究是不能乱赌重组股票的，否则可能会让你血本无归。2014年6月5日ST长油退市，居然也有很多人赌，或许是因为该公司董事长在最后一次投资者见面会上说公司会全力重组引起的。但这种股票很耗时间，再回到主板至少要3年以上，何况在这个过程中还有诸多不确定的风险。如果投资者不打算长期持有到云开日出的那一天就坚决不要参与。

要在这个市场中长期生存下去，请记住这句话：

价格围绕价值波动！切记切记！

2. 每股未分配利润

笔者认为这个指标也非常重要。该指标比较直观地反映公司目前未分配利润的情况，可以判断公司有没有可能给股东分配红利。

每股未分配利润=企业当期未分配利润总额/总股本

未分配利润是企业留待以后时期进行分配的结存利润，未分配利润有两个方面的含义：一是留待以后时期分配的利润；二是尚未指定特定用途的利润。资产负债表中的未分配利润项目反映企业在会计结算期末尚未分配的利润数额，若为负数则为尚未弥补的亏损。

（1）每股未分配利润越多，表明该公司盈利能力强，也意味着该公司未来分红、送股的能力强，概率比较大。

（2）一般而言，如果某公司的每股未分配利润超过1元，该公司就具有每10股送10股或每股派现1元红利的能力。

（3）每股未分配利润较多的上市公司，往往被各类投资者青睐，因为该类公司盈利和分红能力强，投资回报高。

（4）每股未分配利润较多的上市公司股票，在二级市场上，容易被一些主力特别是长线主力炒作。主力资金可以在一定程度上与上市公司配合，通过多次分红送股的方式，或降低已被炒高的股价，或赚取上市公司的大比例现金分红，从而达到降低炒作成本的目的。

如果一家上市公司的“每股未分配利润”很高，但却很少给股东进行现金分红，或是分红水平很低，则表明要么是该公司的现金流比较紧张，或者是大股东比较吝啬，甚至是一毛不拔的“铁公鸡”！

例如，某上市公司的“每股未分配利润”高达5元以上，但它既不扩大再生产，又舍不得给股东分红，这样的公司一定有问题。

一般来说，上市公司在当期分配后，如果每股未分配利润仍能保持在0.5元以上，应该算是比较正常的。

如果每股未分配利润为零，甚至是负数，公司的日子肯定不好过，可将其列为高风险级别，不参与操作。

如果每股未分配利润低于-1元，则公司一定正在走向死亡！这样的公司就是标准的垃圾公司！

由于每股未分配利润反映的是公司历年的盈余或亏损的总积累，因此，更能真实地反映公司历年滚存的账面盈亏。如果某家公司现在的每股年收益为3角钱，每股未分配利润却是-2元，则以现在的盈利水平计算，该公司可能需要7年左右的时间，才能将这一亏损“黑洞”填平，之后，才有可能给股东提供分红机会。这就是说，该公司在填补这一亏损黑洞的7年中，都是没有资格分红的。

我们还是以000685的中山公用为例（表1－3）：

财务指标	2016-03-31	2015-12-31	2014-12-31	2013-12-31
每股资本公积金(元)	1.4140	1.4532	0.1182	1.0130
每股未分配利润(元)	4.0600	3.9347	4.0424	6.9585
每股净资产(元)	7.3526	7.3683	6.8324	12.1239
每股经营现金流量(元)	0.0417	0.2181	0.2049	0.2048
经营活动现金净流量增长率(%)	1164.9205	-15.3324	4.1582	342.6186

表1－3　中山公用（000685）每股未分配利润

如表所示，截至2016年3月31日，该公司每股未分配利润为4.06元，说明公司有着很强的分红派现能力。所以，该公司2015年度的分红方案为：每10股派人民币现金红利3元。

3. 每股资本公积金

公积金分为资本公积金和盈余公积金。

资本公积金是企业从事非营业活动获得的资本增值，归全体投资者共有，主要包括资本溢价、接受捐赠、资本折算差额、法定财产重估增值等项目。

（1）资本溢价

资本溢价是指投资者实际缴入的出资额超过按注册资本和投资比例所确定的法定出资额的差额。这种出资一般发生在经营期间其他投资者参股，包括原有投资者单方面增资，原有投资者同时增资等情况。经营者在经营期间，有新的投资者加入时，原有投资者往往要求其按大于法定出资额的数额出资，以使新的投资者对投资企业已获得的市场信誉给予承认和回报，超过法定出资额的差额，即为企业的资本溢价。

另外，企业在经营一段时间后，形成了账面积累，如提取的盈余公积、未分配利润等。这部分积累的利润，新投资者同样分享，作为分享这部分利润的条件，新投资者必须投入大于法定出资额的数额出资。股份有限公司以超过面值的价格发行股票，获得的溢价收入同样属于资本溢价。

（2）接受捐赠

接受捐赠资产是指政府、社会团体或个人赠予企业的资产。

（3）法定财产重估增值

法定财产重估增值是指企业按国家规定，对其占用的资产进行重新估价时，重估价值大于账面价值的数额。一般而言，企业财产应按取得时的实际成本入账，除有物价变动时，国家有规定调整，否则不得随意调整账面价值。但在特殊情况下，企业可对资产进行重估。如：企业分立、合并和改组；企业以实物资产和无形资产对外投资；物价上涨幅度较大造成企业账面价值和实际价值严重不符等等情况下可以对资产进行重估。

盈余公积金：按照《公司法》的有关规定，从偿还债务后的税后利润中提取10%作为企业盈余公积金。

两者之和构成上市公司的资本公积金。

每股公积金就是公积金总额除以股票总股数。

公积金是公司的“最后储备”，既是公司未来扩张的物质基础，也是股东未来转赠红股的希望所在。基本上可以这样说：没有公积金的上市公司，就是没有希望的上市公司。

同样以中山公用（截止日：2016年3月31日）为例说明，见表1-4：

财务指标	2016-03-31	2015-12-31	2014-12-31	2013-12-31
每股资本公积金(元)	1.4140	1.4532	0.1182	1.0130
每股未分配利润(元)	4.0600	3.9347	4.0424	6.9585
每股净资产(元)	7.3526	7.3683	6.8324	12.1239
每股经营现金流量(元)	0.0417	0.2181	0.2049	0.2048
经营活动现金净流量增长率(%)	1164.9205	-15.3324	4.1582	342.6186

表1-4 中山公用（000685）每股资本公积金

如表所示，截至2016年3月31日，中山公用的每股资本公积金为1.414元。

4. 主营业务利润率

这个指标也非常重要。

主营业务利润率是指企业一定时期内，主营业务利润与主营业务收入净额的比率。表明企业单位主营业务收入带来的主营业务利润，反映企业主营业务的获利能力，是评价企业经营效益的主要指标。

（1）主营业务利润率是从企业主营业务的盈利能力和获利水平方面对资本金收益率指标的进一步补充，体现企业主营业务利润对利润总额的贡献，以及对企业全部收益的影响程度。

（2）该指标体现企业经营活动最基本的获利能力，没有足够高的主营业务利润率就无法形成企业的最终利润。所以，通过对企业的主营业务收入和主营业务成本分析，能够了解企业成本控制、费用管理、产品营销、经营策略等方面的不足与成绩。

（3）该指标越高，说明企业产品或商品的附加值高，或者营销策略得当，主营业务市场竞争力强，发展潜力大，获利水平高。

还是以中山公用主营构成分析（截止日期2015－06－30）为例，见表1－5：

项目名	营业收入(万元)	营业利润(万元)	毛利率(%)	占主营业率收入比例(%)
供水(产品)	30167.51	8596.94	28.50	52.84
污水、废液处理(产品)	5024.85	2085.63	41.51	8.80
市场租赁业(产品)	6944.00	4369.93	62.93	12.16
物业管理(产品)	771.51	-8.46	-1.10	1.35
客运服务(产品)	8721.58	4761.65	54.60	15.28
其他(产品)	1277.97	191.09	14.95	2.24
其他业务(补充)(产品)	4183.99	2227.70	53.24	7.33
合计(产品)	57091.41	22224.48	38.93	100.00
广东省(地区)	52907.42	19996.78	37.80	92.67
其他(补充)(地区)	4183.99	2227.70	53.24	7.33
合计(地区)	57091.41	22224.48	38.93	100.00

表1－5　中山公用（000685）主营业务利润率

公司的毛利率达到38.93%，相当高。说明公司所处的行业很好，而且在该行业有一定的定价权。

一般来说，这个指标应控制在20%以上。就是说，主营业务利润率低于20%，除非基本面有很大的可期待的改变，一般都不予考虑。

如果某上市公司的主营业务利润率很低，说明该公司所处的行业是个竞争过度的行业，如果该公司是该行业的龙头公司还可以适当考虑，否则就不能参与。

这个指标也可以间接地保证该公司未来的发展前景，至少表明在一定时期内前景是光明的。

5. 资产负债比率

这个指标也很重要，但容易被散户朋友们忽略。

资产负债比率是负债总额除以资产总额的百分比。

资产负债率反映公司总资产中有多大比例是通过借债筹资，可以衡量企业在清算时债权人利益的保护程度。资产负债率这个指标也反映债权人所提供的资本占全部资本的比例，又被称为举债经营比率。

如果资产负债比率达到100%或超过100%，说明公司已经没有净资产或已资不抵债!

计算公式为：

资产负债率=负债总额/资产总额×100%

负债总额：指公司承担的各项负债的总和，包括流动负债和长期负债。

资产总额：指公司拥有的各项资产的总和，包括流动资产和长期资产。

资产负债率是衡量企业负债水平及风险程度的重要标志。主要包含以下几层含义：

（1）资产负债率能够揭示企业的全部资金来源中的借债。

（2）对投资人或股东来说，负债比率较高可能带来一定的好处（财务杠杆、利息税前扣除、以较少的资本或股本投入获得企业的控制权）。但同时也会很大地增加财务费用，因为借的钱都要付利息。

在企业管理中，资产负债率的高低不是一成不变，要看从什么角度分析，因为债权人、投资者（或股东）、经营者各不相同。既要看国际国内经济大环境是顶峰回落期还是见底回升期，又要看管理层是激进者、中庸者还是保守者，另外，每个行业以及公司的业务形态对资产负债率的要求也会不一样。所以多年来也没有统一的标准。

一般认为，资产负债率的适宜水平是40%~60%。

笔者对这一项的要求是不超过65%。如果超过65%，我就认为不安全。也许该公司现在经营情况还可以，产销两旺，但市场永远处在不断地变化之中，一旦行业竞争加剧，产品滞销，负债率高的公司会首先感到经营困难，不堪重负，从而在残酷的市场竞争中率先落败。此处，举债过多，会有资金链断裂风险。

还是以000685中山公用为例，见表1-6。

财务指标	2016-03-31	2015-12-31	2014-12-31	2013-12-31
流动比率	1.2055	2.4787	3.1944	2.0768
速动比率	1.1397	2.3910	3.1218	2.0074
资产负债比率(%)	24.4012	19.6852	23.2986	19.7314
产权比率(%)	32.2773	24.5100	30.3757	24.5817

表1-6 中山公用（000685）资产负债比率

如表所示，截至2016年3月31日，该公司资产负债比率只有24.4%，也就是说，100元钱的资产里面只有24.4元是借来的，公司面临的风险较低。

6. 营业费用

营业费用这个指标本身不是特别重要，但它的变化趋势很重要。

透过这个指标可以窥探到公司发展的趋势，后面要探讨的其他费用指标也是同样的道理。

具体来说，这个指标是指企业在销售产品和提供劳务等日常经营过程中发生的各项费用以及专设销售机构的各项经费。包括：运输费、装卸费、包装费、保险费、广告费、展览费、租赁费，以及为销售本公司商品而专设销售机构的员工工资、福利费、办公费、差旅费、折旧费、修理费、物料消耗、低值易耗品的摊销等。旧会计准则为营业费用，新的会计准则为销售费用，即在新会计准则下，销售费用=营业费用。

大家一眼就看明白了，营业费用都是跟产品的销售有关。

所以，营业费用的增加就意味着公司在增大对产品销售的投入，比如，新开辟销售网络，加大广告投入等等。

一般来说，这对公司产品的销售都是有益的。

还是以中山公用为例说明，见表1-7：

【利润表摘要】				
指标 (单位：万元)	2016-03-31	2015-12-31	2014-12-31	2013-12-31
营业收入	31518.00	123027.23	115487.49	104785.08
营业成本	21638.80	73776.66	71799.00	66637.30
营业费用	1484.73	6282.52	5075.83	4743.53
管理费用	3581.37	14718.89	15602.87	16196.30

表1-7 中山公用（000685）营业费用

该公司从2013年开始，营业费用在逐年增加。2015年年报是6282.52万，比2014年增加1200万元。

所以，公司在产品销售方面的发展很正常，而且还在想方设法扩大产品的销售。

一般来说，营业费用的增加都是好事，说明公司在积极地加大投入，扩大销售。

7. 管理费用

管理费用是指企业管理和组织生产经营活动所发生的各项费用。

管理费用包括的内容较多，如以工业企业为例，具体包括：

公司经费：即企业管理人员工资、福利费、差旅费、办公费、折旧费、修理费、物料消耗、低值易耗品摊销和其他经费；

工会经费：即按职工工资总额的一定比例计提拨交给工会的经费；

职工教育经费：即按职工工资总额的一定比例计提，用于职工培训、学习，以提高文化技术水平的费用；

劳动保险费：即企业支付离退休职工的退休金或按规定交纳的离退休统筹金、价格补贴、医药费或医疗保险费、退职金、6个月以上病假人员工资、职工死亡丧葬补助费及抚恤费、按规定支付离休人员的其他经费；

企业董事会或最高权力机构及其成员为执行职能而发生的差旅费、会议费等；

咨询费：即企业向有关咨询机构进行科学技术经营管理咨询所支付的费用；

审计费：即企业聘请注册会计师进行查账、验资、资产评估等发生的费用；

诉讼费：即企业因起诉或应诉而支付的各项费用；

税金：即企业按规定支付的房产税、车船使用税、土地使用税、印花税等；

土地使用费：即企业使用土地或海域而支付的费用，包括土地损失补偿费，即企业在生产经营过程中破坏土地而支付的土地损失补偿费；

技术转让费：即企业购买或使用专有技术而支付的技术转让费用；

技术开发费：即企业开发新产品、新技术所发生的新产品设计费、工艺规程制定费、设备调整费、原材料和半成品的试验费、技术图书资料费、未获得专项经费的中间试验费及其他有关费用；

无形资产摊销：即场地使用权、工业产权及专有技术和其他无形资产的摊销；

递延资产摊销：即开办费和其他资产的摊销；

坏账损失，即企业年末应收账款损失；

业务招待费：即企业为业务经营的合理需要，在年销售净额一定比例之内支付的费用；其他费用，如绿化费、排污费等。

看起来是眼花缭乱，很多内容，但这些就是支撑公司运转的一大堆费用。

管理费用如果大幅度增长，说明公司的管理效率越来越低下，公司的发展前景就会越来越暗淡。反之，则是效率越来越高，前景越来越光明。

还是以中山公用为例说明，见表1-8：

【利润表摘要】

指标（单位：万元）	2016-03-31	2015-12-31	2014-12-31	2013-12-31
营业收入	31518.00	123027.23	115487.49	104785.08
营业成本	21638.80	73776.66	71799.00	66637.30
营业费用	1484.73	6282.52	5075.83	4743.53
管理费用	3581.37	14718.89	15602.87	16196.30

表1-8 中山公用（000685）的管理费用

如表所示，该公司从2013年开始，管理费用逐年降低，说明公司的管理效率越来越高，这样的公司管理层就值得信赖。

再举一个反面的例子，见表1-9：

指标（单位：万元）	2016-03-31	2015-12-31	2014-12-31	2013-12-31
营业收入	1290.26	24315.18	30504.53	24224.87
营业成本	1455.61	20006.16	26044.30	19440.26
营业费用	85.42	899.15	900.83	834.82
管理费用	1783.28	4854.03	3833.86	4618.71

表1-9 金城股份（000820）的管理费用

这个公司2016年一季度的报表显示，管理费用与2015年相比在大幅度增加。2015年全年才4854万，2016年一季度就达到了1783万。如果按照4季度平均，到年底就会达到7052万，较2015年增长2200万，而同期的营业费用大幅度降低，一季度业绩严重亏损。见表1-10：

财务指标	2016-03-31	2015-12-31	2015-09-30	2015-06-30
审计意见	未经审计	无保留意见+强调事项	未经审计	未经审计
净利润(万元)	-2073.19	1145.52	-1530.60	-363.80
净利润增长率(%)	-2024.5(L)	412.2874	-1832.6485	-209.4083
加权净资产收益率(%)	-7.4200	4.8700	-6.9000	-1.5200
资产负债比率(%)	63.8603	62.2219	65.4111	64.7218

表1－10　金城股份（000820）的净利润

这个公司2016年净利润为亏损2073万元。从这几个指标可以判断：这个公司在崩溃中，尽管股价K线图形走得还可以，但绝对不能参与，除非了解公司的重组进程。

8. 财务费用

财务费用是指企业在生产经营过程中，为筹集资金而发生的筹资费用。包括企业生产经营期间发生的利息支出、汇兑损益（如商品流通企业、保险企业进行单独核算，不计入财务费用）、金融机构手续费，企业发生的现金折扣或收到的现金折扣等。

（1）利息支出：指企业短期借款利息、长期借款利息、应付票据利息、票据贴现利息、应付债券利息、长期应付引进国外设备款利息等利息支出减去银行存款等的利息收入后的净额。

（2）汇兑损失：指企业因向银行结售或购入外汇而产生的银行买入、卖出价与记账所采用的汇率之间的差额，以及月度（季度、年度）终了，各种外币账户的外币期末余额按照期末规定汇率折合的记账人民币金额与原账面人民币金额之间的差额等。

（3）相关的手续费：指发行债券所需支付的手续费、开出汇票的银行手续费、调剂外汇手续费等，但不包括发行股票所支付的手续费。

（4）其他财务费用：如融资租入固定资产发生的融资租赁费用等。

我们来看看中山公用的财务费用情况（见表1-11）：

财务指标	2016-03-31	2015-12-31	2014-12-31.1	2013-12-31
财务费用	3921.28	11252.63	7831.13	5473.53
投资收益	20816.56	141270.50	68554.76	60752.06
营业利润	21159.04	156230.99	81842.13	70895.91

表1-11　中山公用（000685）财务费用

公司的财务费用从2013年以后开始逐年增长，2015年较2014年又有一定的增长，达到11252万。2016年还在继续小幅度增长中，但总的来说量不太大，估算2016年底会达到1.2亿左右，相对于全年净利润8亿（按季度同比例预估）还是很小的。说明公司财务状况比较正常。

9. 现金流量

现金流量是现代理财学中的一个重要概念，是指企业在一定会计期间按照现金收付实现制，通过一定经济活动（包括经营活动、投资活动、筹资活动和非经常性项目）产生的现金流入、现金流出及其总量情况的总称，即企业一定时期的现金和现金等价物的流入和流出的数量。

现金流量管理中的现金，不是通常所理解的手持现金，而是指企业的库存现金和银行存款，还包括现金等价物，即企业持有的期限短、流动性强、容易转换为已知金额现金、价值变动风险很小的投资等。

现金流量按其来源性质不同分为三类：经营活动产生的现金流量、投资活动产生的现金流量和筹资活动产生的现金流量。

在现代企业的发展过程中，衡量企业兴衰存亡的就是现金流，最能反映企业本质的也是现金流，在众多价值评价指标中，基于现金流的评价是最具权威性的。

现金流量比传统的利润指标更能说明企业的盈利质量。

首先，针对利用增加投资收益等非营业活动操纵利润的缺陷，现金流量只计算营业利润而将非经常性收益剔除在外。

其次，会计利润是按照权责发生制确定，可以通过虚假销售、提前确认销售、扩大赊销范围或者关联交易调节利润，而现金流量是根据收付实现制确定，上述调节利润的方法无法取得现金因而不能增加现金流量。由此可见，现金流量指标可以弥补利润指标在反映公司真实盈利能力上的缺陷。

美国安然（Enron）公司破产以及新加坡上市的亚洲金光纸业（APP）沦为垃圾公司的一个重要原因就是现金流量恶化，只有那些能迅速转化为现金的收益才是货真价实的利润。对高收益低现金流的公司，特别要注意公司的收益是否通过一次性的方式取得，而且只是通过会计科目的调整实现的，即没有收到现金，这样的公司很可能存在未来业绩急剧下滑的风险，或者直接有财务造假的嫌疑。而对公司现金流量的仔细研究是我们识别公司财务报表是否真实甚至是否造假的一个主要手段。会计调账或是造假可以虚增利润，但很难改变银行的现金往来。

一般来说，在有效资本市场中，企业价值的大小在很大程度上取决于投资者对企业资产如股票等的估价，在估价的方法中，现金流量是决定性因素。

也就是说，估价高低取决于企业在未来年度的现金流量及其投资者的预期投资报酬率。现金流入越充足，企业投资风险越小。

每股经营现金流量是经营性现金流余额/总股本。

为什么每股现金流不用经营、投资和融资三项现金流的余额总和来计算，而只用经营性现金流，原因是这个指标可以用来验证同期每股收益（EPS）的质量，本质上它仍是一个盈利指标。

如果 EPS 远高于每股现金流，说明公司当期销售形成的利润多为账面利润，没有在当期为公司带来真金白银的现金，即利润或 EPS 的质量很差，严重点说是虚假繁荣。导致这一现象的主要原因一是公司销售回款速度慢，卖出货后没收回钱，如果去查资产负债表里的应收账款，必定期末较期初数有大幅上涨；二是存货出现积压，大量采购来的原材料尚未形成产品或产品尚未销售。

如果我们发现公司连续两个季度以上的每股现金流都明显低于EPS且较上一年度同期的情况恶化或不正常，很难不让投资者担心公司业务在遭受压力甚至出现危机。每股现金流连续多个季度表现不佳，结果应该是公司运营资金吃紧（如果此时公司负债已高，情况更差），往往预示着未来EPS会走差。反之亦然，如果每股现金流连续高于EPS，则预示着未来EPS会增长，因为这多数是由一些还未计入收入但已签单收到现金（定金）带来的，未来这些销售正式入账后将会增加EPS。所以，看公司业绩不能只看EPS，还需看每股现金流是否匹配，这个指标还经常能揭示未来业绩的走向。

我们来看看中山公用每股经营现金流量的情况（见表1-12）：

财务指标	2016-03-31	2015-12-31	2014-12-31	2013-12-31
每股资本公积金(元)	1.4140	1.4532	0.1182	1.0130
每股未分配利润(元)	4.0600	3.9347	4.0424	6.9585
每股净资产(元)	7.3526	7.3683	6.8324	12.1239
每股经营现金流量(元)	0.0417	0.2181	0.2049	0.2048
经营活动现金净流量增长率(%)	1164.9205	-15.3324	4.1582	342.6186

表1-12　中山公用（000685）每股经营现金流量

从2013年开始，每股经营现金流基本持平，2015年较2014年略有增长，说明公司经营情况有一定的改善。但对比该股的每股收益（EPS）就会发现，它的数值要大大低于每股收益（EPS），同期的每股收益为0.85元。所以，我们判断该股主要是投资收益拉高的每股收益（EPS），即公司投资广发证券的收益。2015年该收益占净利润的90%以上（见表1-13）。这一点要引起高度关注，如果该公司在主业的经营上不能有大的发展，那么未来的发展前景就要大打折扣。

【利润表摘要】

指标 (单位：万元)	2016-03-31	2015-12-31	2014-12-31	2013-12-31
营业收入	31518.00	123027.23	115487.49	104785.08
营业成本	21638.80	73776.66	71799.00	66637.30
营业费用	1484.73	6282.52	5075.83	4743.53
管理费用	3581.37	14718.89	15602.87	16196.30
财务费用	3921.28	11252.63	7831.13	5473.53
投资收益	20816.56	141270.50	68554.76	60752.06
营业利润	21159.04	156230.99	81842.13	70895.91
营业外收支净额	932.88	2484.06	-144.45	2329.72
利润总额	22091.92	158715.05	81697.68	73225.63
净利润	20424.19	148442.97	74798.63	63348.52

表 1－13　中山公用（000685）投资收益

10. 净资产收益率

净资产收益率又称股东权益收益率，是净利润与平均股东权益的百分比，是公司税后利润除以净资产得到的百分比率，该指标反映股东权益的收益水平，用以衡量公司运用自有资本的效率。指标值越高，说明投资带来的收益越高。

一般来说，负债增加会导致净资产收益率上升。

企业资产包括了两部分，一部分是股东的投资，另一部分是企业借入和暂时占用的资金。企业适当运用财务杠杆可以提高资金的使用效率，借入的资金过多会增大企业的财务风险，但一般可以提高盈利，借入的资金过少会降低资金的使用效率。净资产收益率是衡量股东资金使用效率的重要财务指标。

上市公司的净资产收益率为多少才合适呢？一般来说，上不封顶，越高越好，但下限还是有的，就是不能低于同期银行利率。

如果将 100 元存在银行里，一年定期的存款利率是 2%，那么这 100 元一年的净资产收益率就是2%。

如果一家上市公司的净资产收益率低于2%，就说明这家公司经营很一般，赚钱的效率很低，不值得投资者关注。

在认购新股时大家有没有想过，为什么一家上市公司的每股净资产是5元，而新股的发行价格会是15元。也就是说，为什么原来只值5元钱的东西能卖到15元？这是因为这家上市公司的净资产收益率可能会远远高于银行利率，于是上市公司溢价发行的新股才会被市场所接受。如果该公司的净资产收益率低于同期银行利率，那我们为何要溢价买入这家公司的股票呢？还不如把钱存银行稳当。

可以说，高于银行利率的净资产收益率是上市公司经营的及格线，偶然一年低于银行利率或许还可原谅，但如果长年低于银行利率，这家公司上市就没有存在意义了。正是因为这个原因，证监会特别关注上市公司的净资产收益率，证监会明确规定，上市公司在公开增发股票时，三年的加权平均净资产收益率平均不得低于6%。

我们看中山公用的情况：

【盈利能力指标】

财务指标(%)	2016-03-31	2015-12-31	2014-12-31	2013-12-31
营业利润率	67.1332	126.9889	70.8667	75.2706
营业净利率	66.9490	123.5545	67.2144	70.3038
营业毛利率	31.3446	40.0323	37.8296	33.6058
成本费用利润率	70.8630	146.8642	79.8455	82.7016
总资产报酬率	1.5192	11.5473	8.2064	8.2431
加权净资产收益率	1.8800	17.3500	10.4100	9.6900

表1-14 中山公用（000685）加权净资产收益率

公司从2012年以来，加权净资产收益率越来越高，远远高于同期银行存款利率几倍。2015年更是大幅度增加，达到了17.35%，说明公司的运营情况越来越好，公司也就变得越来越有价值。

11. 每股收益

每股收益，是一个很重要的指标。

每股收益（Earning Per Share，简称 EPS），又称每股税后利润、每股盈余，指税后利润与股本总数相除的值。它是测定股票投资价值的重要指标之一，是分析每股价值的一个基础性指标，是综合反映公司获利能力的重要指标。

该指标是公司某一时期净收益与股份数的比率。

该比率反映公司每股创造的税后利润。比率越高，表明所创造的利润越多。

横向比较同行业的每股收益可以选出该行业的龙头企业；

纵向比较个股的每股收益可以判断该公司的成长性。

使用每股收益分析盈利性要注意以下问题：

（1）每股收益不反映股票所含有的风险。例如，假设某公司原来经营日用品的产销，最近转向房地产投资，公司的经营风险增大了许多，但每股收益可能不变或提高，这一个指标并没有反映风险增加的不利变化。

（2）股票是一个“份额”的概念，不同股票的每一股在经济上不等量，它们所含有的净资产和市价不同即换取每股收益的投入量也不相同，限制了每股收益的可比性。

（3）每股收益多，不一定意味着多分红，这还要看公司的股利分配政策。

我们还是看看中山公用的情况：

财务指标	2016-03-31	2015-12-31	2014-12-31	2013-12-31
净利润现金含量(%)	30.1006	21.6722	24.2003	16.9767
基本每股收益(元)	0.1400	1.0500	0.8500	0.6700
每股收益-扣除(元)	-	1.0100	-	0.6500
每股收益-摊薄(元)	0.1385	1.0063	0.8467	1.2062

表 1-15　中山公用（000685）每股收益

公司从 2013 年开始，每股收益就达到了 0.84 元，2015 年更是达到了 1.006 元。可以说，公司的盈利能力越来越强，发展得越来越好。

关于每股收益，笔者通常是这样评估的：

a. 除非看好重组，还有能够容忍的原因，否则永远不做负收益的股票。我们的钱是自己辛辛苦苦赚来的，不是为了让上市公司亏的，更不是拿来打水漂的。这么多年，笔者从来不做任何每股收益是负数的股票。

b. 业绩大幅下滑的股票，除非是一次性的损益，而且这损益的原因是可以容忍的，否则坚决不碰。一般来说，下跌的后面就是加速下跌。

c. 每股收益大幅度增加时，要分析清楚增加的原因，是经营管理得到实质性改善还是一次性收益所造成，比如说转让股权、政府补助什么的。如果是一次性收益，股价已经体现其价值就坚决离场或者不参与。

除此以外，还有一些指标也有一定的分析价值。比如说：存货周转率、应收账款周转率、流动比率、速动比率等等。

作为散户，不是财务专家，不一定要研究得太细致、太全面。以上的主要指标已经可以把握公司最主要的基本面情况，掌握了这些指标就可以给某个公司下一个基本的结论，并决定能不能购买该股票。

笔者的经验是：以上的这些指标要基本上靠谱，有一两项稍微弱一些也可以理解，但不能有三项以上有明显问题的指标，如果有，就坚决不买。另外，如果有一项指标特别离谱，就要仔细研究这个离谱的原因，查年报与季报，找到发生偏离的具体原因再决定是否购买该股票。

就拿我们举例的中山公用来说吧，各项指标都不错，仅仅是每股经营现金流量有点瑕疵。

考虑到公司最近的一些改变，如加大自来水的供应与污水处理的设施建设，引进战略投资者上海复星高科技集团有限公司作为公司第二大股东，为公司提供专业化的资本支持，为未来发展打下更好的基础等，这将成为公司国企混合所有制改革的一大举措。

据全景网 2015 年 9 月 11 日讯　中山公用（000685）周五午间公告称，中国证监会发行审核委员会于 2015 年 9 月 11 日对公司非公开发行股票的申请进行了审核。审核结果，公司本次非公开发行股票的申请获得通过。根据此前公告，公司本次计划以不低于4.83元/股的价格非公开发行股票不超过1.83亿股，募集资金总额不超过8.83亿元，扣除发行费用之后，拟用于投入中山现代农产品交易中心建设及黄圃、东凤兴华农贸市场升级改造、补充流动资金等项目。

公司2014年购买了中港客运联营有限公司60%股权，进入新的业务领域，使得公司发展越来越有活力。

到2016年5月30日止，公司的股价仅仅只有10.26元。按照笔者的估值系统，给公司的最高估值为38元，即（7.35 + 4.06 + 1.41）×3 = 38.46元。

所以，基本面分析的结论为：

a. 可以买。

b. 买进去就是捡钱。

你唯一要做的就是买入并持有一段时间。这就是基本面研究的价值所在。它让你能够很清晰地了解一个公司的基本情况，从而判断能否买入该股票。

第三节　估值系统与自选股

一、简单实用的估值系统

笔者在漫长的职业生涯中，曾经长时间地寻找每个个股的安全边际，究竟这个股票现在的价格与它的价值相比是怎么样一个状态？是太高了？高了？还是低了？

为此，笔者也大量研究过各种估值系统，但总是不得要领。要么太复杂，要么不靠谱！

而这个问题又必须解决，要不然辛辛苦苦分析基本面找到一个好公司，行业不错，各项指标都很好，公司也有很好的发展前景，却还是不敢买，因为无法判断现在的价格是不是适合买入，有没有很好的安全边际。

这个问题困扰了我很久。

我是一个偏悲观的投资者，不太容易相信很多公司的报表。市盈率的估值方法太看重每股收益这一个指标，而这个指标的变动会极大地影响该股票的估值。相对于市盈率估值，我更愿意相信市净率的估值，毕竟每股净资产的变动不会太大，相对稳定可依赖。于是，有一天我突然想到将每股净资产与未分配利润和资本公积金加起来，这才终于解决了我的估值问题。使用了这么多年，个人觉得非常靠谱！

以上 3 项的值加起来等于什么呢？

笔者给这 3 个指标相加的值取了一个名字：基本价值！即该股票目前的基本价值。

这 3 项内容都与该公司的现有价值有深刻关系。每股净资产就不用说了，未分配利润与资本公积金都反映该公司资金面留存的情况，与公司未来持久、健康地发展休戚相关，而且这几个指标都是以年为单位变化，具有很强的稳定性，且不容易造假。

所以，笔者就把这 3 项指标值加起来与公司现在的股价相比较，如果股价在此值的 3 倍以内就是安全的，超过 3 倍就绝对不参与操作（牛市按图形操作时除外）。当然，偏离度越小越好。

这就是我基于基本价值对个股的股价安全边际的判断。

这个值也成为笔者简单实用的估值系统。

当然，这个值没有严格的会计学意义，在会计原理中，后两者包含在每股净资产中。这也不符合学院派的精确定义，但对我来说，那些精确定义没有太多意义。这只是笔者根据多年实际操作经验，自创的一个简单实用的估值系统。

我师傅2007年的时候跟我说：如果每天的涨停板家数达到总股票数的10%，那就说明股市已经严重发烧，离场的时候也就到了。那段时间，我每天在收盘后都要统计当天的涨停板家数，可惜笔记本在后来搬家时遗失了，但我清楚地记得，有一天的涨停板家数是164家（当时总股票家数是1400多家），我们就开始撤退。因为这个指标，我们逃过了顶部的大劫难！10%有什么精确的道理吗？这只是师傅多年在股市实际操作经验的总结而已！

这和笔者的估值系统一样，仅是自己在实战中摸索出来的最简单直接的指标。既入不得科班出身的分析师的法眼，也不符合精确的会计规则的定义，只是散户在这个市场中生存的一个概念值而已。

所以，笔者的自选股都是自认为在安全范围以内的股票。还是以中山公用（000685）为例说明，截至2016年3月31日：

每股净资产：7.35元

每股未分配利润：4.06元

每股资本公积金：1.41元

总计：12.82元

2016年5月30日，股价是：10.26元。

这个票还有什么风险？类似这样的股票找好买点买进去就是捡钱，无忧无虑。股价跌也罢涨也罢，都会泰然处之，没有任何值得担心的地方。无非就是多拿点时间而已！

有关估值系统的建立，可能每个人有每个人的方法，但一定要有，有总比没有强。

越简单的估值系统越好用。写过程序的朋友都知道，写程序有个最重要的观念：简单可依赖（simple and reliable）。越简单就越是可以信赖。

如果你还没有自己的估值系统，请建立一个。

如果没有，怎么知道一只股票的估值？相对于现在的价格，股价是被高估，严重高估，还是被低估？都无从判断。如此买进，岂不是提心吊胆，寝食难安，涨也怕跌也怕？类似于古诗中的“盲人骑瞎马，夜半临深池”的危险状态？

要知道每一只严重高估的股票都是我们散户的陷阱，一旦中招，轻则掉肉，重则伤筋动骨，断胳膊断腿，身受重创。举例说明一下：

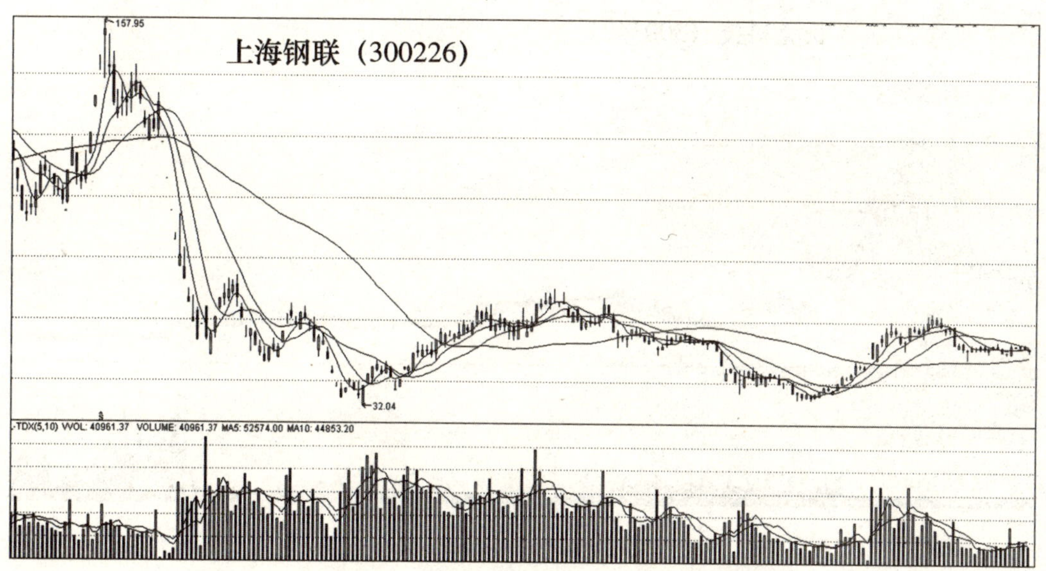

图 1－3　上海钢联（300226）K 线截图

图 1－3 是 2015 年 3 月到 2016 年 8 月上海钢联（300226）的 K 线截图。这个票当初站上 130 元盘整的时候，有个网上的朋友问我这个票，我研究了一下，叫他赶紧逢高走掉，永远不再进去。尽管后来创出了 157 元的新高，但看看现在的股价，简直是惨不忍睹。当初如果 130 元没有出来，到现在亏损就很大了。

当初判断的依据就是笔者的估值系统：

依据该公司 2014 年的年报：

每股净资产：2. 84 元

每股未分配利润：0. 69 元

每股资本公积金：1. 03 元

总计：4. 56 元

当时的股价已经达到 130 元，仅是凭借一个钢铁电商平台的概念炒作，而概念并没有转化为实实在在的效益。所以，落袋为安是不二的选择。

再比如：长亮科技，笔者多次与朋友们讨论过这只票，当时我判断该股会让很多散户一贫如洗，缺胳膊断腿。

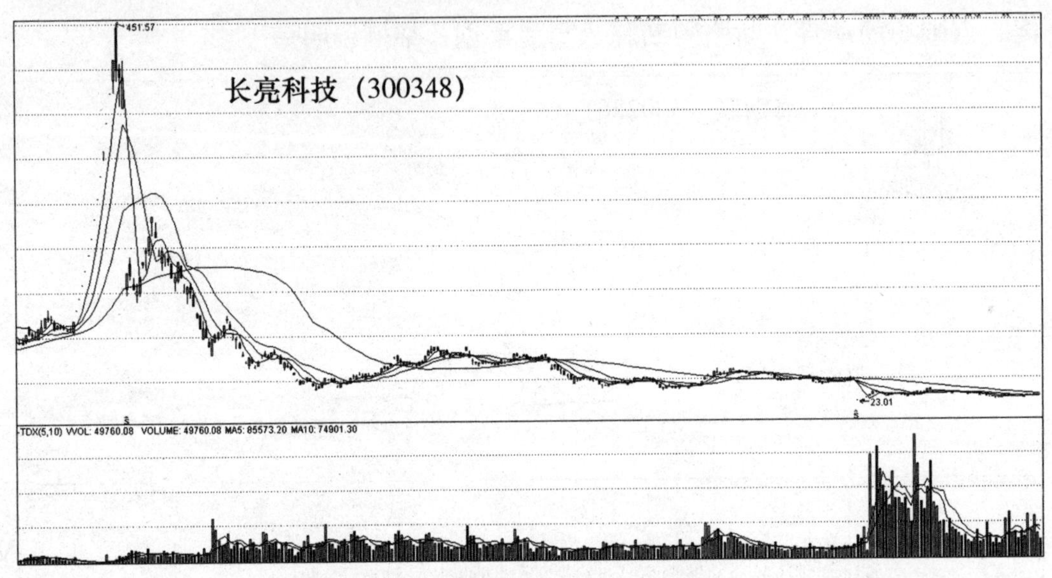

图1－4　长亮科技（300348）K线截图

图1－4是长亮科技（300348）2015年1月到2016年8月的K线截图。我曾经多次用来作为反面教材的股票之一，如果在高位买了这个票，怎么都不能翻身。这就是一个互联网金融的概念炒上去的。

依据该公司2014年的年报：

每股净资产：8.57元

每股未分配利润：2.18元

每股资本公积金：6.38元

总计：17.13元

由图可见，当时最高的股价可是到了451元！

笔者多年没有受伤就是得益于自己的估值系统。反正被严重高估的股票本人一概不参与，我不想挣这种钱，我也不敢挣，刀口舔血的事情不能做。

当然，笔者的估值方法只是自己在具体操作实践中总结出来的一种最简单实用的方法，不同于任何传统的估值方法。

接下来也简要地介绍一下股市中流行的一些估值方法，以便大家参考这些方法，形成自己的估值系统。

1. 最流行，也是各大专业机构常用的市盈率估值方法。

股票有三个关于市盈率的数值：第一个是最近四个季度扣除非经常性损益的静态市盈率。第二个是最近一个年度扣除非经常性损益的静态市盈率。第三个是根据机构预估来年业绩所计算的动态市盈率。

市盈率公式 = 股价/每股收益。

简称 P/E，即 Price/earning 的缩写。

由于每个公司发展状况的不同，市盈率倍数的容忍度有所不同。

还是以中山公用为例说明：

2014 年公司的每股收益是 0. 96 元，截至 2016 年 5 月 30 日的股价是 10. 26 元。

市盈率 = 10. 26/0. 96 = 10. 68 （倍）

也就是说该公司现在的静态市盈率是 10. 68 倍。

那这个值是高还是低呢？很多股评家认为低了，应当给 25 倍的市盈率，与之对应，股价应当到 24 元。也有的股评家认为还低了，应当给 40 倍的市盈率，股价应当到 38 元比较合理，低于这个价格就是被低估。

这就是主流的 P/E 估值法，自然有其道理，不然不会成为最主流的估值法。但这个倍数也仅仅只是估计，究竟多少倍比较合适也包含分析师的人为判断。而公司在发展过程中，经营状况在不断地发生着变化。

这也是股评家们每每预测落空，沦为笑柄的主要原因。

由于散户不可能像大公司那样进行实地调研，作出综合判断。所以我们需要一个简明靠谱、可操作的估值办法。

2. 另一个应用广泛的估值方法是市净率估值方法。

市净率 = 股价/每股净资产。

公司净资产就是总资产减去负债后剩余给股东的资产。

市净率越高，通常表明公司净资产潜在价值越大，也表明投资者愿意出更高的溢价来购买这笔净资产。

市净率倍数越低，通常说明公司净资产吸引力较差。

所以，市净率估值法的关键是对净资产真实价值的把握。与其他相对估值法一样，市净率的合理倍数也可以参考历史平均水平和行业平均水平得到。

在确定一个合理的市净率倍数后，再乘以每股净资产，就可以得出市净率估值法对应的公司股票价格。如果高于市价，说明公司股票可能被低估，可以买入；如果低于市价，则为高估。

市净率并不像市盈率那样被普遍用于给股票定价，而是有自己的适用行业，只有资产规模庞大的公司，如钢铁、化工、银行、航空、航运等行业的公司，用市净率估值才有意义。

当公司业绩出现大幅增长，以及公司因发行新股扩大股本规模就会降低市净率，使估值看上去非常诱人。

用最简单的话说就是：投资人觉得市盈率不能准确反应股票的基本价值，于是发明了市净率，并通常作为判断基本面好坏的指标。

一般情况下，市净率越低越好，如果低于1表明其股价被低估，如果高于2则股价有高估可能。

尽管盘子不够大，我们还是以中山公用（000685）为例：

市净率 =10. 26/7. 35 =1. 39（倍）

该股的市净率是1. 39倍。是高估，还是低估，不知道。每个人给出的答案可能不同。

除了以上两种主流估值法以外，还有很多五花八门的估值法，如现金流贴现定价估值法、净资产估值法等等。

当然，还有绝大多数散户所采用，也是最为流行的估值方法——不估值法，或者说是没有估值的方法：

管你值多少钱，看图形像要涨的样子，我买、我买、我买买买！最后就变成，我套、我套、我套套套！

于是割肉，还美其名曰——止损。要么看着一蹶不振，每况愈下。最后望着股价左右不是、欲哭无泪。

所以，归根结底，必须要有一个属于自己的估值系统。

著名股神巴菲特的估值系统是怎么样的呢?

在《巴菲特致股东的信》里面，我们可以看到巴菲特计算公司内在价值的简化步骤:

1. 评估有形资产和无形资产的价值，估算企业或投资在预期内每年将产生的现金流量;

2. 将未来的通货膨胀率考虑在内并根据假定比例对企业的现金流值进行扣除和调整;

3. 额外扣除预计的企业风险因素;

4. 将总数除以已发行的股票数量。

然后，将这一数字与买入几乎无风险国债的贴现现金流量进行比较。如果公司投资的内在价值更高，便通过经济测试，认为是值得考虑的投资。

这就是股神巴菲特独特地估值方法。

巴菲特和格雷厄姆一样，把账面价值即净资产近似地看作企业的内在价值。如果股价高于每股净资产，比如市净率高于1倍，那么就表示可能是高估了；如果市净率低于1倍，那么就表示可能低估了；当市净率等于1倍，可以认为价格合理。这当然与巴菲特公司所拥有的庞大资金有关，巨额的资金量意味着所投资公司的大小不同，其估值方法也肯定与我们小散户不一样。如果一个资金不足100万的小散户也学着用巴菲特的方式来给企业估值，那可能就成了“邯郸学步”。

为了更好地理解，我们举例说明。

比如某个人花了5万元买了一辆小货车，准备用来做运输生意，预计一年可以赚1万元，但买来不久因某种原因不打算做这项生意了，于是，就准备把这辆小货车卖给别人。卖出价为25万元，也就是市净率5倍，会有人买吗？应该是不会的。因为花25万元买下，每年赚1万元，需要25年才能收回投资，这样的生意谁会做呢？但奇怪的是，在股市里市净率高于5倍的股票却有许多人抢着买，这是怎么回事呢？投资者应该对此作出深刻的反思。

总之，市场对股票的估值方法有很多种，但对于我们来说，都不够简单、实用。比如，巴菲特的估值方法适合 A 股的散户吗？肯定不适合。所以，我们最多也是参考一下而已。不过，笔者这么多年一直只用自己的估值系统对股票进行估值，到目前为止还没有出现过任何问题。

二、建立自选股

（一）八不选

关于选股，除了研究股票的基本面以外，还有很多要注意的地方。笔者根据多年实际经验，总结出了股票的“八不选”，即以下 8 种类型的股票不能选择进入自选股股票池。

1. 不选股评人士极力推荐的股票

我们看股评总能发现这样一个规律，股票价位很低时，没人推荐，等股票涨了 30%，甚至 50% 以上时，就有人开始大力推荐该股票了。这股票有什么什么概念，有很好的发展前景，股价有巨大的上涨空间等等一整套说辞。散户往往听风就是雨，不能仔细地分析该股票的内在价值，听到“股评家”说会“马上启动”就血脉偾张，非常激动地买进去，生怕错失了一个赚钱的机会，结果是可想而知的。

我们要仔细想想股评人士是站在什么立场说话，他要是为中小投资者着想，为什么在该股低价的时候不推荐？可能的答案只有几种，一是股评人士水平低，不能发现好股。二是为庄家出货作吹鼓手。三是为自己作“抢帽子”操作来忽悠散户。

其中，典型的案例有 2008 年被查处的北京首放公司汪建中案。

这里把案情的经过写出来，让广大散户看清楚这些荐股者的本来面目，以后不再轻易上当。

汪建中，中级经济师，北京首放投资顾问有限公司的法定代表人、经理。曾为中央电视台二套《中国证券》栏目特约嘉宾，也曾被安徽电视台选为“资本市场的安徽七大名人”之一，因推荐股票很牛被誉为“股市名嘴”。

2008 年 11 月 21 日，证监会有关部门负责人通报了三起违法违规案件，其中之一即为北京首放法人代表汪建中，由于“先行买入证券、后向公众推荐、再卖出证券”，被没收非法所得1.25亿元，处以等额罚款，并被采取终身证券市场禁入措施。案件移送公安机关，依法追究其刑事责任。北京首放的证券投资咨询业务资格亦被取销。

证监会有关部门负责人介绍说，证监会于2008年5月开始对汪建中的北京首放涉嫌操纵市场行为立案调查。调查发现，汪建中利用北京首放及其个人在投资咨询业的影响，借向社会公众推荐股票之际，通过“先行买入证券、后向公众推荐、再卖出证券”的手法操纵市场，并非法牟利。2007年1月至2008年5月期间，他通过上述手法交易操作了55次，买卖38只股票或权证，累计获利超过1.25亿元。

根据证监会的调查，汪建中利用本人及其他多人的身份证开立资金账户17个、银行账户10个，并以上述股票账户进行股票、权证交易。账户由汪建中管理、使用和处置，汪建中为上述账户的实际控制人。

2007年1月1日至2008年5月29日期间，北京首放向社会公众发布咨询报告，方式包括在首放证券网上发布名为“掘金报告”的咨询报告，并提供给东方财富网、新浪网、搜狐网、全景网、《上海证券报》、《证券时报》发布或刊载。

在北京首放的咨询报告发布前，汪建中利用其实际控制的账户先买入咨询报告推荐的证券，并在咨询报告向社会公众发布后卖出推荐的证券，实施了操纵证券市场价格的违法行为。

汪建中以上述方式买卖的证券包括“工商银行”“交大博通”“中国联通”“四川长虹”“*ST夏新”“深康佳A”“上海贝岭”“士兰微”“新疆天业”“重庆钢铁”“马钢CWB1”“武钢CWB1”“长江电力”“马钢股份”“一汽夏利”“一汽轿车”“五粮液”“中国铝业”“包头铝业”“金证股份”“北大荒”“中信银行”“红豆股份”“好当家”“中信证券”“中国石化”“华泰股份”“深发SFC2”“万科A”“伊利CWB1”“申能股份”“皖通高速”“梅雁水电”“民生银行”“三佳科技”“中海集运”“上港CWB1”和“吉林化纤”等38只股票和权证。

以上买卖证券行为中，买入证券金额累计 52.60 亿元，卖出金额累计 53.86 亿元。根据统计，上述账户买卖证券行为合计 55 次，其中 45 次合计获利 1.50 亿元；10 次合计亏损 0.25 亿元，累计净获利 1.25 亿元。

经证监会调查，在北京首放发布咨询报告对相关证券作出推荐或者投资建议时，汪建中参与了整个决策过程并拥有最终的决定权。证监会认为，汪建中和北京首放利用从事证券投资咨询业务的地位和优势，违背诚信和执业操守，严重损害公众投资者的信任和信心，扰乱了证券市场秩序。

汪建中案曾被称为中国证监会最大的一笔个人罚单，经西城区法院法官近两周的工作，顺利执结。

北京首放投资顾问有限公司总经理汪建中因操纵市场，被没收违法所得 1.25 亿余元，罚款 1.25 亿余元。总额超过 2.5 亿钱款已上缴国库。

而在证监会冻结他 1.6 亿元资金之后，汪建中还让其亲属从账户上取出现金近 1 亿元。汪建中两个哥哥和其前妻的弟弟，因帮助汪建中掩饰、隐瞒操纵证券市场，非法所得的 3.85 亿余元，被检方以涉嫌洗钱罪起诉。

早在 2003 年，北京首放就因其周末推荐的股票屡次创下“红色星期一”而闻名于业界。2008 年 5 月，国家审计署在对中信证券的例行审计中发现，其位于北三环的营业部有 7 个账户存在异常交易，经调查初步认定这 7 个账户构成一个账户组，且与汪建中有关。

以“中国联通”为例，汪建中于 2007 年 3 月 23 日买入“中国联通”约 480 万股，成交金额约 2500 万元。同日 17 时 55 分、18 时 02 分、18 时 58 分，北京首放在首放证券网、新浪网、东方财富网先后发表题为《目标 3300 点春季攻势全面打响》的报告，力推“中国联通”。报告将“中国联通”等股票列为“具备大幅上攻潜力的品种”，建议股民“最好不宜盲目作空，以免踏空。”3 天后，汪建中卖出“中国联通”，获利 81.8 万元。

根据证监会的统计，在北京首放推荐股票的内容发布后，相关 38 只股票交易量在整体上出现了较为明显的上涨，当日换手率明显上升，参与买入账户明显增多，新增买入账户成倍增加。

但汪建中在庭上表示：“认罚不认罪。”对指控提出 7 点异议，其中包括，“媒体采访是公司业务行为”等。他承认自己控制的账户有过百亿的交易量，但否认自己有操纵证券市场的能力，还表示，自己盈利是因为“有做短线的经验”。而且，公司聘任的7位分析师也提供了有效的信息。

汪建中辩护律师表示：汪建中的推荐无法对股市波动造成决定性影响。汪购买工商银行、中国联通等超级市值股票，流通盘动辄几十亿、几百亿人民币，汪所持有的资金无法进行操控。

经过调查和审理，证监会认定汪建中、北京首放的上述交易操作行为，违反了《证券法》第77条关于禁止操纵证券市场的规定。

2011年8月3日，汪建中被移送司法，以操纵证券市场罪被判处有期徒刑7年。

从历史上看，股市“黑嘴”受惩并非孤例，但涉嫌操纵市场移交司法，汪建中却是第一人。

在2002年，东方趋势投资顾问有限公司未能通过证监会的年检，其董事长、号称“天下第一庄托”的赵笑云，大力推荐青山纸业，要散户“咬定青山不放松”，害得所有买进的散户惨亏，最后没有得到任何处罚，其人只是出走英国而已。

这是一起典型的“抢帽子”手法案例。散户如果听忽悠买进他所推荐的股票，基本上都会以亏损告终。

股市充满着各种陷阱，媒体、网络的荐股更可能是心怀鬼胎。试想，如果他那么有把握，为什么不自己操作赚钱而要大肆推荐？所以，散户一定要坚持自己独立的分析研究，不要轻易相信各种荐股，才能免受伤害。

2. 不选自己不熟悉的股票

买股票的目的是为了投资赚钱，而不是为了赶时髦或随便玩玩。只有对其了如指掌，才能下决心买或不买。选股要做到货比三家，必须认真研究该上市公司准确而翔实的资料，精读财务报表，从K线图上了解其历史和现状，了解其有多大的含金量，以便决定用多大的资金去买，决定是做短线，还是做中线或者是长线。不熟悉的股票有可能隐藏着巨大的陷阱，乱买会带来灭顶之灾。

笔者曾经买过的一只银基发展（000511，现在已改名叫*ST 烯碳）就是一个典型例子。当时，在新浪的 UC 房间有人推荐这个股票，说该公司在沈阳有着很多的土地，准备用来搞开发，业绩会暴增云云。那时候，自己还没有学会严谨地独立分析股票的基本面，对这种不熟悉的股票居然也敢买，在 13 元左右买进去，买后就开始下跌，4 个月不到，最后在 3 元（期间有 10 送 9 股的除权）左右卖掉，亏损 30 万元之巨。30 万亏掉我一半多的资金，当时的感觉就是痛彻骨髓，天都要塌了。这痛楚，至今还有着深刻的印象。

所以，自己没有仔细研究过的股票坚决不选，更不能买。

3. 不选人人皆知的股票

有些股票经过市场的几番炒作以后，市场上出现了轰动效应，成为人人皆知的股票，这些爆炒过后过了气的明星股就像过了气的明星一样，只剩下一地鸡毛，会慢慢地被人淡忘。这样的股票，不能再碰，此后几年时间都可能不会有大的涨幅。

典型的如全通教育（300359），当时因为网络教育的概念火遍大江南北而成为风光无限的明星股。像这类股票，炒作完了就不能再碰。股价走势见下图：

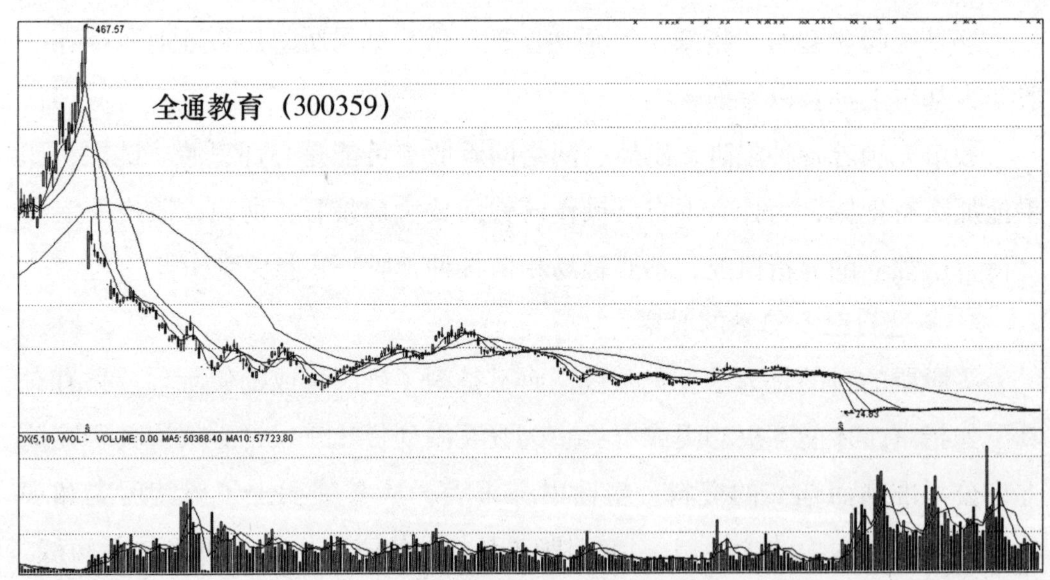

图 1－5　全通教育（300359）走势图

4. 不选短期暴涨过的股票

最近一两周或一个月涨幅已达30%以上的股票，坚决不选，即使该股的成长性很好，也要到股价下调以后再买。30%以上的涨幅，庄家已有足够的出货与做波段的空间，短期再买入赚的可能性小，调整的可能性非常大。

比如精工科技（002006），自2015年9月28日开始，到2015年11月26日止，涨幅达到一倍以上，如果这时候选择买入，那等待的就是长时间下跌。见图1-6。

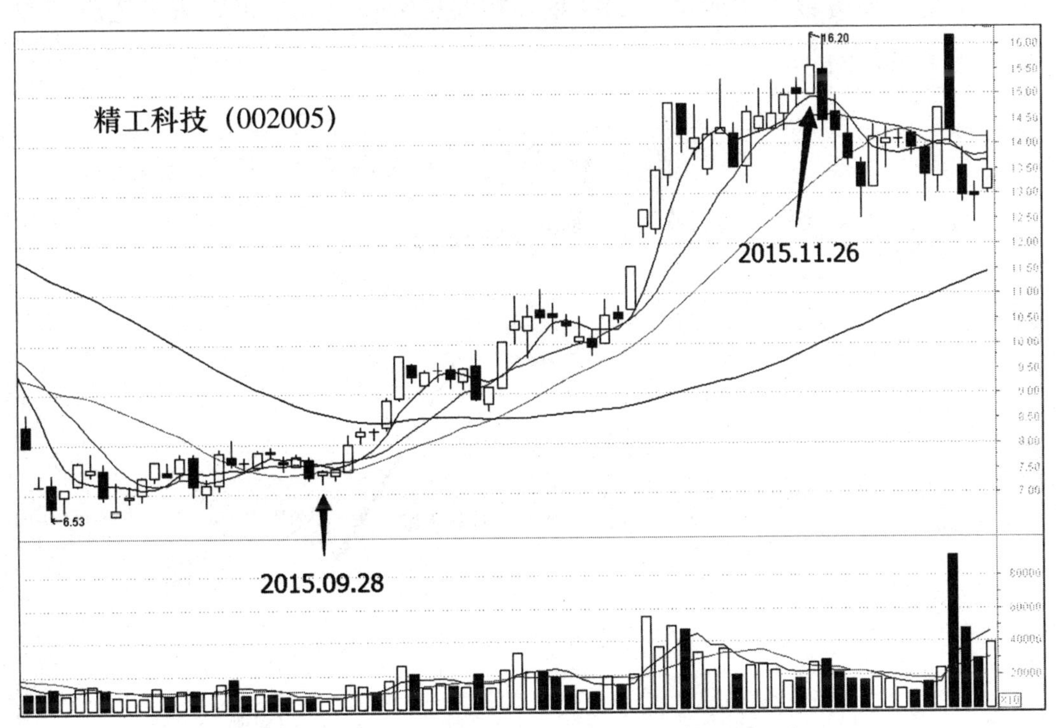

图1-6　精工科技（002006）K线截图

5. 不选有问题的股票

股票有问题是指上市公司发生或正在发生违规违纪、内部管理混乱、经营困难、产品销量急剧下降、连续亏损、资不抵债等等情况。这类股票原则上都不能选择。之所以发生这些问题，是该公司管理极不到位的表现。也许永远也不知道这个公司究竟还有多少问题没有暴露，或许露出来的只是冰山一角。所以，对这类的股票应当坚决远离。

比如因财务造假而全国有名的欣泰电气（300372）就是一个典型的案例。

在2016年4月26日的公告中，华普天健会计师事务所披露了关于《2015年度财务报告非标审计意见的专项说明》，其中指出欣泰电气2015年报有很多问题，会计师事务所无法出具标准审计意见。这其实就是披露公司财务有造假行为。凡见到这类公告的公司股票坚决不选、不买，至少要看清楚、搞明白了再说。可是还是有许多散户去买，这就是赌博。买入以后当然就要承受“看着银子化成水”的结果。顺便提醒一句，公告后买进造成的亏损是不予赔偿的。

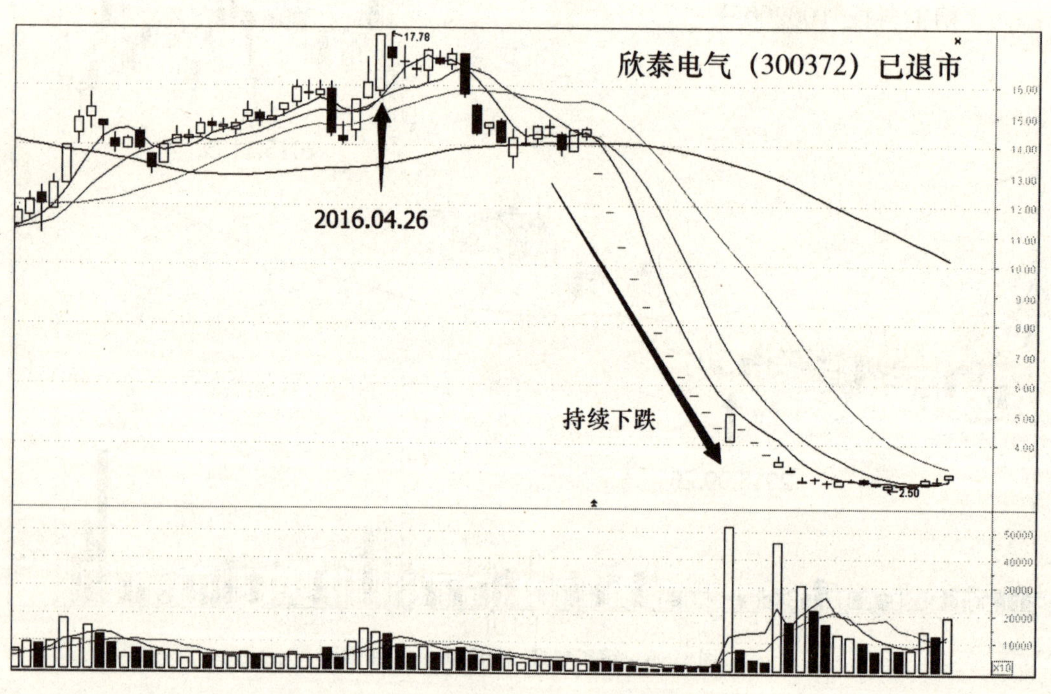

图1-7　欣泰电气（300372）的走势图

6. 不选刚刚经过大比例“送转配”的股票

股票经大比率送转后，股本扩张，利润稀释，其含金量已降低，多数连年以大比例送配的绩优股，都变成绩平股，甚至变成绩差股，很难在短期内再创辉煌。不含权的股票，尤其是无股本扩张优势的大盘股，是不值得买进的。如果大除权后又出现天量，更是坚决不可以碰。很多主力就是借除权出货。

华峰氨纶（002064）在2015年6月1日实施10股送10股，派现0.5元。其后成交量放大很多，业绩也越来越差，与之相应，股价也是一蹶不振。

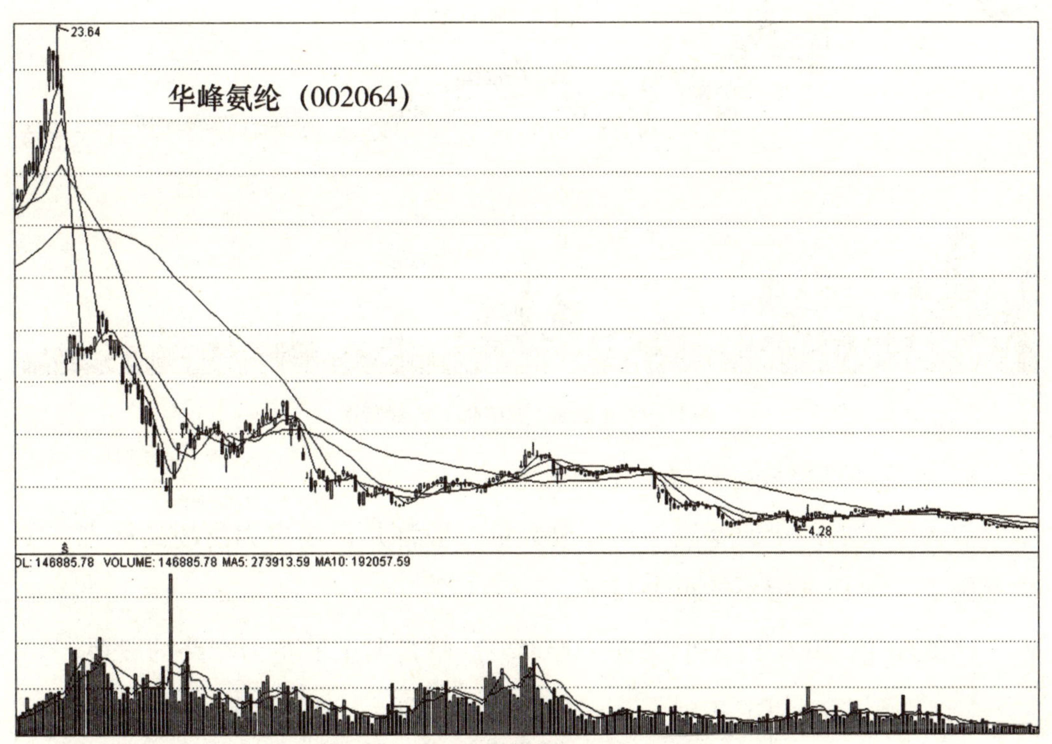

图1-8 华峰氨纶（002064）K线截图

7. 不选高市盈率的股票

我们必须始终把握一个准则：只要是股票，就要看市盈率，不能选很高市盈率的股票，因为已经失去了投资的价值。当然，收益为负数、无市盈率的更不能买。

以生意宝（002095）为例。公司在2016年6月2日的动态市盈率为566.3倍，股价高达53元（2016年6月2日），其基本价值极低，每股净资产只有1.98元，2016年一季度每股收益才0.02元，纯粹就是靠互联网电商平台的一个概念炒作起来的。这种股票怎么也不能买。一旦光环褪去，炒家离场，回归本来的价值，股价就会一落千丈。

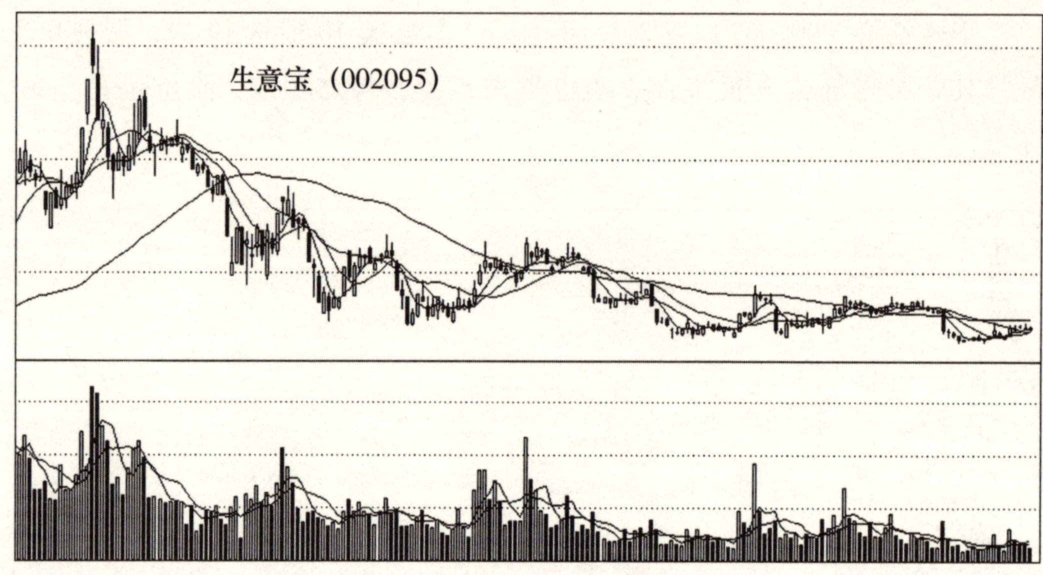

图1-9 生意宝（002095）K线截图

8. 不选在高位放巨量或天量的股票

放天量过后的个股坚决不买。放天量一般都是市场主力离场的标志。主力都跑了，散户肯定不能再参与了。

比如图1-10中的深华发A（000020）就是典型的主力跑路的股票。

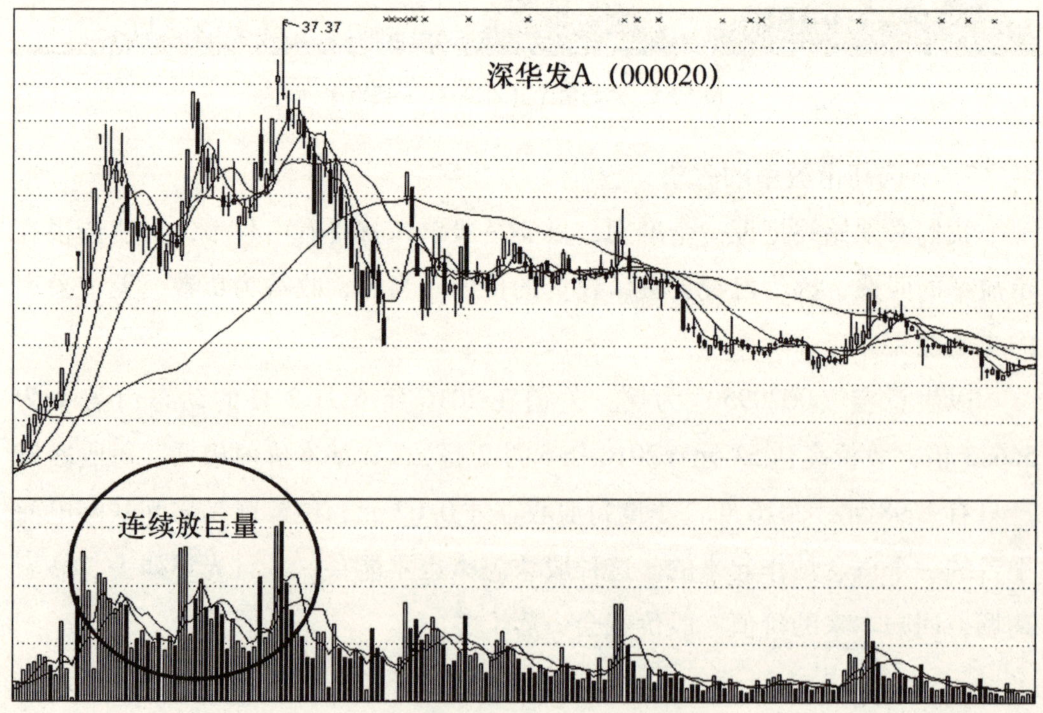

图1-10 深华发A（000020）K线截图

这是深华发 A 从 2015 年 8 月到 2016 年 6 月的 K 线截图。该股在标记位置密集成交并放出天量，股价也随即创出新高。仔细研究公司的基本面，感觉是一塌糊涂，乏善可陈。股价被严重高估，接下来就是慢慢熊途，这种票散户无论如何也不能选择。

关于基本面选股，主要点就是上述方面。对基本面的研究怎么强调都不为过，这是唯一能够保证你在股市赚钱和不受伤害的利器。

巴菲特有句名言：只有退潮后才知道谁在裸泳！基本面就是那条保证不裸泳的底裤。巴菲特被称之为股神很大程度得力于他和他的团队对公司的仔细研究。发现好的公司，在股价被低估时买入，在高估很多时卖出，几十年没有被高估就几十年也不卖。

股市流传着两句很经典的话："涨时重势，跌时重质。"这是经过多年实践验证的金玉良言。大盘下跌的时候，拼的就是个股的基本面，个股的质地。基本面很优质的股票会相对抗跌，而且有底线，在接近该股票基本价值的时候就跌不动了，一旦大盘好转，股价肯定会不负所望地往上走，带来期望的利润。而基本面很差的股票就会一蹶不振，股价屡创新低。

对所买的公司研究得越透彻，就越能够拿得住票，不会涨也怕跌也怕。而拿得住票是在股市赚钱的基础。

当每一只股票都是经过仔细研究，深思熟虑后再做出买入决定的时候，才可能稳定地从股市赚到钱。

基本面与技术面相比，基本面要重要得多。因为基本面的确定性远比技术面大得多。这两者的关系就像是"毛和皮"的关系。基本面是皮肤，技术面是毛发。"皮之不存，毛将焉附？"皮肤都没有，哪里承载毛发呢？

（二）建立自己的股票池

在开始操作之前，一件至关重要的事情要做，就是必须先建立自己的股票池。

自己的股票池就是自选股。有一个关于自选股的比喻，应当比较贴切。

自选股是什么？——是你最好的朋友！自己的自选股是自己的朋友，可以放心地把钱投进去，不用担心被坑，被出卖。

这些朋友是你千挑万选选出来的，不仅了解他的健康状况，了解他的喜怒哀乐，也了解他的前程过往。所以可以肝胆相照。

人生是否低谷，都需要朋友！感情好，也不能跳开朋友！

有鉴于此，必须认认真真建立自选股，只操作自选股里面的股票，不能随意地跳出自选股，避免被貌似很好其实是骗子的人所伤害。

如果没有自选股，会买什么股票呢？或许只能买朋友、电视或者网上的人推荐的股票，而他们的推荐又可能各有目的，电视上与网络上推荐的往往是“抢帽子”做法，在推荐之前他们已经买入，你买进去其实是帮他们解套或者推高股价。即使朋友不是有心害你，但他推荐的就靠谱吗？此外，他是做中线、短线还是长线？

笔者特别强调：做股票稳定获利，关键中的关键就是自选股。

一个连自选股都没有，整天只知道追涨杀跌的散户一定会成为笑话，或者会成为悲剧。

散户中有几句流传很广的话：“会买的是徒弟，会卖的是师傅，会空仓的是祖师爷。”其实，关于会买与会卖的观点是完全错误的。很多让你痛苦不堪的操作，其实问题不是出在卖上，而是出在买上。当你买了一个基本面很差，技术面也不在买点上的股票的时候，就注定迎接你的是一场苦战。你可能左右为难，任何时候卖都是问题。买得好，卖就相对简单了。买是因，卖是果。先有买，后才有卖。也许，这句话应当反过来说：“会买的是师傅，会卖的是徒弟。”

关于买卖，笔者的经验是：买要慢，卖要快！

这里的慢有两层意思：其一，买之前要慢一点，仔细斟酌，不乱买任何一只股票。其二，在具体操作的时候，分批建仓，尽量降低买入的成本。

自选股就是你忠实的朋友，打仗靠的是他们，他们陪你冲锋陷阵，他们陪你攻城略地，他们陪你出生入死！你不了解他们行吗？他们会临阵倒戈，反戈一击吗？他们会看你举旗冲锋，却不战自退，甚至集体哗变吗？

为了避免不测或者减少悲剧的发生，你唯一能做的就是更多地了解他们，知道他们的价值，对他们越了解，才能越有底气，别人怎么评价你都微微一笑，泰然处之。多花时间认识、研究自选股，远远强过你把时间花在其他事情上。什么时候能够对自选股里面的股票了如指掌，对主要指标、数据烂熟于心，想亏钱都难咯。

自选股的选择应当根据基本面与技术走势相结合。建立自选股应注意如下几方面：

1. 行业

行业要好，要符合国家倡导的产业方向。比如在现在的形势下，自选股里的行业就应当是：智能制造、工业4.0、符合2025产业方向、新能源、环保、国企改革、创新发展等行业的公司，避免供给侧里面要重点调控的行业：煤炭、钢铁、房地产、汽车制造等等。

2. 公司在该行业所处的位置

所选公司最好是行业的龙头或者该行业的细分龙头。龙头公司拥有一定的产品定价权，抵御风险的能力要比排在后面的公司强得多。

3. 公司的基本面

公司的基本面要好，各项指标没有大的瑕疵，经营正常，没有大的负面新闻，管理层勤勤恳恳、兢兢业业。公司经营稳健，业绩优良。

4. 股票的技术走势

股价没有在前期顶部密集成交，放出天量。最好是有长庄在里面运作。短期也没有暴涨过。

经过大量筛选与研究，一只一只加进自选股，最后形成自选股股票池。

一般来说，自选股数量不要超过30只。牛市可以略多，但以不超过50只为宜。多了管理不过来。

建好自选股股票池以后，还要进行日常管理与维护。随时关注自选股里面每一只股票的最新消息、公告。研究各公司的季报，半年报，年报。了解各公司的兼并与重组情况、对外投资的情况，业绩是不是有大的变化等等。

经过一段时间后，要对自选股进行优胜劣汰，有些已经涨得太高，不适宜操作就要清除出去。有些公司的行业前景已经发生变化，也要作出调整。有些业绩大降要剔除。有些基本面有很大的变化，出现问题的更要立马清理门户。

如果有新的行业受到关注，也要及时地把该行业新的股票加进来。总之，要有一定的调整以适应国家宏观经济政策的变化，做到“流水不腐，户枢不蠹”。

列举我的自选股如下：

	代码	名称	涨幅%	现价	涨跌	买价	卖价	总量
1	600712	南宁百货	-2.37	11.53	-0.28	11.50	11.53	195124
2	000619	海螺型材	0.00	10.88	0.00	10.88	10.89	25572
3	002026	山东威达	1.53	11.95	0.18	11.94	11.95	71393
4	002444	巨星科技	× 1.39	18.25	0.25	18.24	18.25	128114
5	600056	中国医药	× 0.12	17.25	0.02	17.23	17.24	60768
6	000685	中山公用	× -0.27	11.06	-0.03	11.05	11.06	70922
7	000519	江南红箭	-0.70	14.11	-0.10	14.11	14.12	164595
8	600195	中牧股份	4.01	21.53	0.83	21.51	21.52	89138
9	600168	武汉控股	0.26	11.38	0.03	11.37	11.38	49153
10	000987	越秀金控	-0.07	14.84	-0.01	14.83	14.84	95996
11	600761	安徽合力	× -0.42	11.72	-0.05	11.72	11.73	61469
12	600690	青岛海尔	× -1.44	10.30	-0.15	10.30	10.31	246463
13	600409	三友化工	× -1.21	8.14	-0.10	8.13	8.14	158185
14	601928	凤凰传媒	× -0.53	11.23	-0.06	11.23	11.25	107398
15	000887	中鼎股份	× -0.13	23.95	-0.03	23.94	23.95	69173
16	600985	雷鸣科化	× 0.44	11.31	0.05	11.30	11.31	39113
17	600366	宁波韵升	× 0.90	23.43	0.21	23.42	23.43	142743
18	002108	沧州明珠	× 1.19	24.74	0.29	24.73	24.74	141902
19	600987	航民股份	× -0.78	12.65	-0.10	12.65	12.66	54808
20	300064	豫金刚石	-1.99	11.33	-0.23	11.32	11.33	108968
21	002597	金禾实业	× 0.38	16.02	0.06	16.02	16.03	153261
22	600993	马应龙	× -0.98	21.29	-0.21	21.28	21.29	61751
23	600373	中文传媒	× 0.00	23.73	0.00	23.71	23.73	46472
24	300180	华峰超纤	–	–	–	–	–	0
25	300197	铁汉生态	× 2.65	17.06	0.44	17.06	17.07	125565
26	002672	东江环保	-2.14	19.62	-0.43	19.61	19.62	88119
27	600969	郴电国际	0.07	15.23	0.01	15.23	15.24	25801
28	002559	亚威股份	0.78	14.17	0.11	14.16	14.17	18218
29	002684	猛狮科技	1.82	29.17	0.52	29.17	29.18	27786
30	002139	拓邦股份	2.05	14.41	0.29	14.41	14.42	117311
31	000009	中国宝安	× 9.99	12.11	1.10	12.11	–	308.5万
32	600273	嘉化能源	-1.21	8.98	-0.11	8.98	8.99	168863
33	000419	通程控股	× 0.24	8.39	0.02	8.39	8.40	207602
34	002025	航天电器	× -0.61	24.48	-0.15	24.48	24.49	31123
35	600830	香溢融通	× 4.50	11.39	0.49	11.38	11.39	400291
36	600458	时代新材	× 0.71	17.01	0.12	17.01	17.02	76010

表 1－16　自选股 1

续表：

▽	代码	名称	涨幅%	现价	涨跌	买价	卖价	总量
37	000988	华工科技	× 0.37	18.89	0.07	18.89	18.90	208901
38	600298	安琪酵母	× 0.60	18.51	0.11	18.51	18.52	69635
39	600292	远达环保	× 0.08	12.91	0.01	12.91	12.92	71359
40	000598	兴蓉环境	× 0.51	5.89	0.03	5.88	5.89	285251
41	600004	白云机场	0.44	13.55	0.06	13.54	13.55	67667
42	600183	生益科技	× 7.63	11.15	0.79	11.14	11.16	508121
43	601107	四川成渝	0.00	4.85	0.00	4.84	4.85	86284
44	600269	赣粤高速	-0.82	4.86	-0.04	4.86	4.87	160952
45	600018	上港集团	× -1.13	5.27	-0.06	5.27	5.28	438887
46	600170	上海建工	× -1.94	4.56	-0.09	4.56	4.57	746589
47	000151	中成股份	× -0.79	18.86	-0.15	18.85	18.86	55691
48	600098	广州发展	× -0.25	8.14	-0.02	8.14	8.15	120651
49	000738	中航动控	× -0.54	27.53	-0.15	27.52	27.53	127180
50	600475	华光股份	0.00	14.71	0.00	–	–	0
51	600548	深高速	-0.23	8.55	-0.02	8.54	8.55	47119
52	600498	烽火通信	× 0.84	26.29	0.22	26.27	26.29	78613
53	600642	申能股份	× -0.49	6.12	-0.03	6.10	6.11	189230
54	600068	葛洲坝	× -0.98	8.11	-0.08	8.10	8.11	507385
55	600406	国电南瑞	× 0.33	15.22	0.05	15.21	15.22	131128
56	600820	隧道股份	× -0.50	9.89	-0.05	9.89	9.90	517952
57	600278	东方创业	8.69	22.13	1.77	22.09	22.10	134717
58	600676	交运股份	-1.92	10.21	-0.20	10.20	10.21	163179
59	600900	长江电力	× 0.80	13.81	0.11	13.82	13.83	182236
60	600290	华仪电气	× 0.60	10.14	0.06	10.14	10.15	57798
61	300100	双林股份	× 0.25	36.45	0.09	36.44	36.45	29195
62	000413	东旭光电	× -2.11	14.88	-0.32	14.88	14.89	254.1万
63	002009	天奇股份	0.57	15.84	0.09	15.83	15.84	43355
64	300320	海达股份	4.81	13.50	0.62	13.49	13.50	91245
65	601313	江南嘉捷	3.12	13.23	0.40	13.21	13.23	104013
66	000929	兰州黄河	× -1.80	17.41	-0.32	17.40	17.41	55599
67	000063	中兴通讯	× -0.47	14.89	-0.07	14.89	14.90	307771
68	600469	风神股份	0.10	10.17	0.01	10.16	10.17	43468
69	601607	上海医药	× -0.66	19.57	-0.13	19.58	19.59	139842
70	600236	桂冠电力	× -1.16	7.64	-0.09	7.64	7.65	116936
71	600023	浙能电力	× -0.73	5.44	-0.04	5.43	5.44	430898
72	601700	风范股份	0.41	7.33	0.03	7.32	7.34	49105
73	600978	宜华生活	× 0.42	11.84	0.05	11.83	11.85	165386
74	600167	联美控股	0.06	16.19	0.01	16.18	16.19	11923
75	600590	泰豪科技	4.95	18.24	0.86	18.24	18.25	191000
76	601908	京运通	× -1.67	7.66	-0.13	7.65	7.66	124952
77	002258	利尔化学	-1.00	9.95	-0.10	9.95	9.96	86358
78	600580	卧龙电气	× -0.59	10.06	-0.06	10.06	10.07	81914

表 1－17　自选股 2

以上是我的自选股截图，时间是2016年8月21日。等到书出来以后，大家可以对照验证，这里面会出现很多的牛股。

如何寻找中意的股票？

下面通过一个具体的遴选过程，说明如何寻找中意的股票。

以智能制造行业为例。

这个行业既符合工业4.0的目标，又符合中国制造2025的下一个产业强国十年计划的要求，确实是不错的行业，站在风口上。

那么，怎么能从众多的股票里面找到心仪的对象呢？

智能制造（Intelligent Manufacturing，IM）是基于新一代信息技术，贯穿设计、生产、管理、服务等制造活动各个环节，具有信息深度自感知、智慧优化自决策、精准控制自执行等功能的先进制造过程、系统与模式的总称。

智能制造包含智能制造技术和智能制造系统，智能制造系统不仅能够在实践中不断地充实知识库，具有自学习功能，还有搜集与理解环境信息和自身信息，并进行分析判断和规划自身行为的能力。

2015年6月3日，国家工信部公示2015年智能制造专项项目，94家公司的相关项目入选，标志着智能制造专项项目正式启动。

2016年1月10日，工信部副部长冯飞表示，从供给侧、工业自身、工业进步而言，我们需要做这些事情，智能制造可能是中国制造2025当中最重要的方面，我们称为突破口、主战场。

由此我们知道这个行业非常有前景，是代表未来工业发展方向的好行业。接下来就是要在这个行业的所有股票里面寻找我们需要的、有操作价值的股票。

具体的操作方式、方法如下：

打开通达信交易系统软件，找到板块里的概念板块，点开，找出智能机器的板块，点击进入，可以看到系统共收录有102只股票。

如下表所示（见表1-18）：

▽	代码	名称	涨幅%	现价	涨跌	买价	卖价	总量
1	000333	美的集团	× -0.75	27.86	-0.21	27.86	27.87	277038
2	000410	沈阳机床	× -0.31	15.88	-0.05	15.88	15.89	102953
3	000725	京东方A	× -0.41	2.40	-0.01	2.40	2.41	152.9万
4	000821	京山轻机	0.06	16.00	0.01	15.99	16.00	37582
5	000837	秦川机床	-0.47	8.51	-0.04	8.51	8.52	62708
6	000913	*ST钱江	-0.20	14.92	-0.03	14.91	14.92	22875
7	000938	紫光股份	× -0.96	65.07	-0.63	65.06	65.07	25467
8	000961	中南建设	× 0.24	8.32	0.02	8.30	8.32	333596
9	001696	宗申动力	-0.20	10.20	-0.02	10.19	10.20	87215
10	002008	大族激光	× -1.31	24.09	-0.32	24.09	24.10	187589
11	002009	天奇股份	0.57	15.84	0.09	15.83	15.84	43355
12	002011	盾安环境	× 0.00	10.93	0.00	10.93	10.94	64570
13	002026	山东威达	1.53	11.95	0.18	11.94	11.95	71393
14	002031	巨轮智能	× 0.51	3.96	0.02	3.95	3.96	204933
15	002067	景兴纸业	× 1.46	7.63	0.11	7.63	7.64	366495
16	002073	软控股份	× 0.53	11.46	0.06	11.46	11.47	119529
17	002097	山河智能	-0.22	9.19	-0.02	9.19	9.20	87505
18	002116	中国海诚	-0.54	14.60	-0.08	14.60	14.61	44407
19	002122	天马股份	4.29	6.81	0.28	6.80	6.81	270385
20	002139	拓邦股份	2.05	14.41	0.29	14.41	14.42	117311
21	002147	新光圆成	-0.80	14.97	-0.12	14.97	14.98	26037
22	002184	海得控制	× 1.07	23.57	0.25	23.56	23.57	31484
23	002209	达意隆	1.02	18.82	0.19	18.82	18.87	24546
24	002270	华明装备	-0.46	17.22	-0.08	17.22	17.23	32347
25	002292	奥飞娱乐	× -0.81	29.43	-0.24	29.43	29.44	126259
26	002298	中电鑫龙	× 0.88	16.00	0.14	15.99	16.00	89079
27	002334	英威腾	0.36	8.47	0.03	8.47	8.48	61519
28	002337	赛象科技	0.52	7.71	0.04	7.70	7.71	43980
29	002367	康力电梯	-0.06	15.39	-0.01	15.39	15.40	56386
30	002376	新北洋	3.07	13.43	0.40	13.43	13.44	158192
31	002380	科远股份	-0.43	32.10	-0.14	32.10	32.15	13662
32	002406	远东传动	× -2.32	8.86	-0.21	8.86	8.87	138523
33	002415	海康威视	× -0.88	25.90	-0.23	25.90	25.91	120583
34	002444	巨星科技	× 1.39	18.25	0.25	18.24	18.25	128114
35	002472	双环传动	1.99	27.66	0.54	27.65	27.66	135632
36	002482	广田集团	× -0.82	8.43	-0.07	8.42	8.43	119417
37	002520	日发精机	× -1.28	14.70	-0.19	14.69	14.70	19533
38	002527	新时达	-0.39	15.30	-0.06	15.29	15.30	31727
39	002535	林州重机	-0.27	7.29	-0.02	7.29	7.30	85059

表 1－18　智能机器板块所含 102 只股票之一

续表:

	代码	名称	涨幅%	现价	涨跌	买价	卖价	总量
40	002559	亚威股份	0.78	14.17	0.11	14.16	14.17	18218
41	002577	雷柏科技	× 0.11	44.20	0.05	44.20	44.21	40791
42	002611	东方精工	9.98	13.11	1.19	13.11	–	2586
43	002660	茂硕电源	-0.91	15.20	-0.14	15.20	15.21	55514
44	002681	奋达科技	× 0.64	15.65	0.10	15.65	15.66	61465
45	002689	远大智能	-1.03	7.66	-0.08	7.65	7.66	52145
46	002698	博实股份	1.46	18.06	0.26	18.05	18.06	39558
47	002747	埃斯顿	1.27	32.00	0.40	31.99	32.00	19554
48	300019	硅宝科技	-1.35	14.57	-0.20	14.57	14.58	66979
49	300024	机器人	× -0.93	24.48	-0.23	24.47	24.48	126910
50	300044	赛为智能	–	–	–	–	–	0
51	300073	当升科技	0.79	68.70	0.54	68.70	68.71	80292
52	300076	GQY视讯	× 1.65	19.10	0.31	19.09	19.10	970939
53	300083	劲胜精密	-0.69	7.18	-0.05	7.18	7.19	163630
54	300097	智云股份	-1.43	48.40	-0.70	48.39	48.40	43970
55	300098	高新兴	-0.14	14.68	-0.02	14.68	14.69	89803
56	300111	向日葵	–	–	–	–	–	0
57	300115	长盈精密	× 1.33	25.15	0.33	25.14	25.15	93023
58	300117	嘉寓股份	× -1.44	6.15	-0.09	6.14	6.15	95969
59	300124	汇川技术	× 0.16	19.08	0.03	19.08	19.09	87187
60	300126	锐奇股份	-0.58	10.34	-0.06	10.34	10.36	117921
61	300131	英唐智控	5.16	11.41	0.56	11.41	11.42	442517
62	300154	瑞凌股份	3.15	10.80	0.33	10.79	10.80	217562
63	300161	华中数控	-0.63	26.97	-0.17	26.97	26.98	32640
64	300173	智慧松德	× –	–	–	–	–	0
65	300193	佳士科技	0.46	10.97	0.05	10.96	10.97	121858
66	300195	长荣股份	-0.48	16.75	-0.08	16.74	16.75	25887
67	300201	海伦哲	4.22	18.28	0.74	18.28	18.29	166860
68	300213	佳讯飞鸿	-0.27	25.71	-0.07	25.70	25.71	21905
69	300222	科大智能	1.74	23.34	0.40	23.33	23.34	91235
70	300276	三丰智能	1.09	18.63	0.20	18.62	18.63	44903
71	300278	华昌达	× -0.15	19.80	-0.03	19.80	19.81	37845
72	300280	南通锻压	-0.50	29.65	-0.15	29.64	29.65	11166
73	300281	金明精机	× -0.93	14.95	-0.14	14.95	14.96	18464
74	300293	蓝英装备	× –	–	–	–	–	0
75	300307	慈星股份	1.09	12.94	0.14	12.94	12.95	105595
76	300328	宜安科技	0.78	14.28	0.11	14.28	14.29	51348
77	300358	楚天科技	× 0.64	21.85	0.14	21.84	21.85	71064
78	300367	东方网力	× 0.00	24.58	0.00	24.57	24.58	45343

表 1－19　智能机器板块所含 102 只股票之二

续表：

	代码	名称	涨幅%	现价	涨跌	买价	卖价	总量
79	300368	汇金股份	0.59	25.50	0.15	25.49	25.50	103832
80	300403	地尔汉宇	× -0.38	60.07	-0.23	60.06	60.07	27652
81	300418	昆仑万维	-0.80	27.25	-0.22	27.24	27.25	55904
82	300475	聚隆科技	-0.35	25.28	-0.09	25.28	25.29	20987
83	600172	黄河旋风	0.05	20.72	0.01	20.71	20.73	127776
84	600282	南钢股份	-1.13	2.63	-0.03	2.63	2.64	390852
85	600330	天通股份	× 0.00	13.93	0.00	–	–	0
86	600503	华丽家族	× 1.04	10.65	0.11	10.64	10.65	130.7万
87	600560	金自天正	0.95	15.87	0.15	15.86	15.87	39038
88	600565	迪马股份	-1.04	6.68	-0.07	6.68	6.69	368604
89	600580	卧龙电气	× -0.59	10.06	-0.06	10.06	10.07	81914
90	600690	青岛海尔	× -1.44	10.30	-0.15	10.30	10.31	246463
91	600699	均胜电子	× 0.09	34.57	0.03	34.56	34.57	35662
92	600701	*ST工新	0.50	13.95	0.07	13.95	13.96	32472
93	600775	南京熊猫	× 0.31	16.26	0.05	16.26	16.27	69980
94	600806	*ST昆机	-1.42	6.93	-0.10	6.94	6.95	43204
95	600815	厦工股份	× -0.77	6.46	-0.05	6.46	6.47	60036
96	600835	上海机电	× -0.32	21.72	-0.07	21.73	21.75	88865
97	600885	宏发股份	0.25	31.66	0.08	31.65	31.67	9540
98	601369	陕鼓动力	× 2.95	7.32	0.21	7.30	7.31	217453
99	601600	中信重工	× 0.54	5.59	0.03	5.59	5.60	253889
100	601727	上海电气	× 1.17	8.62	0.10	8.60	8.63	257503
101	603100	川仪股份	-0.34	14.67	-0.05	14.66	14.67	25856
102	603355	莱克电气	-0.26	38.01	-0.10	37.97	37.98	9372

表1－20　智能机器板块所含102只股票之三

这102只股票当然是良莠不齐，其中绝大部分公司的股票都没有操作价值。

接下来，我们就一步一步地用淘汰法进行筛选。

首先剔除掉亏损股，其次剔除2015年每股年收益低于0.10元以及2015年收益虽在0.10元以上，但2016年一季度业绩下降得很厉害的股票。过完这遍粗筛子，还剩下50只股票。见下表（见表1－21）：

	代码	名称	涨幅%	现价	涨跌	买价	卖价	总量
1	000333	美的集团	× -0.75	27.86	-0.21	27.86	27.87	277038
2	001696	宗申动力	-0.20	10.20	-0.02	10.19	10.20	87215
3	002008	大族激光	× -1.31	24.09	-0.32	24.09	24.10	187589
4	002009	天奇股份	0.57	15.84	0.09	15.83	15.84	43355
5	002011	盾安环境	× 0.00	10.93	0.00	10.93	10.94	64570
6	002026	山东威达	1.53	11.95	0.18	11.94	11.95	71393
7	002067	景兴纸业	× 1.46	7.63	0.11	7.63	7.64	366495
8	002116	中国海诚	-0.54	14.60	-0.08	14.60	14.61	44407
9	002139	拓邦股份	2.05	14.41	0.29	14.41	14.42	117311
10	002184	海得控制	× 1.07	23.57	0.25	23.56	23.57	31484
11	002270	华明装备	-0.46	17.22	-0.08	17.22	17.23	32347
12	002292	奥飞娱乐	× -0.81	29.43	-0.24	29.43	29.44	126259
13	002298	中电鑫龙	× 0.88	16.00	0.14	15.99	16.00	89079
14	002367	康力电梯	-0.06	15.39	-0.01	15.39	15.40	56386
15	002406	远东传动	× -2.32	8.86	-0.21	8.86	8.87	138523
16	002415	海康威视	× -0.88	25.90	-0.23	25.90	25.91	120583
17	002444	巨星科技	× 1.39	18.25	0.25	18.24	18.25	128114
18	002472	双环传动	1.99	27.66	0.54	27.65	27.66	135632
19	002482	广田集团	× -0.82	8.43	-0.07	8.42	8.43	119417
20	002520	日发精机	× -1.28	14.70	-0.19	14.69	14.70	19533
21	002559	亚威股份	0.78	14.17	0.11	14.16	14.17	18218
22	002577	雷柏科技	× 0.11	44.20	0.05	44.20	44.21	40791
23	002681	奋达科技	× 0.64	15.65	0.10	15.65	15.66	61465
24	002747	埃斯顿	1.27	32.00	0.40	31.99	32.00	19554
25	300024	机器人	× -0.93	24.48	-0.23	24.47	24.48	126910
26	300073	当升科技	0.79	68.70	0.54	68.70	68.71	80292
27	300083	劲胜精密	-0.69	7.18	-0.05	7.18	7.19	163630
28	300098	高新兴	-0.14	14.68	-0.02	14.68	14.69	89803
29	300115	长盈精密	× 1.33	25.15	0.33	25.14	25.15	93023
30	300124	汇川技术	× 0.16	19.08	0.03	19.08	19.09	87187
31	300131	英唐智控	5.16	11.41	0.56	11.41	11.42	442517
32	300154	瑞凌股份	3.15	10.80	0.33	10.79	10.80	217562
33	300195	长荣股份	-0.48	16.75	-0.08	16.74	16.75	25887
34	300222	科大智能	1.74	23.34	0.40	23.33	23.34	91235
35	300278	华昌达	× -0.15	19.80	-0.03	19.80	19.81	37845
36	300307	慈星股份	1.09	12.94	0.14	12.94	12.95	105595
37	300358	楚天科技	× 0.64	21.85	0.14	21.84	21.85	71064
38	300367	东方网力	× 0.00	24.58	0.00	24.57	24.58	45343
39	300403	地尔汉宇	× -0.38	60.07	-0.23	60.06	60.07	27652
40	300418	昆仑万维	-0.80	27.25	-0.22	27.24	27.25	55904
41	300475	聚隆科技	-0.35	25.28	-0.09	25.28	25.29	20987

表 1－21　第一次筛选后剩下的股票之一

续表:

	代码	名称	涨幅%	现价	涨跌	买价	卖价	总量
42	600172	黄河旋风	0.05	20.72	0.01	20.71	20.73	127776
43	600330	天通股份	× 0.00	13.93	0.00	–	–	0
44	600580	卧龙电气	× -0.59	10.06	-0.06	10.06	10.07	81914
45	600690	青岛海尔	× -1.44	10.30	-0.15	10.30	10.31	246463
46	600699	均胜电子	× 0.09	34.57	0.03	34.56	34.57	35662
47	600835	上海机电	× -0.32	21.72	-0.07	21.73	21.75	88865
48	600885	宏发股份	0.25	31.66	0.08	31.65	31.67	9540
49	603100	川仪股份	-0.34	14.67	-0.05	14.66	14.67	25856
50	603355	莱克电气	-0.26	38.01	-0.10	37.97	37.98	9372

表 1－22　第一次筛选后剩下的股票之二

然后一只一只地了解股票所代表公司的主业属于什么行业，打开 F10 看经营分析。比如，景兴纸业（002027）的主业是纸制品的生产与销售。这种处于不理想行业的就直接淘汰。经过这轮筛选，还剩下 22 只股票（见表1－23）：

	代码	名称	涨幅%	现价	涨跌	买价	卖价	总量
1	001696	宗申动力	-0.20	10.20	-0.02	10.19	10.20	87215
2	002008	大族激光	× -1.31	24.09	-0.32	24.09	24.10	187589
3	002009	天奇股份	0.57	15.84	0.09	15.83	15.84	43355
4	002011	盾安环境	× 0.00	10.93	0.00	10.93	10.94	64570
5	002026	山东威达	1.53	11.95	0.18	11.94	11.95	71393
6	002139	拓邦股份	2.05	14.41	0.29	14.41	14.42	117311
7	002184	海得控制	× 1.07	23.57	0.25	23.56	23.57	31484
8	002270	华明装备	-0.46	17.22	-0.08	17.22	17.23	32347
9	002298	中电鑫龙	× 0.88	16.00	0.14	15.99	16.00	89079
10	002367	康力电梯	-0.06	15.39	-0.01	15.39	15.40	56386
11	002444	巨星科技	× 1.39	18.25	0.25	18.24	18.25	128114
12	002520	日发精机	× -1.28	14.70	-0.19	14.69	14.70	19533
13	002559	亚威股份	0.78	14.17	0.11	14.16	14.17	18218
14	002577	雷柏科技	× 0.11	44.20	0.05	44.20	44.21	40791
15	002681	奋达科技	× 0.64	15.65	0.10	15.65	15.66	61465
16	002747	埃斯顿	1.27	32.00	0.40	31.99	32.00	19554
17	300024	机器人	× -0.93	24.48	-0.23	24.47	24.48	126910
18	300073	当升科技	0.79	68.70	0.54	68.70	68.71	80292
19	300124	汇川技术	× 0.16	19.08	0.03	19.08	19.09	87187
20	300307	慈星股份	1.09	12.94	0.14	12.94	12.95	105595
21	600172	黄河旋风	0.05	20.72	0.01	20.71	20.73	127776
22	600699	均胜电子	× 0.09	34.57	0.03	34.56	34.57	35662

表 1－23　第二次筛选后剩下的股票

逐一打开这些个股的走势图，看看其中有没有顶部放天量、主力明显撤离的股票。如果有就剔除。经过这轮筛选，余下15只股票（见表1－24）。

	代码	名称	涨幅%	现价	涨跌	买价	卖价	总量
1	002008	大族激光	× -1.31	24.09	-0.32	24.09	24.10	187589
2	002026	山东威达	1.53	11.95	0.18	11.94	11.95	71393
3	002139	拓邦股份	2.05	14.41	0.29	14.41	14.42	117311
4	002270	华明装备	-0.46	17.22	-0.08	17.22	17.23	32347
5	002367	康力电梯	-0.06	15.39	-0.01	15.39	15.40	56386
6	002444	巨星科技	× 1.39	18.25	0.25	18.24	18.25	128114
7	002577	雷柏科技	× 0.11	44.20	0.05	44.20	44.21	40791
8	002681	奋达科技	× 0.64	15.65	0.10	15.65	15.66	61465
9	002747	埃斯顿	1.27	32.00	0.40	31.99	32.00	19554
10	300024	机器人	× -0.93	24.48	-0.23	24.47	24.48	126910
11	300073	当升科技	0.79	68.70	0.54	68.70	68.71	80292
12	300124	汇川技术	× 0.16	19.08	0.03	19.08	19.09	87187
13	300307	慈星股份	1.09	12.94	0.14	12.94	12.95	105595
14	600172	黄河旋风	0.05	20.72	0.01	20.71	20.73	127776
15	600699	均胜电子	× 0.09	34.57	0.03	34.56	34.57	35662

表1－24　第三次筛选后余下的股票

然后，开始对这些股票进行基本面研究。

首先看资产负债率，看看有没有超过65%的。一般来说，如果行业没有特别高的利润率，高负债会增加公司的财务成本，给公司经营带来压力。如果行业开始走下坡路，高负债就会成为勒在公司脖子上的绳索。

比如，分析发现，均胜电子（600699）的资产负债率达到67.6%，相应地，财务成本也很高。在2016年一季度的报表中，财务费用就达到5646万。于是将它剔除掉。

再分析智能制造在公司业务收入中所占比例。通过这个分析了解该公司是仅仅有一些概念还是有实质性的较大收入，如果有较大的收入，说明公司在智能制造领域发展很快，具有较强的领先优势。

比如，分析发现，法因数控（002270）主要是一家生产高压电气开关的企业，智能制造占比很少，可以剔除。康力电梯（002367）是以电梯为主的企业，剔除。黄河旋风（600172）主要是生产人造金刚石，其工业智能化产品只占主营业务 6.46% 的比例，剔除。

然后给剩下的 11 只股票估值，看看各只股票的价格是在什么位置。当然，这个价格是相对的，但不是相对于股价本身的价格，而是相对于自己的估值系统给出的估计价格。有些票即使价格腰斩了还是不能买，因为公司的估值不高，相对于公司的估值，虽然股价对折也仍然在高位。

比如，前面提到的上海钢联（300226），股价从 157 元跌到 80 元不能买，再跌到 32 元仍然是不能买。

再以雷柏科技（002577）为例：公司 2016 年一季报显示，每股净资产 4.12 元，每股资本公积金 3.49 元，每股未分配利润 -0.42 元。这三项相加得到的数字是 7.19 元。在目前的大盘形式下，我们最多给该股 3 倍的系数：3×7.19=21.57 元，而该股现在的股价为 41.74。据我们的估值系统判断是被严重高估，所以，将其剔除。

同样，奋达科技、埃斯顿、机器人、当升科技、汇川技术，股价也不同程度地被高估，剔除。

通过以上筛选，这个行业还剩下 5 只股票（见表 1-25）。

	代码	名称	涨幅%	现价	涨跌	买价	卖价	总量
1	002008	大族激光	× -1.31	24.09	-0.32	24.09	24.10	187589
2	002026	山东威达	1.53	11.95	0.18	11.94	11.95	71393
3	002139	拓邦股份	2.05	14.41	0.29	14.41	14.42	117311
4	002444	巨星科技	× 1.39	18.25	0.25	18.24	18.25	128114
5	300307	慈星股份	1.09	12.94	0.14	12.94	12.95	105595

表 1-25 第四次筛选后剩下的股票

以上 5 只股票应当是比较好的标的。接下来，我们再继续深入地对公司进行解剖分析。

（1）大族激光（002008）

该公司是我国激光设备的龙头企业，公司上市之后实现了从小功率激光打标设备到高端消费电子激光切割、焊接设备的第一次跨越，之后又完成了从小功率激光设备到大型高功率激光技术装备研发、生产的第二次跨越，如今公司已经全面步入聚焦智能制造与自动化系统集成的第三次跨越。

公司自动化业务收入与利润位于国内前列，具备成长为世界级自动化系统集成商的潜质。我们认为，无论从时代背景，还是政策环境以及中国制造业本身具备的体量来看，都支持中国走出一批世界级的自动化系统集成商。

公司2015年自动化业务收入和利润分别为17.5亿与3.55亿元，已处于国内前列，对比国内主流机器人与自动化上市公司，公司的研发队伍、研发投入、专利数量均处于领先地位，并且公司在汽车和电子电器领域均已经具备较好的基础，是国内为数不多的具备成长为世界级自动化系统集成商潜质的公司。

预计2016年公司自动化业务利润达4.61亿元以上。未来10年中国工业机器人新装机量有望超过180万台，对应工业机器人及自动化系统集成市场规模达1.44万亿，空间广阔。

所以，该公司很有关注的价值。但该公司也有一些瑕疵：股价偏高，离估值的上限不远，以后股价没有太大的上升空间。流通盘9.88亿，偏大。如果大盘处于上攻阶段，可能不会有很大的爆发力。

（2）山东威达（002026）

公司主要产品钻夹头在全球市场占有率高达40%，是全球钻夹头的绝对龙头。2015年公司通过收购苏州德迈科公司，进入智能制造领域。

德迈科拥有从关键设备到控制系统再到整体项目的工业4.0完整布局，是国内自动化系统集成商中，少数以软件控制为核心的企业，核心高管在全球顶尖自动化企业有长期工作经验。

未来有望由电控集成为主逐步向总包集成方向发展，四大板块协同发力：

a. 过程自动化：主要涉及食品、制药、精细化工等领域。客户包括：玛氏、强生、3M、光明等企业；

b. 离散自动化：为罗克韦尔、西门子、施耐德等企业做电控部分的分包；

c. 物流自动化：客户是京东、唯品会、顺丰等电商物流，具有总包的技术能力，有望成为未来几年增速最快的板块；

d. 机器人：公司是专业机器人 Codian Robotics 在中国的合作伙伴，主要产品包括 DELTA 机器人本体与机器人成套设备。

德迈科业绩承诺：2016 年净利润不低于 2100 万，2017 年不低于 2675 万。

这个公司也极有关注的价值。仔细研究其子公司，发现其瑕疵在于对济南第一机床有限公司的整合能否顺利地进行。

（3）拓邦股份（002139）

公司是国内生产智能控制器的龙头企业。智能控制器有着千亿级的市场容量且集中度低，公司在国内控制器的市场占有率排名第一，不仅在家电、电动工具、个人护理等领域的销量实现持续增长，还将产品应用拓展到工业控制和医疗器械等领域，有望产生新的利润增长点。

同时，公司海外市场发展迅猛，销售额已超过总收入的 50%，近期成立了印度子公司，而印度家电市场规模超过 120 亿美元，是公司海外市场未来一大看点。

与庆科公司合作切入主流物联网生态圈，完善智能家居生态链，实现控制器升级，为公司智能硬件和物联网产业的长期发展提供动力。

积极整合产业链，打造“控制 + 驱动 + 电机”一体化服务。公司准备定增 2.5 亿元收购深圳市研控自动化 55% 的股权，研控自动化是国内领先的运动控制整体解决方案企业，在细分市场占有率达 13%，位列市场第二。收购完成后，研控自动化承诺 3 年净利润复合增速将不低于 22.5%。

借助本次并购整合，公司通过内生式和外延式相结合的发展模式，实现“控制 + 驱动 + 电机”一体化布局，不仅将智能控制业务延伸至工业控制领域，从国内制造业转型升级的发展机遇中受益，拓展业务成长新引擎，而且未来可向机器人等多个领域延伸，想象空间巨大。

锂电将受益于新能源汽车的蓬勃发展，产能扩产将显著提升业绩。公司已与金龙、五洲龙、东宇等国内主流电动大巴车厂和专用车厂建立了合作关系。新能源汽车锂电池市场容量超过 85GWh，未来 5 年复合增速近 35%，公司锂电生产线扩产后将实现年产能1亿Ah以上，产能瓶颈有望突破。

公司既是智能制造的典型企业，又是锂电池生产的重要企业，具有极高的关注价值。

（4）巨星科技（002444）

公司主营中高档手工具、电动工具等工具五金产品，在行业内位居全国与亚洲之首、全球第五，是具有相当知名度的国内手工具行业龙头。在夯实主营的基础上，公司积极加大对于智能工具、服务机器人等新兴战略产业的投入，致力于成为主营稳健、外延出色的高科技智能化国际性企业。

2016年1月，在浙商资本联谊会上，公司董事长仇建平荣获“2015年浙江上市公司最佳并购案例奖”。公司自2010年上市以来，先后完成了对杭叉集团、卡森国际、中易和科技、国自机器人、华达科捷的投资，其产业投资定位清楚，前瞻眼光不断得到验证。

公司激光设备产业基地将分别通过两大子公司平台加以运作，包括主攻大众消费类激光测量工具的华达科捷以及专注于高端激光雷达、高精度角度及距离传感器的欧镭激光。消费类测量工具产品依托母公司强大的海外销售渠道争取OEM/ODM订单，市场容量4亿美元。激光雷达方面，2020年我国激光雷达市场规模约为10.2亿元，至2025年将升至35.2亿元。

公司于2014年成为国自机器人实际控制人，欧镭激光旗下3D激光雷达业务将与国自机器人现有导航技术进行深入地融合与发展。凭借在变电站巡检机器人与AGV两大业务的飞跃式发展，国自机器人营收规模已实现成倍式增长，预计2016年将实现营业收入2亿元，净利润8000万元。

公司将巨星机器人作为其发展服务机器人业务的综合平台，重点发展家庭清洁机器人与安防机器人。目前，泳池清洁与扫地、拖地家庭清洁机器人已实现小批量试生产。

所以，该公司有着较大的关注价值。

（5）慈星股份（300307）

公司是国内针织机械龙头企业，主要从事电脑针织横机、一体成型鞋面机、电脑无缝内衣机的研发、生产及销售。

公司业务增长最快期为2009—2011年，2012年以来，国内市场出现饱和，公司传统业务出现萎缩。公司积极调整战略，开始布局工业机器人及消费机器人领域，2015年业绩实现显著盈利。2015年公司实现营收7.50亿元，同比下降1.83%，归母净利润1.03亿元，实现显著增长。2016年1季度，公司实现营收2.18亿元，同比增长30.67%，归母净利润4597万元，同比增长20.77%。

海外营收在主营收入中占比已达41.1%，东南亚电脑横机市场前景广阔，公司率先布局该区域以巩固市场领先优势。

鞋面编织横机产业，预计未来市场规模625亿，未来3年将分别达到7000台、1万台、1.5万台，公司率先研究出横编一体成型的鞋面机，竞争优势明显，云集国内大牌客户。

公司推出高效的自动对目缝合系统，迎合市场需求，市场规模约90亿元；公司的全成型电脑横机，是电脑横机的下一代新产品，极具竞争力。

2016年公司在海外尤其是在孟加拉国的大量销售，以及鞋面机的快速放量，预计会对全年业绩提供有力支撑。

切入工业机器人集成领域。2013—2015年，公司通过一系列并购开始进入工业机器人领域，主要包括芜湖固高（35%股权）、宁波慈星机器人（80%股权）、东莞中天自动化（60%股权）、苏州鼎纳（68%股权）。2015年公司在集成领域收入8000万元，2016年预计还会有显著提升。公司通过持续的外延并购，致力于打造为有核心竞争力的工业机器人系统集成商。

服务机器人发力在即。2015年，公司收购北京盛开互动51%的股权，增资北京盛开互动科技有限公司项目。2016年4月，公司发布两款服务机器人新产品：阿U兔智（儿童服务机器人）和阿U幻镜（儿童AR智能产品）。目前订单额约1.02亿元。我们认为，服务机器人的产业化黎明已现，公司以优质的技术力量+产业化整合能力，积极推进服务机器人产业资源整合，预计2016年服务机器人可以为公司开辟又一新的盈利增长点。

投入10亿元，进军移动互联网。4月24日，公司公告拟以现金4亿元和6亿元收购杭州多乐义和杭州优投100%股权。杭州多义乐是国内领先的移动互联网视频内容的分发及视频广告服务提供商，杭州优投是国内领先的移动互联网广告服务平台。多义乐和优投表示 2016 年净利润有望贡献 0.7 亿元，相当于公司 2015 年归母净利润的 68%。预计可显著增厚公司业绩。

公司的资产负债率只有 7.26%，手握大量现金。未来还会有大的并购可能，可为公司快速转型为优秀智能制造商带来很大的机会。

所以，该公司也非常值得关注。

综上所述，我们就把上市公司中的智能制造类公司研究了一遍。通过仔细排查，认真分析，优中选优，从 102 只股票中选出 4 只票进入了我们的自选股股票池。如下表（见表 1－26）：

▽	代码	名称	涨幅%	现价	涨跌	买价	卖价	总量
1	002026	山东威达	1.53	11.95	0.18	11.94	11.95	71393
2	002139	拓邦股份	2.05	14.41	0.29	14.41	14.42	117311
3	002444	巨星科技	1.39	18.25	0.25	18.24	18.25	128114
4	300307	慈星股份	1.09	12.94	0.14	12.94	12.95	105595

表 1－26　最终选出进入自选股的股票

其他行业的自选股的选择也是同样的操作。如此一来，股票池就有了 30—50 只自选股。由于自选股都是经过仔细研究，所以可以充分信任它们。

别小看这些票，它们全都是你的宝贝，赚钱靠的就是它们。

自选股定型后，花时间最多的就是观察它们的走势。如果它们出现买点，就坚决买入，出现卖点，就获利卖出，并坚持亏钱不出票的原则！

因为自选股所属的行业都挺好，所以，不知道什么时候，买入的股票就站在了风口上。这也避免了盲目跟风炒热点被套的风险。等风来比追风安全有效得多！

同时也由于这些行业的领先性，个股的并购就很活跃，出现资产注入停牌的概率就很大，换句话说，你赚大钱的概率就比较大。当然，你唯一需要做的就是耐心地持有它们。

通过以上的分析与实践，我们就完成了基本面选股的工作，很好地解决了股票操作中“买什么”的关键问题。

第二章 技术面选时

研究技术面的目的是什么呢?

对于我们普通散户来说无外乎有三个目的:

一是找到个股长、中、短线的买卖点。

二是知道怎么样逃顶。

三是根据大盘盘面变化控制自己投入股市资金总量的比例。

其中，最重要的是通过技术面找到个股的买卖点，这是我们在股市赚钱的基础。后两点只是避免损失和如何落袋为安，守住胜利果实。

所谓技术分析法，是指从股价变化的历史图表入手，以股票价格作为主要研究对象，以预测股价波动趋势为主要目的，对股票市场的价格波动规律进行分析的各种方法。

传统的技术分析方法主要分为指标、切线、形态、K线、波浪五大类。

一、指标类

根据股票价量等历史资料建立一个数学模型，给出数学上的计算公式，得出体现市场某个方面内在实质的指标值，用这个指标值对市场进行判断。常见常用的传统指标包括平滑异同移动平均线［MACD］相对强弱指标［RSI］，随机指标［KDJ］，趋向指标［DMI］，乖离率［BIAS］等。

二、切线类

按照一定的方法和原则，根据股票价格数据在图表中画出一些直线，然后根据这些直线推测股票价格的未来走向或变化趋势，为操作行为提供参考。在图表中画出的直线就叫切线，常用的包括趋势线，轨道线，黄金分割线，甘氏线，角度线等，目前较有名的是均线系统与箱体理论。

三、形态类

形态类技术分析是根据股价在过去一段时间运行的轨迹形态预测股票价格未来趋势的方法。重要的形态包括M头、W底、头肩顶、头肩底，等等。

四、K线类

K线类的研究是侧重若干天的K线组合情况，推测大盘及个股多空双方力量的对比，进而判断多空双方谁占优势，是暂时的，还是决定性的。如果出现某种经典图形，就依据以前该图形的走势来推测其未来的走势。其中，K线图是进行各种技术分析最重要的图表，并以《日本蜡烛图技术》为主要代表。

五、波浪理论

波浪理论是把股价的上下变动和不同时期的上涨、下跌看成是波浪的上下起伏，而波浪的起伏遵循自然界的规律，按一定之规进行，认为股票的价格也就会遵循波浪起伏所遵循的规律。波浪理论有其精华和可取之处，然而市场真正的规律远非波浪理论那样简单，这也是为什么那么多学习波浪理论，把其奉为圣经的人并没有成为市场真正赢家的原因。

除此之外，还有周易、八卦、阴阳五行以及最近几年很流行的缠论分析等各种技术流派。

相对于基本面的确定性来说，技术面的分析由于是对个股未来走势的预判，依据的又是以前的图形走势，所以确定性相对较差，更何况个股又要受大盘的影响，因此，技术分析只能说是有一定的概率，没有百分之百的准确。此外，技术分析有着自己天生的缺陷，因为所有的技术分析都基于三个假定条件：

1. 市场行为消化一切，即这是一个完全有效的市场。

2. 价格以趋势方式演变。

3. 历史会重演。

A股市场只有短短的27年，2005年才开始股权分置改革，到现在还远远不是一个全流通的市场，又有涨跌幅的限制，退市制度也还没有完善，所以，注定这个市场就不是一个完全有效的市场。那些从其他市场流传过来的技术肯定不完全适合 A 股，这也是国外传过来的多种技术流派在 A 股市场赚不到钱的原因。

那么，A 股是不是毫无技术可言，散户可以不需要技术吗？当然不是。既然股票价格是一个大家共同合力的结果，肯定就有很多共同相通的地方。如果对这些共同的行为特征进行分析研究就可以得到一些操作的线索，这就是在 A 股市场生存所需要掌握的技术。

由于历史原因，A 股客观上造成了除超级大盘股以外，几乎是“无股不庄”的局面，主力深埋其中，通过高抛低吸做波段不断地降低成本，获取利益。散户们要想在股市生存下去，就一定要熟悉主力的一些主要操作手法，做到与主力的操作大致合拍而不是相反。这就要求我们仔细研究技术面，看出主力的运作痕迹，从而找到准备操作之股票的买卖点。

所以，对于散户而言，研究技术面绝对不是看起来高大上的理论，而是通过量能与图形把握主力的运作趋势，看清主力的操作意图，找到合适的介入机会，以达到主力吃肉我来喝汤的境界。

归根结底就是一句话：研究技术面决定个股的买卖点！

第一节　根据量能寻找个股的中长线买卖点

自从美国股市分析家葛兰碧（Joseph. E. Granville）在所著的《股票市场指标》一书中提出量价理论后，有经验的股民们一般都用“量价时空”四个要素分析大盘与个股的技术性趋势。

作为散户，越简单有效的技术分析方法其实越有用，复杂的系统反而有可能是吹毛求疵，让人眼花缭乱，或一叶障目，似是而非。一旦据此操作，就可能误入歧途，走入亏钱的深渊。

那么，散户应当掌握哪些技术要点呢？

笔者在多年的职业生涯中，研究过各种有名的技术分析方法并加以实战，反复验证的结果，都不能稳定地赚钱。于是，只好抛弃掉这些方法，重新回到最原始的基点——量能的研究上。

根据多年的研究与实践，笔者认为，最主要的技术要点就是分析量能。主力运作的痕迹只能通过量能来捕捉。他们的资金量大，无法做到完全隐蔽，就像大部队打仗一样。通过对股票的量能进行仔细研究，可以发现主力运作的踪迹，找到出手的时机。

量价时空里面最重要的就是量，根据量能来判断股票的走势是既简单又实用的技术手段。

一、量

量是指大盘或个股的成交量。这里我们主要讨论个股的成交量。

成交量是股票的元气与动力。成交量的变化，直接表示某只股票的交易是否活跃，买卖的人气是否旺盛。没有成交量，股票的价格就不可能有变动，也就无股价趋势可言，成交量的增加或萎缩都表现出一定的股价趋势。所以说，成交量是影响股价的最重要因素。

我们随机地从 A 股 2800 多只股票里面选择一些股票的 K 线截图，看看它们交易量的变化情况：

图 2－1 是华工科技 2015 年 4 月到 2016 年 3 月的 K 线截图。

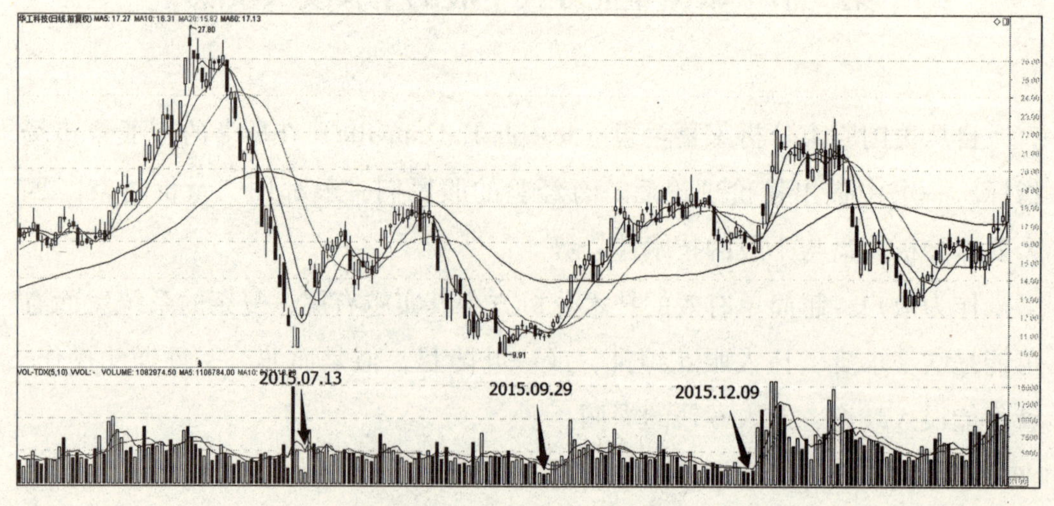

图 2－1 华工科技（000988）

图中箭头所指的时间段里，一共出现了 3 次地量，即 2015 年 7 月 13 日附近，2015 年 9 月 29 日附近，2015 年 12 月 9 日附近。在 3 次地量过后，该股都走出了上升行情。

图 2－2 是罗牛山 2015 年 2 月到 2016 年 3 月的 K 线截图。

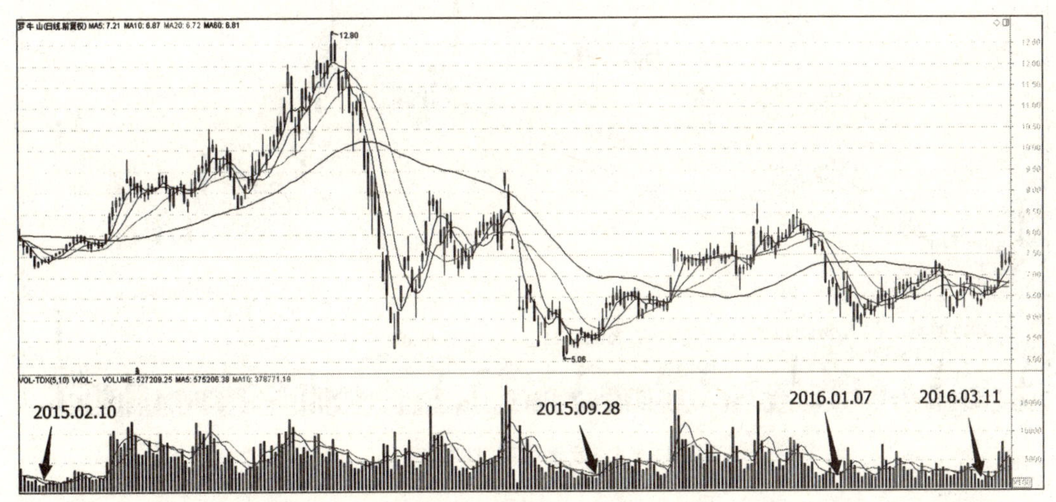

图 2－2　罗牛山（000735）

该股也是在 2015 年 2 月 10 日、9 月 28 日以及 2016 年 1 月 7 日和 3 月 11 日附近出现了 4 次地量，随后也分别走出了上升行情。

图 2－3 是中房地产 2015 年 6 月到 2015 年 12 月的 K 线截图。

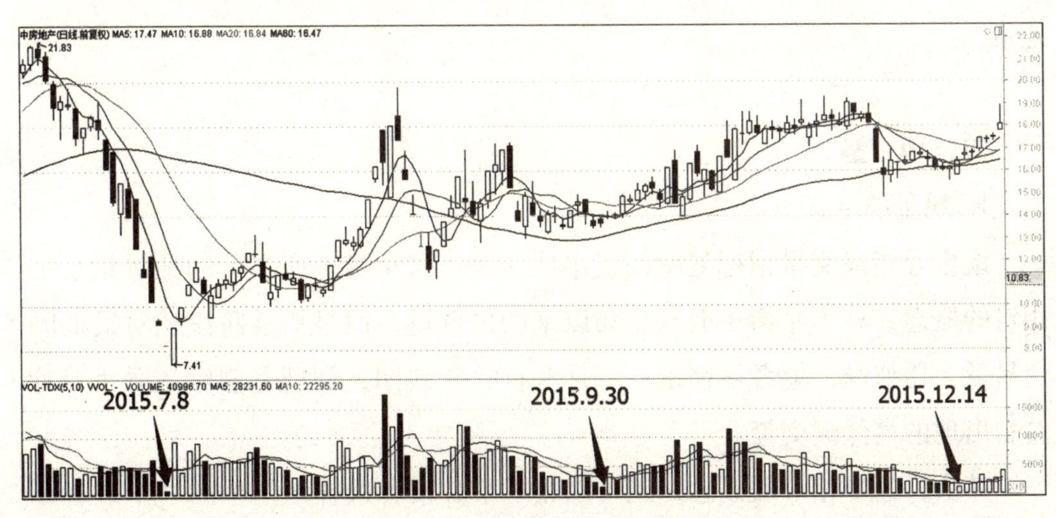

图 2－3　中房地产（000736）

该股在2015年7月8日、9月30日以及12月14日附近出现了3次地量，随后分别走出了上升行情。

图2-4是武汉中商2015年9月到2016年3月的K线截图。

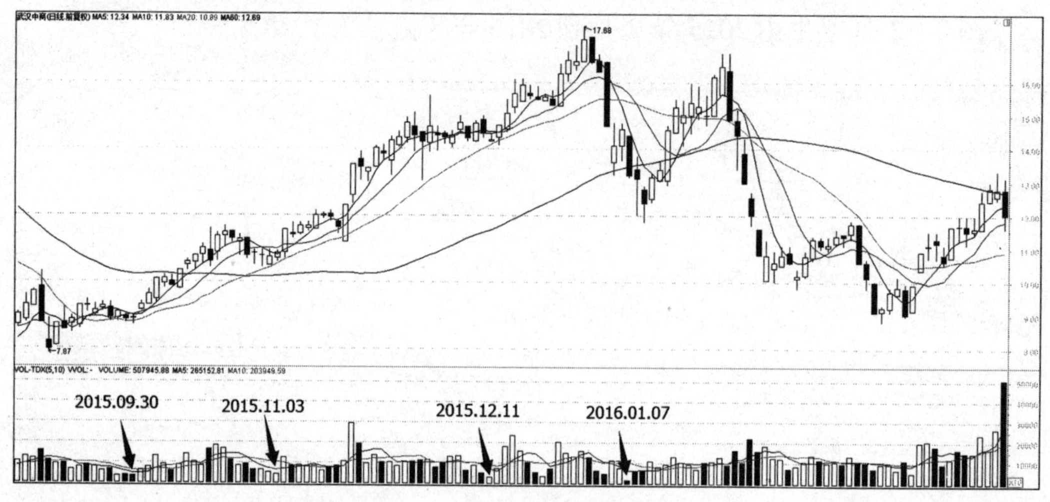

图2-4 武汉中商（000785）

该股也是在2015年9月30日、11月3日、12月11日以及2016年1月7日附近出现了4次地量，随即分别走出了上升行情。

像这样的图形到处都是，笔者只是随意抓取了几个，各位看官自己去分析吧。

将以上K线的量能简单对照，我们就引出了一个很重要的量能指标——地量。

二、地　量

1. 地量的定义

地量是指成交量指标显示的最小成交量。这个指标所显示的地量是一个相对的概念，并不是指该股有交易以来的最低量，而是指某阶段相对最低的交易量。比如说，笔者习惯于4个月左右的K线图，那就是观察该股4个月左右出现的最低成交量。

其次，这个相对的概念，还可以相对于观察者选择区间里的一个或者几个最低的成交量。

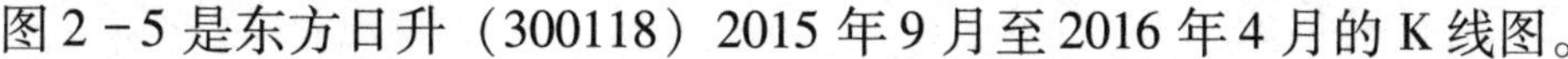

图2-5是东方日升（300118）2015年9月至2016年4月的K线图。

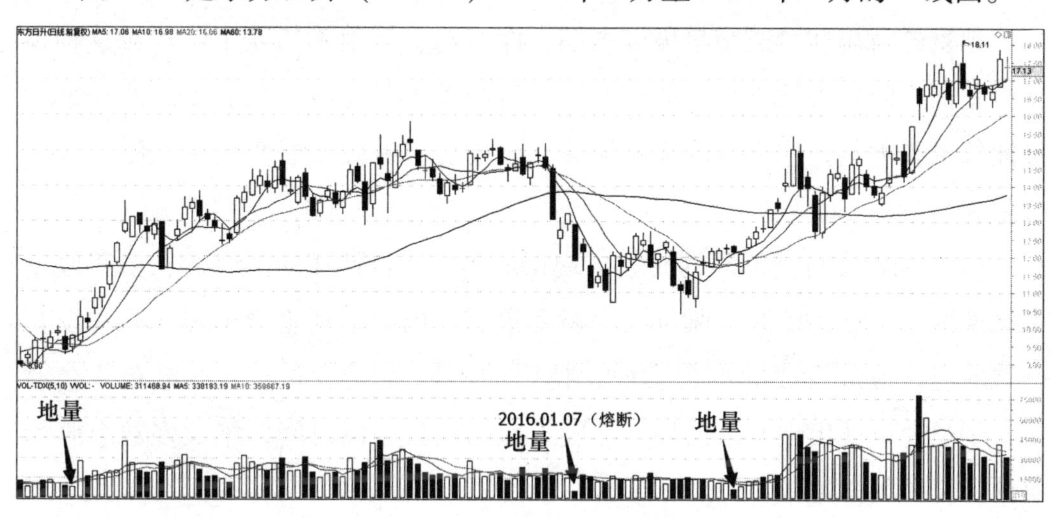

图2-5　东方日升（300118）

图中出现了三次地量。第二个地量是2016年1月7日因为A股实施熔断造成的，这一天，股市全天只交易了15分钟，创造了A股市场交易时间最短的纪录。其实，基本上所有股票在这一天都创出了地量。

图2-6是水晶光电2015年9月至2016年4月的K线截图。

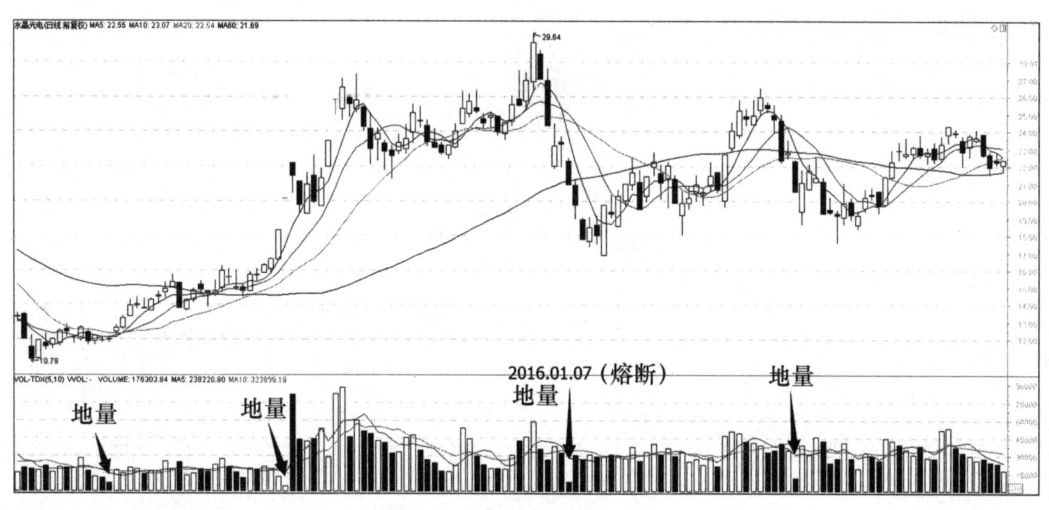

图2-6　水晶光电（002273）

图中出现了四次地量。第三次地量是2016年1月7日A股实施熔断造成的，第二次地量是封涨停板造成的。所以，该股正常的地量是第一与第四次，如果在这种位置买入，将迎来一波上攻行情。

2. 地量的形成

地量的意思就是成交量极度萎缩，即买与卖都很不活跃了。造成这种现象会是散户吗？当然不是！散户的买卖量能既小又分散，只有主力才是影响量能的主要力量，主力不再买卖该股，该股的交易就大幅度减少，日 K 线就会成为地量。

（1）地量在行情清淡的时候出现得最多。在行情清淡的时候，由于股市人气涣散，交投不活跃，股价波动幅度很窄，场内套利机会不多，几乎没有赚钱效应，造成持股的不想卖股，持币的不愿买股，主力也不想有什么动作，于是地量就出现了。比如，在股灾后的很长一段时间，绝大多数个股均出现了长时间的地量。

图 2－7 是建新矿业 2014 年 12 月至 2016 年 7 月的 K 线图。除 2016 年 1 月 7 日的地量外，图中还出现了三次地量。第一个是连续地量，形成了一个地量区域，第二个是正常地量，第三个也是一个地量区域。

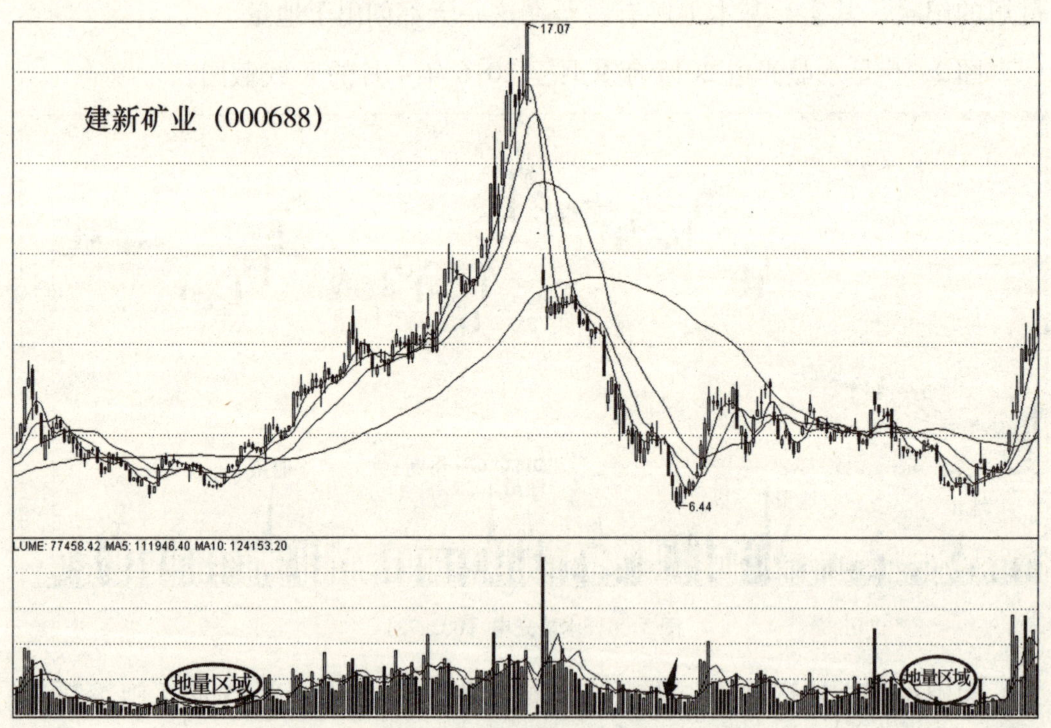

图 2－7　建新矿业（000688）

（2）地量在股价即将见底的时候出现得也很多。一只股票经过一番炒作之后，主力撤退或者主动做一波高抛低吸，股价就开始下跌。而在股价即将见底的时候，该卖的都已经卖了，没有卖的也不想再卖，于是出现地量，如果持续性较强，就会形成一个地量区域，也可能形成该股的阶段性底部。

图2－8是金莱特2014年11月至2015年11月的K线截图。图中连续地量，构成了该股的阶段性底部。随后开始了一波强有力的上攻行情，股价从26元涨到最高的63元。

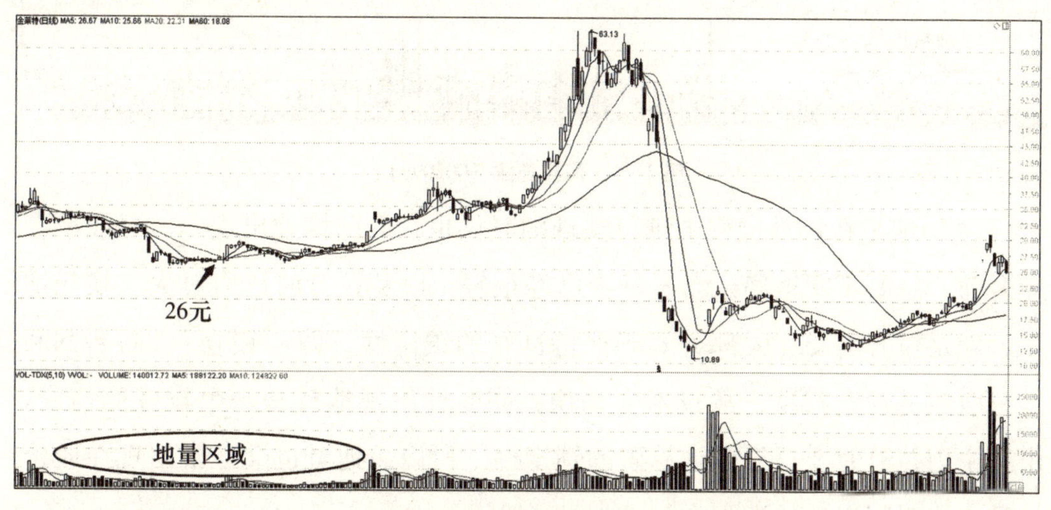

图2－8 金莱特（002723）

（3）地量在主力震仓洗盘的末期也会出现。主力在做盘的时候，都不愿意为别的投资者抬轿子，以免加大自己在拉升途中的套利压力。于是，拉升前反复震仓、清洗获利盘就显得非常必要。那么，主力如何判断自己洗盘是否有效，是否可以告一段落呢？其中的方法与手段很多，地量的出现便是技术上的一个重要手段。此时，主力不再买卖该股票，而持股的散户不愿意再抛售，持币者由于对该股后市走向感到迷茫，也不敢轻易进场抢反弹，于是成交清淡，地量便产生了。这个时候主力就会感到盘口已经很轻，适宜拉升了。

图2－9是海翔药业2014年11月到2015年12月的K线截图。主力在长时间震仓洗盘后出现了第一个地量区，短暂拉升后再次洗盘出现了第二个地

量区，此后股票走出一波强势上攻行情，股价从7.95元涨到最高的37元。

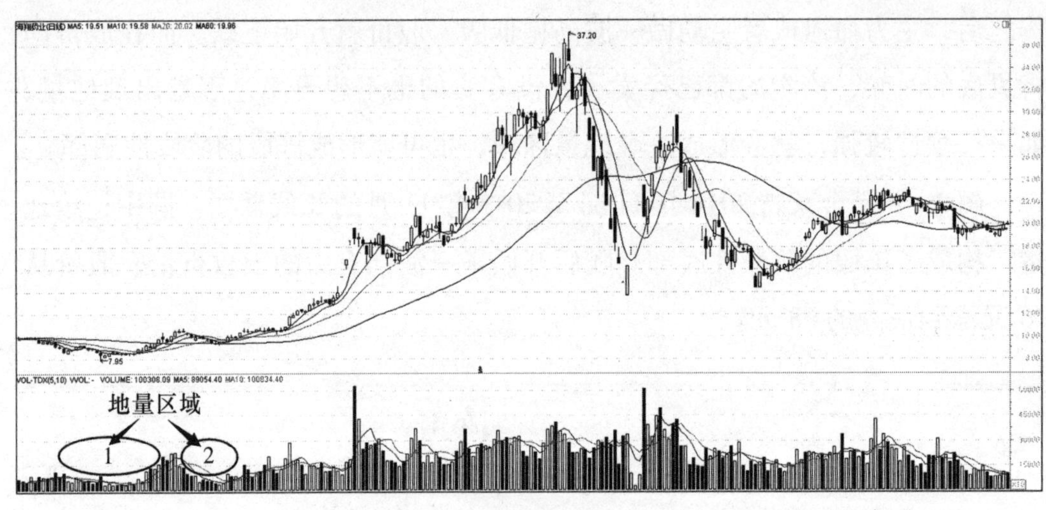

图2-9 海翔药业（002099）

（4）地量在拉升过程中进行整理的时候也会间断性地出现。一只股票在拉升前，总要不断地确认盘子是否已经很轻，以免拉升时压力过大。换句话说，就是拉升前要让大部分筹码保持良好的锁定性，即“锁仓”。而要判断一只股票的锁仓程度，从技术上来说，间断性出现地量是一个较好的信号，由于主力拉升时要反复确认筹码的锁定性，所以，地量也会经常出现在股价拉升一段时间以后的洗盘中。

图2-10是豫金刚石2014年12月到2015年12月的K线截图。

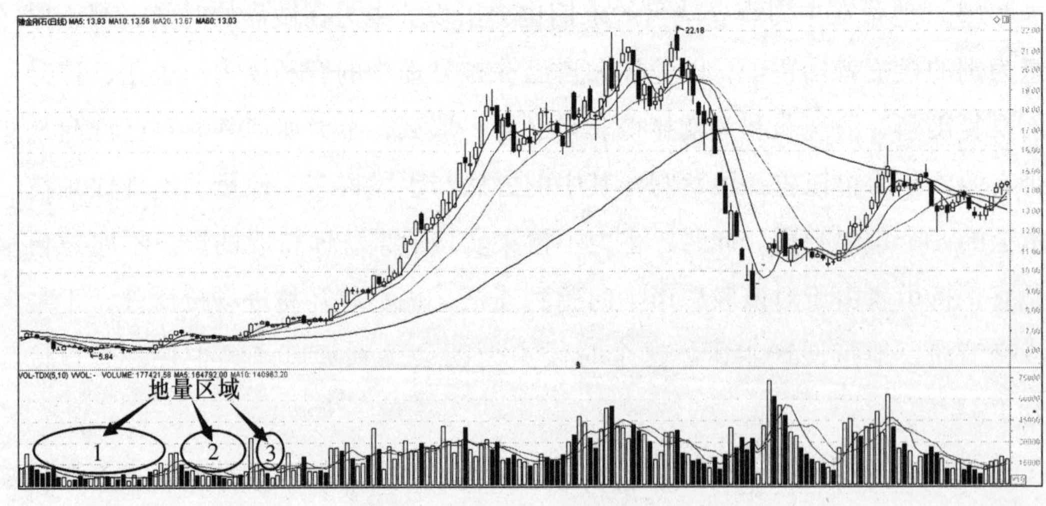

图2-10 豫金刚石（300064）

主力在震荡洗盘结束后，形成第一个地量区，然后小幅拉升，再洗盘，形成第二个地量区，最后拉升前还出现了一个地量区。这段上升，股价从5.84元涨到最高的22.18元。

此外，地量还可能在股灾与熔断时出现，也可能在封涨停或者跌停等状态下出现，对于这些特殊状态下出现的地量，就要具体问题具体分析了。

3. 地量的操作意义

地量是所有量能里最为真实的东西，它不能够造假，是多空双方真实意愿的表现，其他的交易量都可以通过对倒来实现，唯有地量不能。所有的技术指标，主力均有办法操作，以达到绘制骗线的目的，只有地量没有办法操作，所以，对散户而言，地量具有极高的操作价值。

具体来说，地量就是技术上一个绝佳的买点，尤其是中长线操作的买点。在大盘处于盘整或者上升过程中，地量都是中线的最佳买点。尽管出地量不代表马上拉升，但离下一波拉升已经很近了。举例说明：

图2－11是雅戈尔从2015年7月到2016年8月的K线截图。图中3处箭头所指区域均为中线买点。

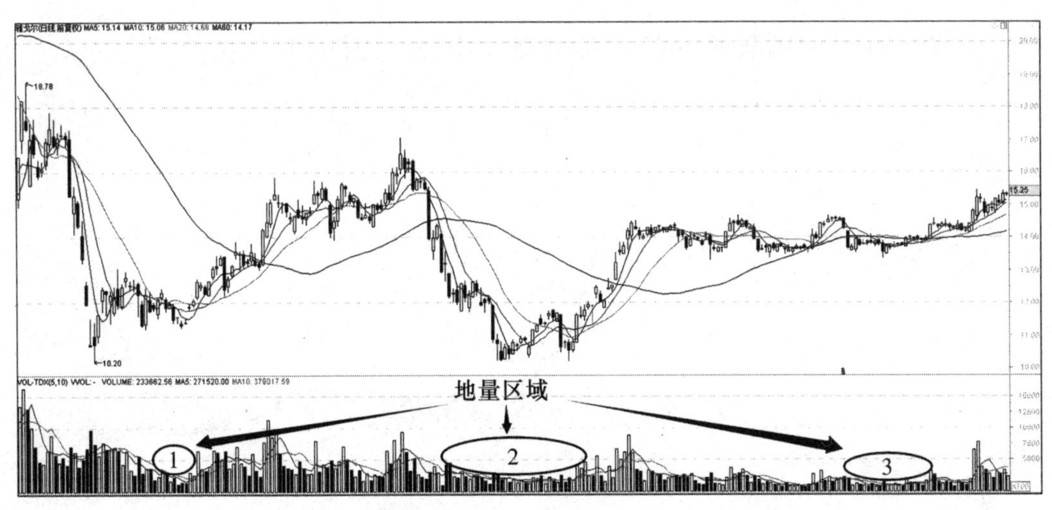

图2－11 雅戈尔（600177）

图2－12是伊力特从2015年7月到2016年7月的K线截图。图中5处箭头所指区域均为中线买点。

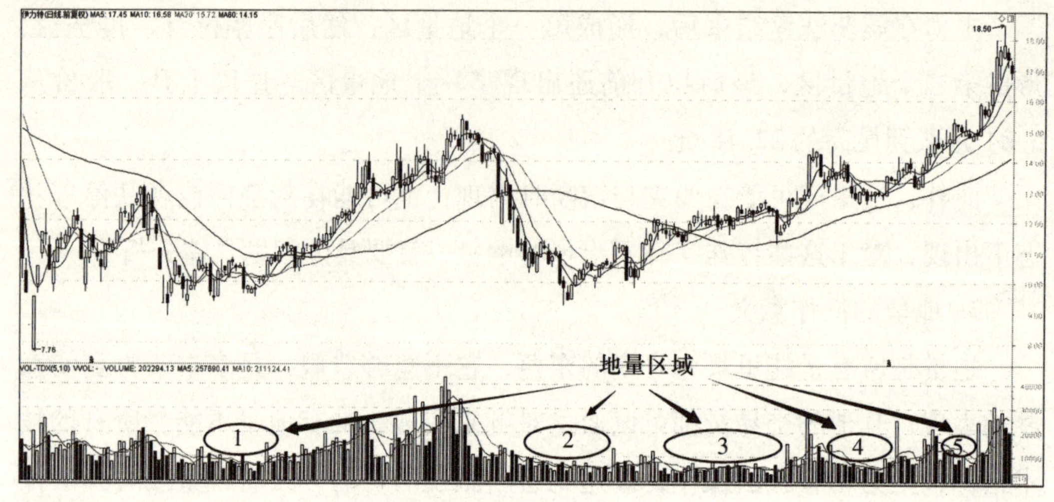

图2-12　伊力特（600197）

三、天　量

1. 天量的定义

天量是指成交量指标显示的最大成交量。这里所说的天量也是一个相对的概念，并不是指该股有交易以来的最大量，而是指某阶段的最大交易量。

其次，这个相对的概念，还可以相对于观察者选择区间里的一个或者几个最大的成交量。

图2-13是中国联通2015年8月到2016年7月的K线截图。

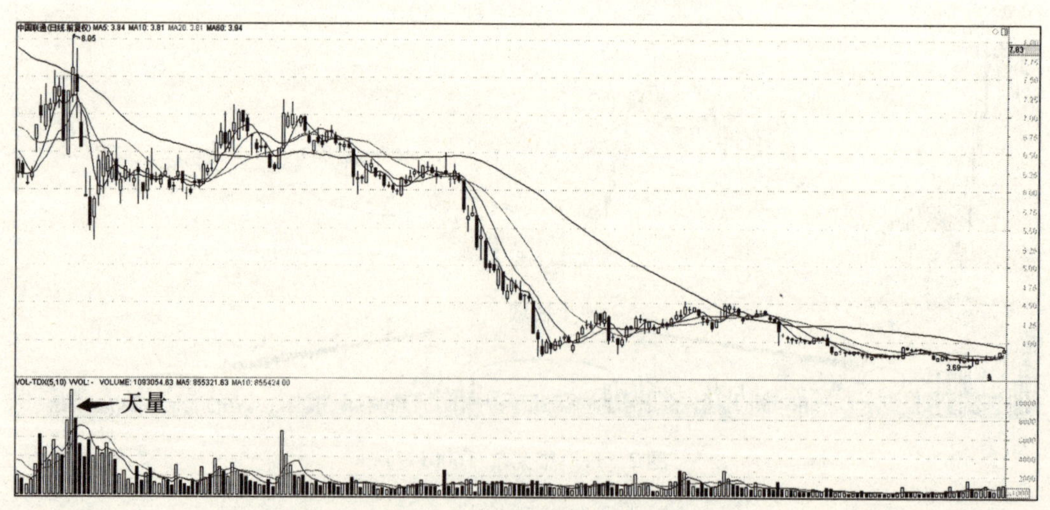

图2-13　中国联通（600050）

该股在2015年8月20日前后形成了天量的交易区，在此时段的成交量都非常大，尤其是8月20日达到了10982976手的天量，也就是说，当天成交了10亿9800多万股，而交易金额也达到了84.8亿的天量，如果加上前一天的56.4亿，该股在此阶段密集成交的交易金额高达200多亿。

这是典型的出货量能，把图再往前推一些就看得更明白了：

图2-14是接着图2-13把中国联通K线往前推到2015年4月的截图。图中出现了4次天量，形成了4个密集成交区。主力在第一个天量附近拉升出货；第三个天量过前顶不突破，就注定了该股票的向下趋势，主力在这里接着出货；第四个密集成交区继续出货，然后股价就大幅下跌，逐波走低。

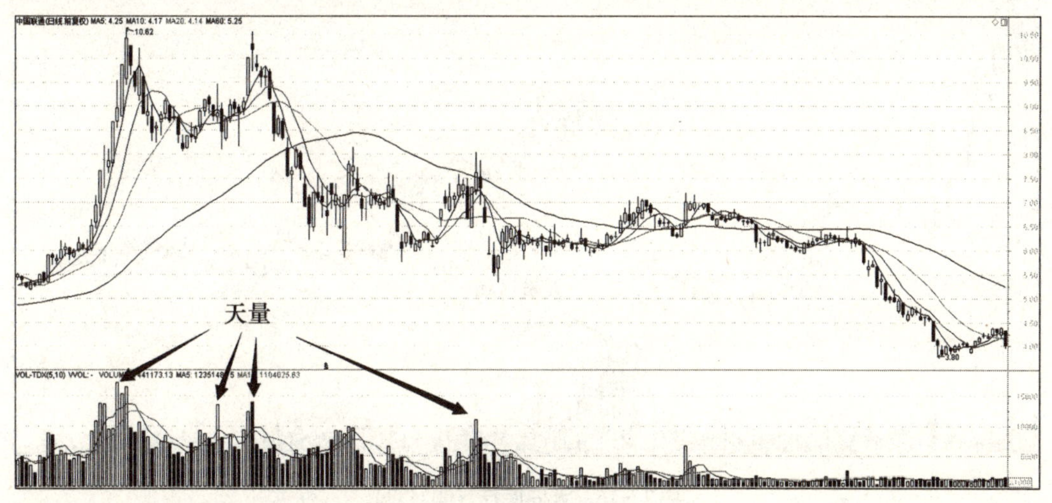

图2-14 中国联通（600050）

图2-15是江南嘉捷2015年8月到2016年6月的K线截图。

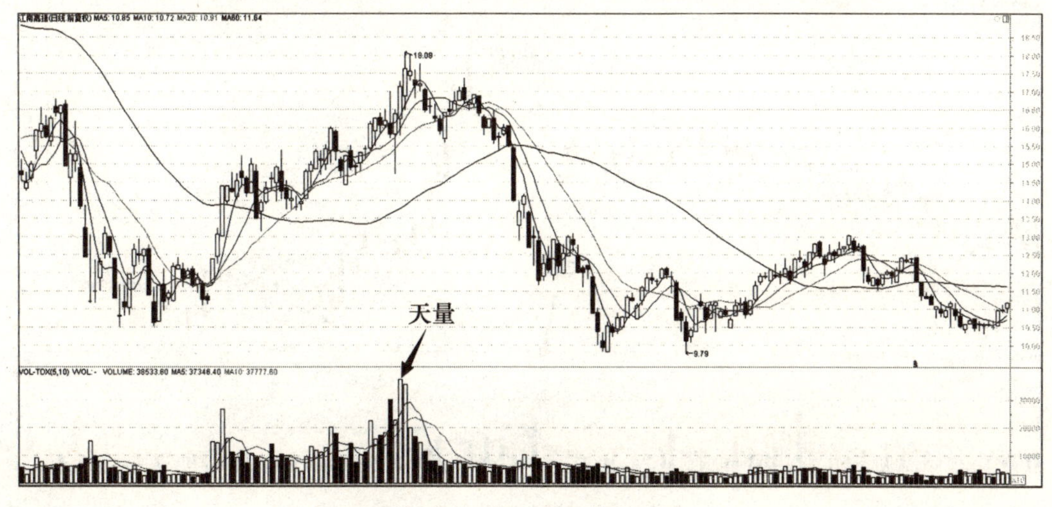

图2-15 江南嘉捷（601313）

图中，该股于12月2日附近形成了一个密集成交区，并在12月1日达到天量。主力在此出货，自己做一个高抛低吸的大波段。

2. 天量的形成

天量的形成是个股买卖极度活跃的表现，但散户的买卖是不可能形成天量的。天量一定是主力意志的集中表达，只有主力的资金量才有可能形成天量。

图2－16是九安医疗2015年6月到2016年5月的K线截图。该股在箭头所指区域形成了密集放量区并达到天量，随后股价进入漫长下跌。

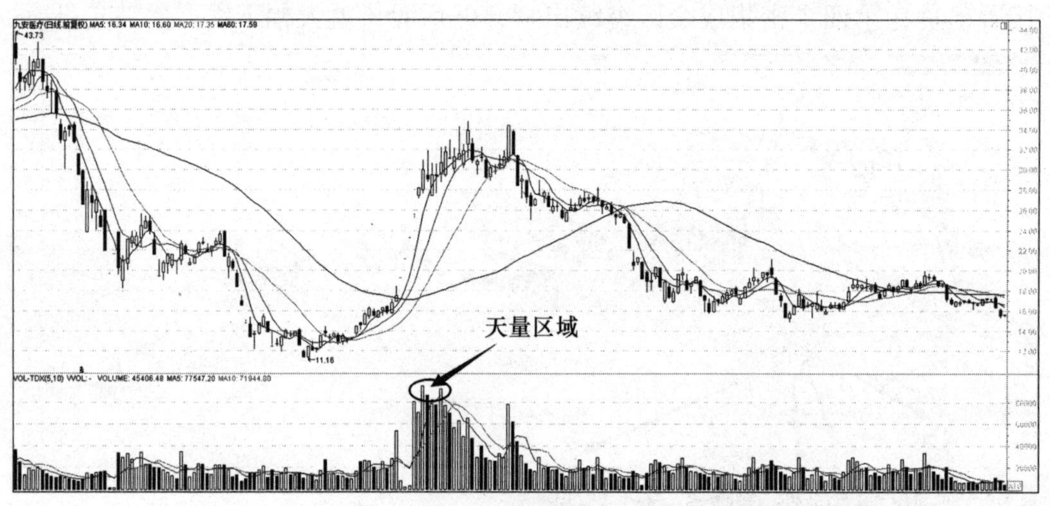

图2－16　九安医疗（002432）

图2－17是四川成渝2015年9月到2016年3月的K线截图。

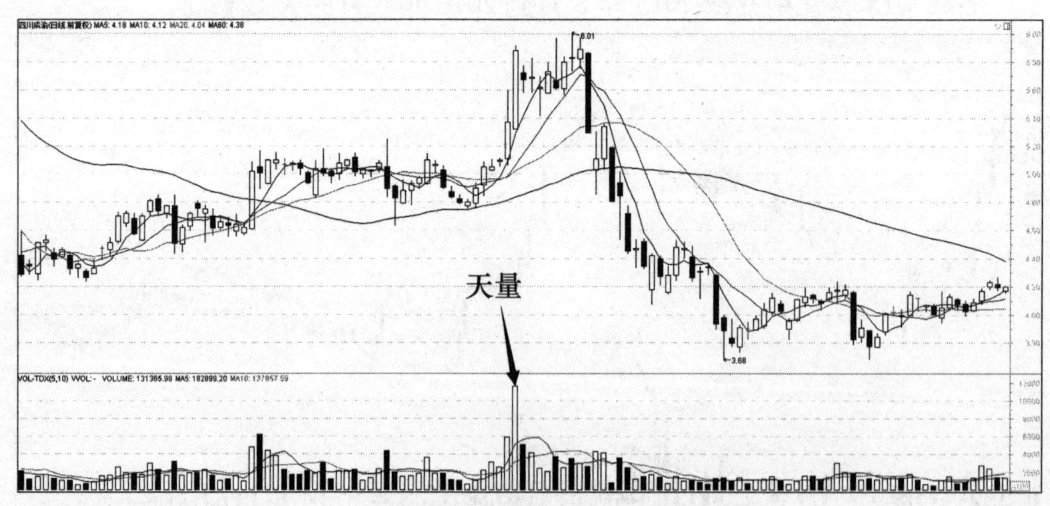

图2－17　四川成渝（601107）

股价在图中箭头所示区域形成了一个密集成交区并放出了天量，随后股价在盘整一段时间后开始了漫长的下跌。

图 2-18 是赣粤高速 2015 年 9 月到 2016 年 6 月的 K 线截图。股价在图中箭头指示区域形成了一个密集成交区并放出天量，随后股价在盘整一段时间后开始了漫长的下跌。

图 2-18 赣粤高速（600269）

这样的图例到处都是，大家很容易找到。

3. 天量的操作意义

总结起来说，天量与密集成交区基本上都是主力操作个股的主要线索，是除了地量外主力最明显的运作痕迹。主力要么是在这里出货，要么是在这里做一个波段，通过高抛低吸降低成本！

除在低位放量属于主力试盘或者突击建仓以外，其他时候的放巨量均可能是主力在出货，只不过这出货的目的有主动做波段与彻底离场两种。

由于天量具有主力的不可隐蔽性，所以在散户的操作中有着非常重要的意义。天量是中长线明显的卖点，尤其是连续放大量形成密集成交区出现天量一定要坚决果断地卖掉！

四、中长线个股的买卖点

以上我们详细解析了量能的极点，也就是天量与地量，主要是帮助我们找到个股中长线的买卖点。即：

地量买入，天量卖出！

这就是我们操作中长线个股最好的买卖点。所有中长线的买卖均可据此操作。一只票可以反复地做，根据量能进行买入或者卖出，这样就可以成功地踩准主力的节奏，与主力一起跳舞。

图2-19是锦州港2015年1月到2016年4月的K线截图。图中出现了4次比较明显的地量区域与4次明显的放量区域。地量区域就是买点，放量区域就是卖点。

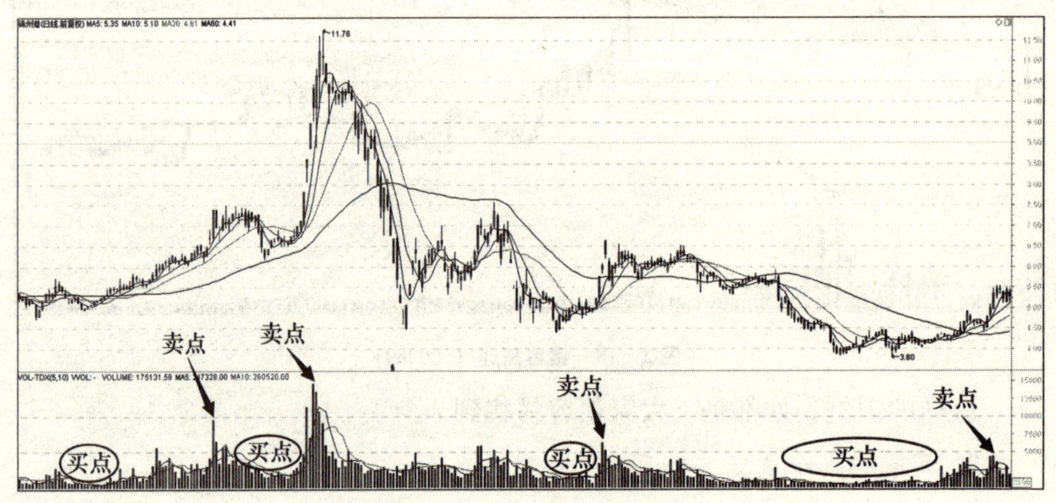

图2-19 锦州港（600190）

图2-20是安徽合力2015年1月到2016年3月的K线截图。

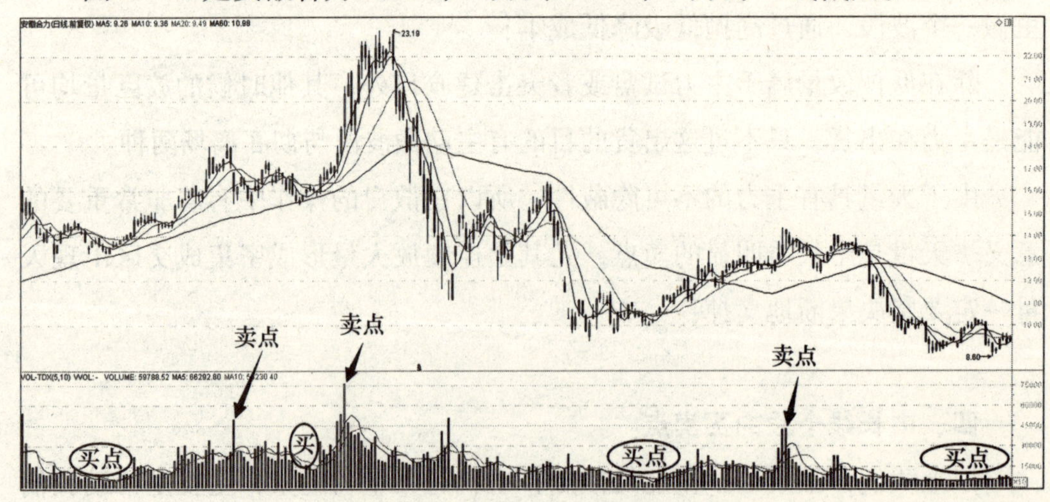

图2-20 安徽合力（600761）

图中出现了4次比较明显的地量区域与3次明显的放量区域。地量区域就是买点，放量区域就是卖点。

图2-21是精功科技2014年8月到2015年11月的K线截图。图中出现3次明显的天量与地量区域，形成了该股票确定的中线买卖点。

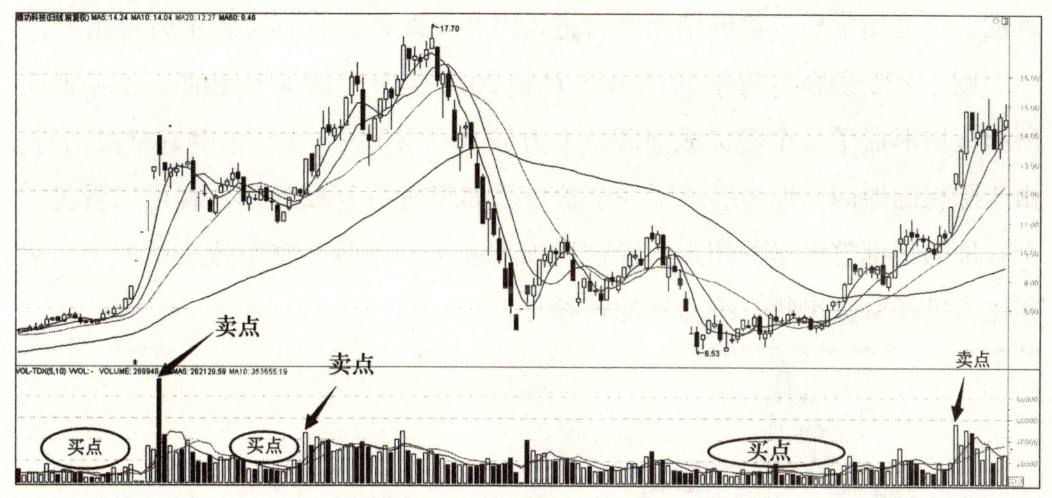

图2-21 精功科技（002006）

这种例子不胜枚举。散户朋友们可以通过观察K线与成交量图来慢慢掌握个股中长线的买卖点。

但是也有一些天量、地量都不明显，甚至与平时的成交量没有明显变化的情况，这些股票是主力每天在对倒操作，所以量能变化很小。对这类股票，要么不参与操作，因为我们看不懂。要么参考其他要素参与操作。

天量与地量，由于它们天生不可避免地反映出主力运作的痕迹，才有了散户操作参考的不可替代性。依据此规律进行操作，就是顺势而为——顺主力的势而为。踏准主力的节奏而不是反着来就是散户在股市生存的基础。这一点非常重要。

散户的买卖操作不能与主力反其道而行之，如果反了，就会出现许多散户经常遇到的情况：一卖就涨，一买就跌！好像主力故意与你为难。其实不是主力故意针对你，你那点资金没有针对的意义，只是你选择的买点与卖点与主力的节奏是反的。

五、不能参与的个股

通过对天量与密集成交区的分析，我们发现了主力出货的痕迹与手法。由此，我们也得出了一个很直接的结论：既然主力已经出货，这只股票就不能再参与了。也就是说，高位出货尤其是顶部放天量的股票是绝对不能再介入的。主力出货后，该股票通常会进入漫长下跌期，直到有新主力进场。

图 2 -22 是康美药业 2015 年 1 月到 2016 年 7 月的 K 线截图。图中箭头所指区域形成了一个密集成交区，主力借 10 送 10 派 3. 2 元的利好坚决出货。由于除权的原因，K 线形成了一个缺口，如果进行复权处理，就可以看见一个标准的顶部放大量的图形，像这种顶部放出天量且为密集成交的股票，表明主力已经坚决出货，绝对不能再参与！

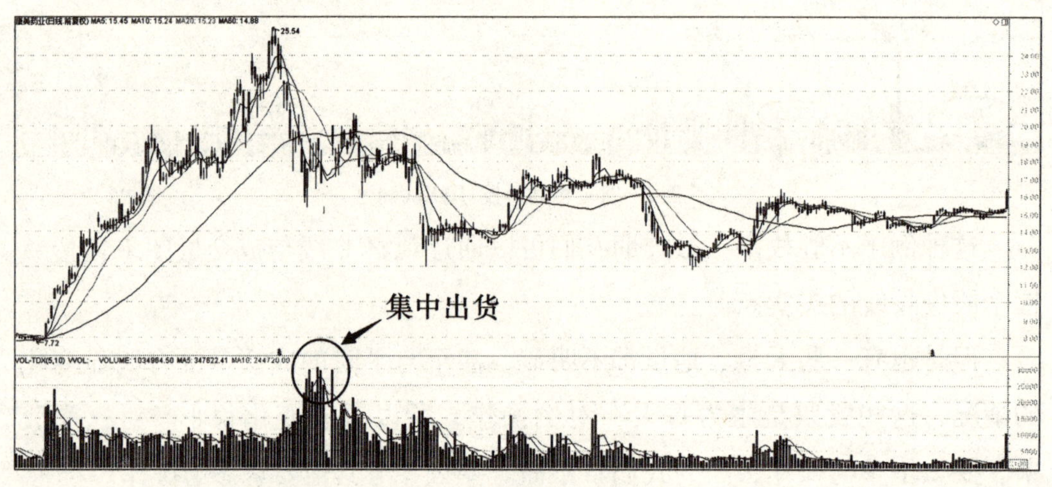

图 2 -22　康美药业（600518）

图 2 -23 是浙能电力 2015 年 5 月到 2016 年 5 月的 K 线截图。该股在此图中第一个箭头所示区域形成了密集成交区且放出了天量，主力在这里坚决出货。由于没有出完筹码，股价经过放量震荡，主力在第二个箭头所示位置继续拉高出货。此后，该股由于没有主力关注，量能急剧萎缩，进入长期缩量下跌通道，由此可见，这种票是坚决不能介入的。

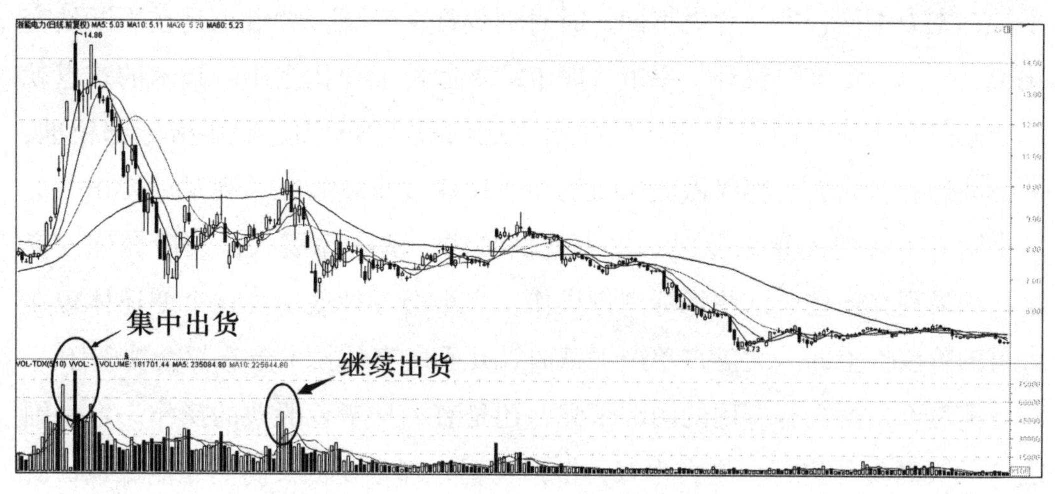

图2-23 浙能电力（600023）

第二节 根据图形寻找个股买卖点

一、图形概述

自从人们将股票每日每时的走势用K线作图记录以后，对K线图形的观察与研究就成为股民的主要工作。人们看着千奇百怪、走势各异的K线图形，总是希望能够找到一些相同的规律，进而推测与判断股票未来的走势，并指导自己的操作，从中获取收益。于是导致这方面的书籍与研究文章汗牛充栋，林林总总，五花八门。

很多技术派股民乐此不疲、孜孜不倦地探求各种K线图形，希望找到一些有普适性的图形进行操作，以达到一劳永逸的效果。在电视上看到有些厉害的人甚至把2000多只股票的K线图差不多背下来了，如果随便找出一张图立即就能够说出该股票的名称。

笔者也研究过很多年的图形，常常对着各种K线挖空心思地寻找共同的规律，有时达到废寝忘食的地步，但总的来说收效不大。纯粹靠图形做股票，我见过很多，除了听说的极个别成功者以外，绝大多数人都是亏损累累。

原因是什么呢？就是变化！每一只个股都是不同的，基本面不同，股本不同，主力不同，参与者更不同，时时刻刻都在变化。大盘也是在不断地变化中，底部、盘整、拉升、牛市、熊市，永远处于变化之中。技术的难点就在于它的变化！当初，钱龙软件才出来的时候，MACD、KDJ 指标都很准，一时间还有些人大为感叹做股票太简单，KDJ 金叉就买入，死叉就卖出。但后来随着了解的人越来越多，主力就做骗线，诱惑你买入，然后套你没商量。如果现在还按照这些指标进行操作，多半会亏掉底裤。这个变还体现在大盘的阶段性上面。大盘在单边下跌时，几乎所有的技术形态都会被破坏。

那是不是就没有有用的图形了呢？还是有的！毕竟股票的操作一定是围绕“低买高卖”进行。主力也好，散户也罢，都是要低买高卖才能赚钱，所以，也就存在着一些共同性。比如，2015 年股灾时，个股的图形基本上都差不多，从 2015 年 6 月 15 日开始急速下跌，7 月 8 日开始反弹。再比如，2016 年 1 月 7 日的熔断造成 A 股全天仅交易 15 分钟，绝大部分股票跌停。几乎所有股票的 K 线图都反映的是地量跌停。这当然是一些极端的例子，但也说明了股票的共同性。

我们通过大量的研究比对，又经过多年的反复实践，找出了一些有一定价值的图形，这些图形的走势比较符合主力的操作习惯与操作共性，在牛市的时候有着较好的操作价值。

二、上震仓

上震仓的定义：股价处于前期顶部的时候放量出巨阴。

这是一个由一根 K 线表达的图形。

该图形适宜于中长线操作。如果喜好中长线操作模式，一旦在自选股里面发现有个股走出该图形时，即可依据买卖点进行强力介入。

上震仓的条件：

第一，前面要有对应的头部，属于突破前期顶部的时候，处于密集成交区的上方。如果前面没有对应的头部，突然出现的一根大阴线绝对不是。

第二，巨量，而且必须是阴线。当天的换手率越高越好。

上震仓的意义：主力在过前顶的时候，强力洗盘，直接高开低走，放出大量恫吓跟风散户卖票交出筹码，随后开始震荡洗盘，待盘整完后必有暴力的拉升行情。

上震仓的买点：当后面的阳线越过大阴线的顶部时就是买点。

上震仓的卖点：与所有长线票的卖点一样，拉升的后期连续放大量即是卖点。

图2－24是中山公用（000685）2013年1月到2015年6月的K线截图。该股在2014年10月29日走出一个上震仓图形。当天放巨量，总成交额6.31亿元，开盘14.32元，最高14.75元，最低13.95元，收盘13.77元，高开低走，换手率达到6.85%。前期顶部在箭头所示的2013年2月7日，当天开盘14.25元，最高14.43元，最低13.66元，收盘14.15元。能走出上震仓图形，说明是同一主力所为。此后经过短暂盘整，在2014年11月7日与11月11日两天出现买点。随后半年左右时间走出近3倍的暴力拉升行情。

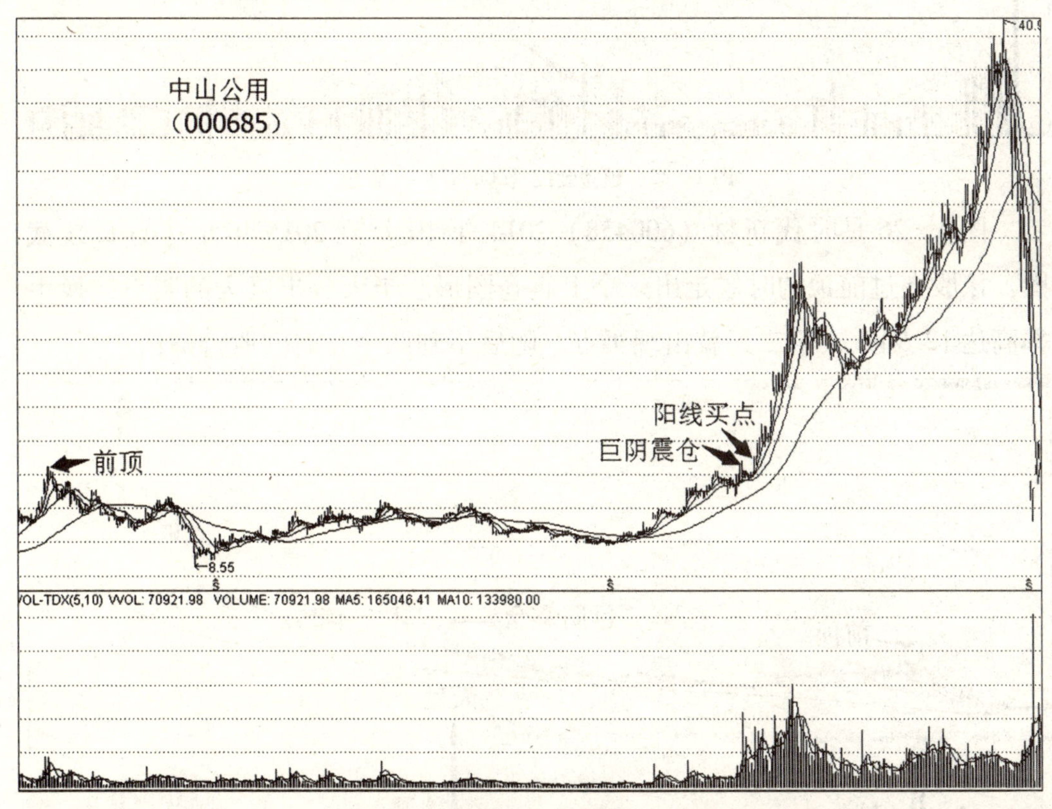

图2－24 中山公用（000685）上震仓

图2－25是越秀金控（000987）2014年12月到2015年6月的K线截

图。该股在箭头所示位置走出一个上震仓图形。在阳线过顶后买入可以获取丰厚的利润。

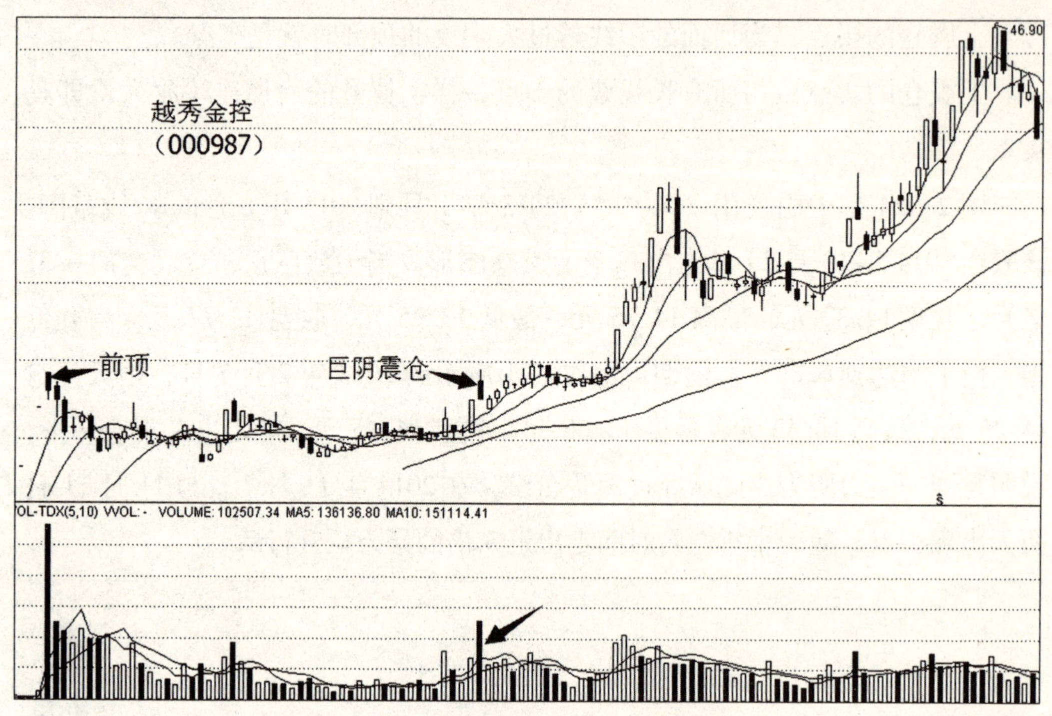

图 2-25 越秀金控（000987）上震仓

图 2-26 是时代新材（600458）2014 年 10 月到 2015 年 6 月的 K 线截图。该股在过前顶的时候走出一个上震仓图形。当天放出巨大的阴量，换手率高达 12.94%，第二天就出现买点，随后不到两个月时间股价翻倍。

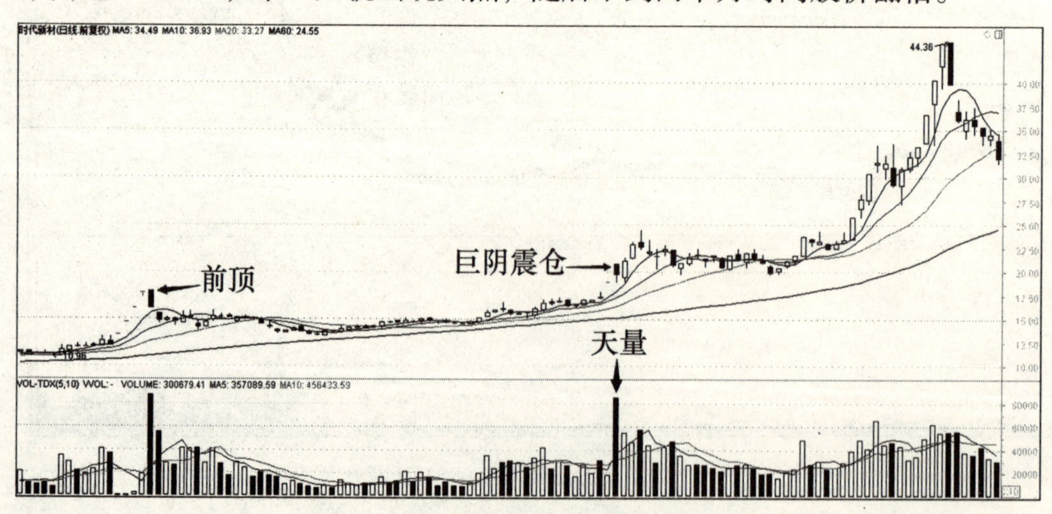

图 2-26 时代新材（600458）上震仓

三、上影光阳

上影光阳的定义：在股价的上升途中，出现一根很明显的上影线，随后一天出现一根光头阳线。

这是由两根 K 线构成的组合图形。该图形适合短线操作。

上影光阳的条件：一定要处于上升通道中，如果股价处于下跌通道则不成立。上影线是阴线或者阳线都可以。次日的阳线不要创新低，也就是相对于前面的上影线来说，底部是抬高的。前日的上影线越长越好，上影越长，说明主力主动回档越坚决。

上影光阳的意义：主力在拉升途中，为了阻止散户的追涨，当天主动在高位回落，做出一根很长的上影线，让趋势看起来已经走弱，趁机洗掉浮筹，第二天低位往高走，继续上攻。其后，只要大盘正常，就会连续上攻。除非大盘大跌，主力可能才会就坡下驴，转而进行缩量盘整。

上影光阳的买点：第二天低位向上走时，股价越过前面上影线的顶部就是买点。

上影光阳的卖点：后面的某一天放大量时卖出。如果第二天放量就第二天卖出，没有放量就等到放量时卖出。

图 2－27 是由紫光国际（002049）2015 年 4 月到 2015 年 6 月的 K 线构成。该股在图中所示位置走出了上影光阳图形，如果买进，获利丰厚。

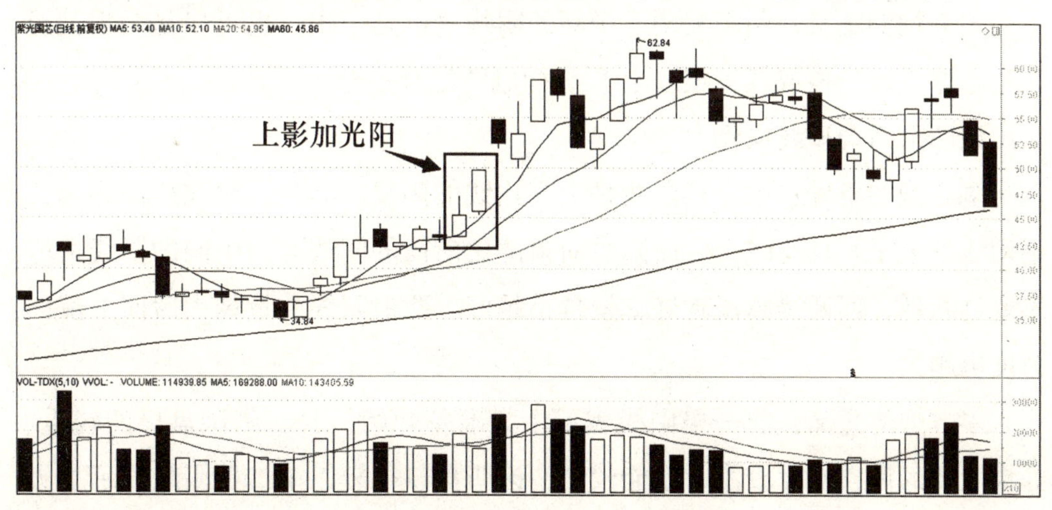

图 2－27　紫光国际（002049）上影光阳

图 2－28 是铁汉生态（300197）2015 年 4 月至 2015 年 6 月的 K 线构成。同样为上升途中走出上影光阳图形，后续强势走高。

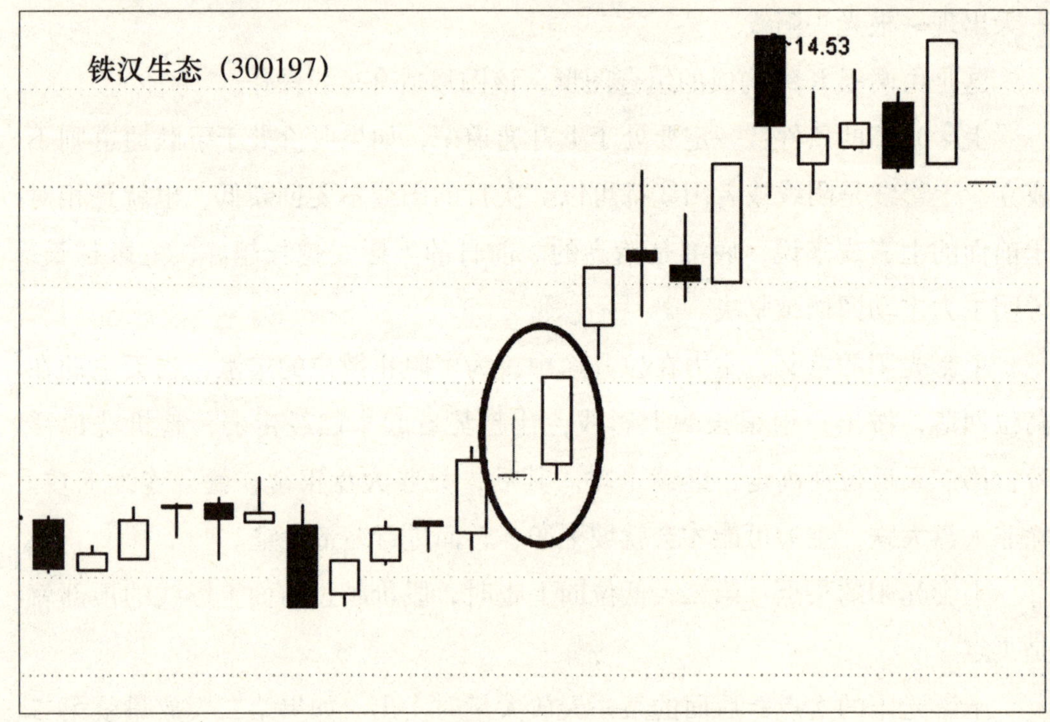

图 2－28　铁汉生态（300197）上影光阳

四、多方炮

多方炮的定义：两阳夹阴。中间的阴线可以是一根，也可以是两根甚至三根。这是由三根或者三根以上 K 线构成的组合图形。

该图形适合短线操作。

多方炮的条件：第一根阳线是上穿均线的阳线，其后，阴线后面的第二根阳线站上了 5 日均线。后面阳线的顶部比前面的阴线高。中间的阴线最好不要创新低，回调得越浅越好，量越小越好。两根阳线的量越大后面上涨的力度也越大。

多方炮的意义：前一根阳线表示主力准备开始拉升，测试盘口的轻重。如果阴线的调整幅度较小，量能较小，说明盘口很轻，第二根阳线显示主力决心已定，开始向上攻击。

多方炮的买点：第二根阳线过第一根阳线的顶点就是买点。

多方炮的卖点：后面的某一天放大量时卖出。

图 2－29 是恒顺众昇（300208）2015 年 4 月到 2015 年 5 月的 K 线构成。第一根阳线穿上两根均线，第二天高开低走，缩量调整，股价没有创出新低，第二根阳线量能比第一根大，构成了一个多方炮的图形，第二根阳线的股价越过前面阳线的顶部就是买点，买进去就获利丰厚。

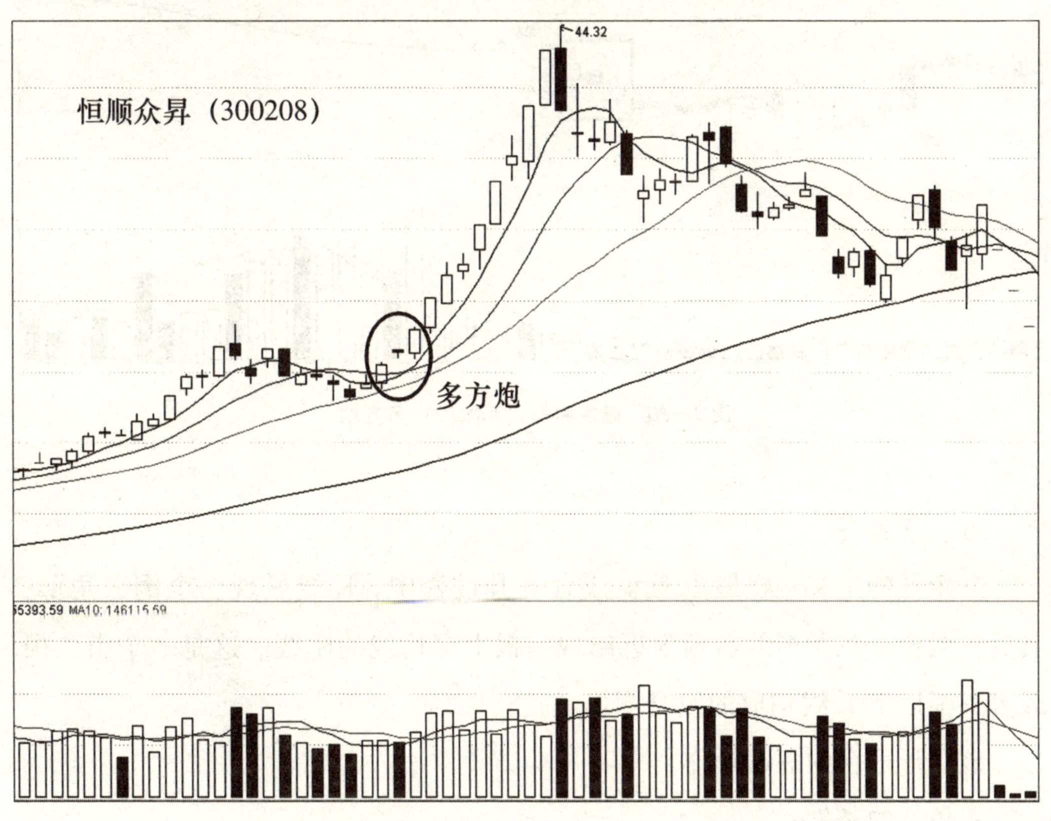

图 2－29　恒顺众昇（300208）多方炮

图 2－30 是硅宝科技（300019）2016 年 3 月 15 日到 17 日的 K 线构成。该股在这里走出一个多方炮图形，前面阳线上穿 5 日均线，中间阴线缩量，没有创出新低，后面阳线站在 5 日线上方，多方在这里开炮，随后强势上攻。

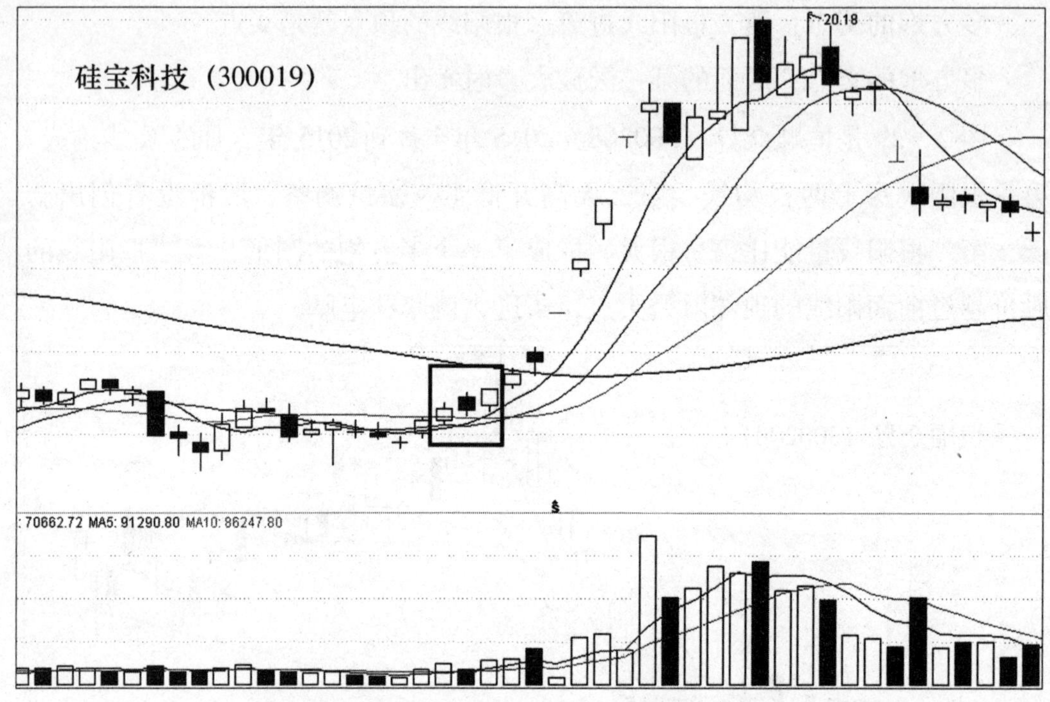

图 2－30　硅宝科技（300019）多方炮

五、三角托

三角托的定义：在股票盘整或者上升过程中，K 线呈现一个倒三角形，其后，股价在三角形的右顶附近出现一根上穿均线的阳线。这是一个由三根或者三根以上 K 线构成的组合图形。

该图形适合中短线操作。

三角托的条件：

一是只能处于股票的横盘整理或者上升通道中，下降通道不适用。

二是三角托的底要圆。

三是上穿均线的阳线是指上穿 5 日均线，上穿 10 日均线更好，而如果穿多条均线则为最好的“一阳穿多均”。

四是上穿均线的阳线一定要有量，无量不成立。

五是上穿均线的阳线前一定要下跌形成三角形的左侧。

三角托的意义：股票在盘整或者上升途中，主力在拉升前的最后阶段挖坑，形成一个三角形的坑，坑内缩量，说明浮动筹码已经较少，其后，主力开始强势上攻，形成一根有力上穿均线的阳线。

三角托的买点：上穿均线的阳线越过前顶即是买点。

三角托的卖点：后面的某一天放出大量就是卖出点。

图 2－31 所示三角区域图形是由远达环保（600292）2015 年 10 月 29 日至 2015 年 11 月 3 日的 K 线构成。在经过 4 天的盘整之后形成三角托，量能配合合理，坑内缩量明显。之后出现了一根上穿两条均线的大阳线，继而走出了一波上攻趋势。

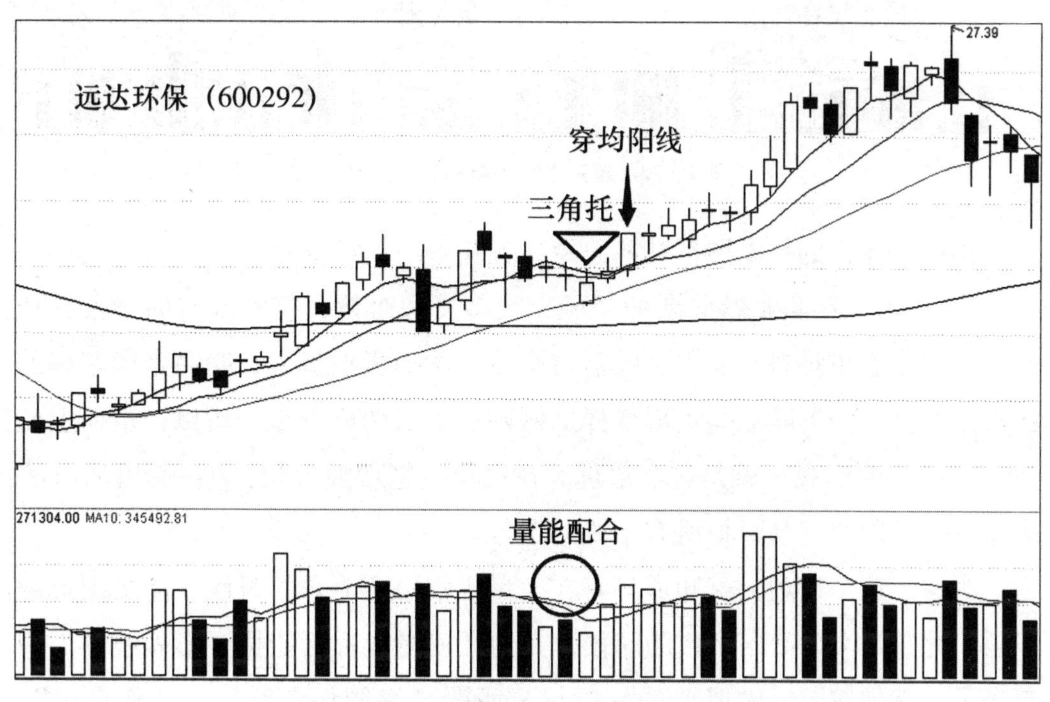

图 2－31　远达环保（600292）三角托

图 2－32 所示三角区域图形是由越秀金控（00987）2015 年 3 月 24 日到 4 月 2 日以及 2015 年 5 月 4 日到 12 日的 K 线构成。该股在盘整中于 3 月 20 日到 4 月 3 日以及 2015 年 5 月 4 日到 12 日各形成了一个三角托图形。图中箭头所示的上穿 5 日均线的阳线即是买点。如果买进，获利丰厚。

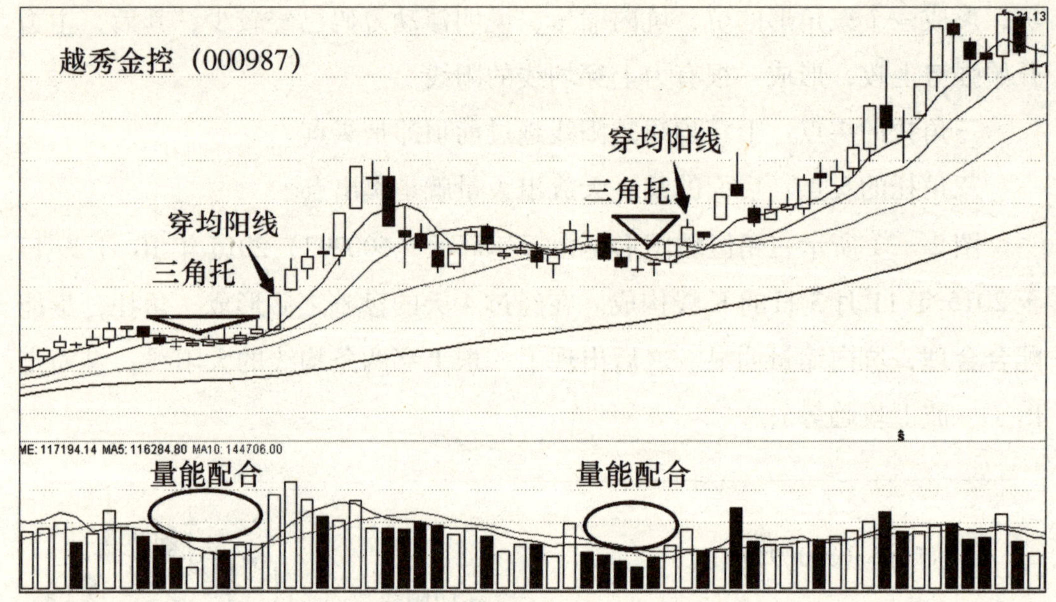

图 2－32　越秀金控（000987）三角托

市面上流传的技术图形林林总总，五花八门，包罗万象。

据笔者 15 年职业做股票的经验，大多真假难辨，有时准有时不准，依此操作也是胜负难料。原因是大盘对个股的图形影响极大，明明走得好好的图形，大盘一个下跌立马走形变样，好好的上涨变成下跌。所以，市面上流行的“一阳改三观”就是这个道理。在这里，笔者加一句：“一阴毁所有。”大盘一根长阴线立马毁掉所有个股的走势。

明白了这个道理，就知道只有在大盘比较稳定上升的时候才能按图形做股票，尤其是大盘处于牛市的时候，其他任何时候都不能按图形做股票。牛市来了，就是按图形做股票的好时候，所谓“海阔凭鱼跃，天高任鸟飞”，我倚长剑向天笑！看准图形，找准买点，刀刀见血，大快朵颐！这个时候可能是股民最幸福的时光。

图形也不需要关注太多。前面介绍的几种图形都是经过漫长的时间验证的经典图形，符合主力操盘的逻辑，准确率很高，可以反复使用。就像程咬金的三板斧，不停地重复这几个经典高明的招式，能很快地获得较大的收益。

第三节　根据主力的运作痕迹来寻找个股的买卖点

依据K线图形中价格走势的高低起伏变化，可以知道主力的运作思路，通过观察主力的运作痕迹就可以看清主力的一些操作手法，而了解主力的操作手法就找到了中长线的买卖点。那么，什么是主力呢？

一、主力的定义

主力是指某只股票里的主要力量。一般而言，股票的主力和股市的庄家有很大的相似性。当然，股票的主力是持股数较多的机构或大户，每只股票都存在着主力，但是不一定都是庄家，庄家可以操控一只股票的价格，而主力只会短期影响股价的波动。

主力可以分为长线主力、短线主力、游资主力等等，一般也指股票中的庄家。考虑到庄家一词的特殊敏感性，本书所言的主力，除特别注明外，都是指个股里面的庄家，并且只分析个股里面的长期庄家，中短线主力与游资主力不在此讨论之列。

中短线主力是指某类投资机构，他们利用与上市公司的一些特殊关系获取上市公司的一些重要信息，通过资金运作获取巨额利益。

游资主力是指一些大的资金联合体，他们借助一些个股借题材或者消息，对股价进行短时间的暴力操作获利。

在本书中，我们所讨论的是长线主力，这些长线主力就是指庄家。他们不是公募基金，基本上是一些不知名的私募基金或者拥有巨额资金的金主，他们拥有的资金可以轻易影响某只股票的价格。他们极其低调，从来不主动暴露自己，或许是怕被监管部门追查，连账户也是由许多个账户组成。他们与上市公司的所有者有着极其深刻的联系，很早就知道某上市公司基本面中一些即将到来的变化，长期以来一直操作这只股票，显示出极强的耐心与长周期性。

二、长线主力的运作方法

长线主力，顾名思义就是长期驻扎在一只股票里面的主力。他们很早就介入某只股票，与大股东、董事会的主要人员关系密切，很早就知道公司的发展计划，提前知道公司的一些重大决策。资金雄厚，野心勃勃，得心应手！他们是这个市场里面的大鳄，以炒作股价为主要手段获取巨额收益。

在股权分置改革以后，随着监管措施的趋严，他们大多变换了操作手法，将账户分散成若干个小额账户逃避监管，变得更加隐蔽。这也是很多股票的K线越来越不易看懂的原因。以前的K线图相对比较清晰，主力建仓、洗盘、波段、出货痕迹明显得多。现在的主力手段越来越多，他们化身小户头，大量对倒，做盘造骗线，使得市场上流行的一些技术手段、技术分析方法模糊失真，让很多依托技术图形做股票的散户损失惨重。

长线主力在建仓后通常是根据大盘与个股基本面反复做波段，采取高抛低吸不断地降低成本，攫取利益。

我们研究技术面的唯一目的就是找出主力运作的痕迹，判断并追随主力进行个股的操作。

很多散户开口闭口就是战胜主力，这彻头彻尾就是一个误解！主力占据天时地利人和，钱多、人熟、消息早而准，操盘手专业又凶悍，岂是散户能够战胜的。散户要想在股市里存活下来，唯一的要点不是什么战胜主力，而是尽可能地判断出主力的意图，追随主力的脚步。他准备拉升，你就进去，他出货你也就出来，他做波段，你也跟着做波段。至于说战胜主力，想想或许是可以的，但仅此而已。唯一可能战胜主力的是漫长的熊市。

图2－33是通程控股2014年6月到2016年5月的K线截图。明显这是长线主力的运作图形。如果往前推图，基本上可以认为是同一个主力在长期运作。只要大盘有机会，该主力就会主动做波段。为了方便说明，我们只截取了一段时间的K线图形。图中，主力经过长时间的建仓，于2014年9月3日开始第一次拉升，拉升过程放出巨量，说明盘口很重，于是主力开始长时间震荡洗盘。2015年3月4日，该股有效过顶，借助大盘趋势向上，展开了一波主升浪，股价在3个月左右翻番。随后经历了股灾，股灾以后，借大盘

反弹拉起一波，放量出货。做一个波段后，开始盘整与筑底，以待大盘的趋势再次起来。

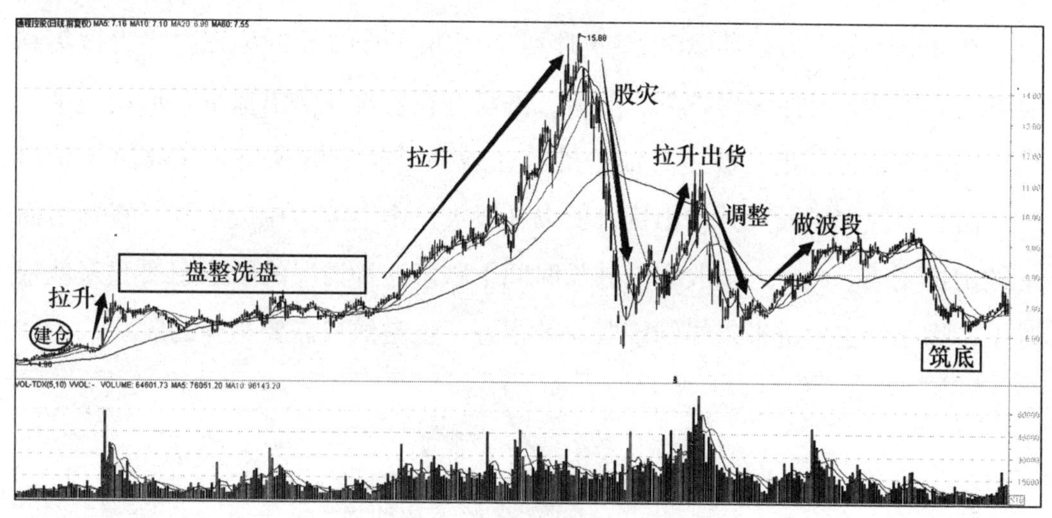

图 2-33　通程控股（000419）

需要注意的是，该股在顶部并没有放出大量，说明主力没有完全出货或是离开的意思，所以，可以确定地说，这个票的主力还在其中，还会继续运作该股。

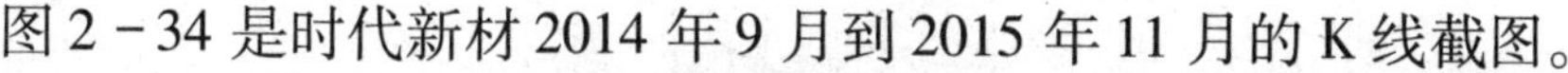
图 2-34 是时代新材 2014 年 9 月到 2015 年 11 月的 K 线截图。

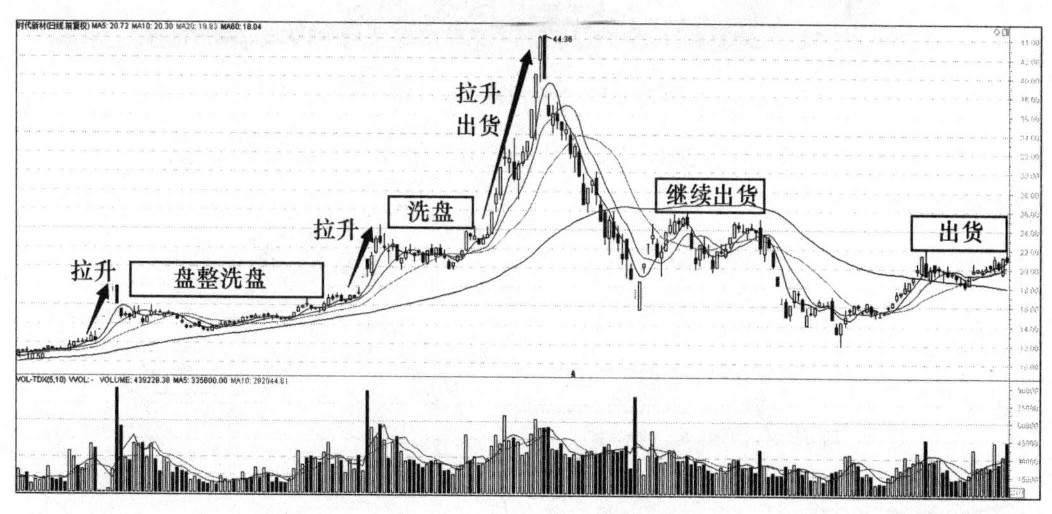

图 2-34　时代新材（600458）

主力借高铁概念大肆运作。建仓完毕后（从这个图上看是建仓，如将图往前推就是主力做波段的筑底），做了 3 次的拉升、洗盘动作。第三次放量是边拉边出货。股灾后，该股最后再做一个波段出货。这个主力在顶部有主动出货的动作，所以股票也就在主力多次出货后开始了漫长的下跌。

图 2－35 是上海医药 2014 年 5 月到 2016 年 3 月的 K 线截图。主力搜集到足够的筹码后，开始缓慢拉升。然后，洗盘并在急拉前洗出地量，形成一个三角托的形态，再走出一波主升浪，最后在顶部形成密集成交区并放出天量出货。由于该股先于股灾开始出货，所以在股灾途中继续边拉边出货，直到后面继续出货完成。此后，该股缩量并长时间下跌。这种情况的股票想要起来就很难了，除非新主力进来，尽管该股业绩很好，也是散户需要避开的股票。

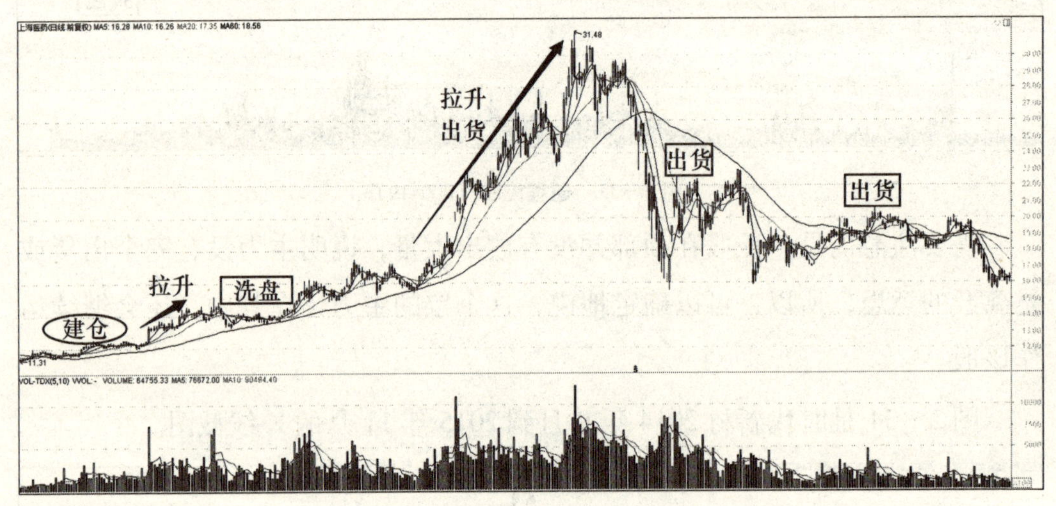

图 2－35　上海医药（601607）

图 2－36 是千金药业 2014 年 3 月到 2015 年 10 月的 K 线截图。

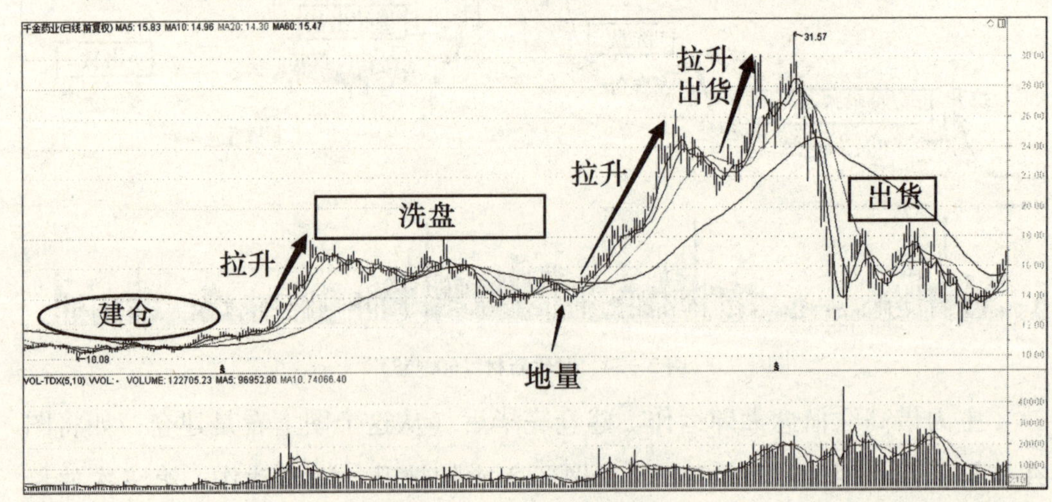

图 2－36　千金药业（600479）

主力在建仓后强拉股价，其后长时间地洗盘并在再次拉升前出现地量，形态上走出一个三角托形态，拉升后在顶部部分出货，股灾后坚决出货，随后股价趋于平淡。

总之，主力的运作过程主要包括建仓、拉升、洗盘、出货这4种程序，当这些程序走完后就是主力做完了一个波段或者彻底地离场。散户只要仔细观察就能发现主力的运作痕迹，然后要做的就是跟随主力的操作思路来进行操作。主力拉升就参与，放量滞涨就出来，仔细观察，待主力调整或洗盘结束，缩量甚至是走出地量的时候再次跟进，以规避风险并获取足够的利润。

三、通过实际案例了解主力的操作思路与手法

关于主力具体的操作手法，可以通过一些典型案例来了解。这里，我们通过剖析A股的几个典型案例来增强我们对主力的认知，拓宽视野，弄清主力的一些典型操作手法。

案例一　爆炒界龙实业案

1994年1月，在上证指数从800多点一路下滑的背景下，界龙实业（600836）却逆势而上，连拉32根阳线，后来庄家以连续暴跌的方式出货，套住无数跟庄者，制造了一起庄股的经典战役。

网上传说该股当时的庄家叫马晓。以下是网上流传的文章《上海著名庄家马晓回忆录》里面的描述：

注意力转向其他新股后，发现一只被遗忘的“丑小鸭”——界龙实业，中国第一家村办企业改制上市的股份公司。其股价最低只有12元左右，我觉得有机会，因为只要是第一，在中国股市就是机会，就是题材，哪怕是第一个亏损股！于是5万股5万股地开始吸纳，利用当时“T+0”的有利条件，每买进5万股，就作为压盘马上挂出去，这样上方抛盘越来越大，股价也越压越低，当我们在12元以下收集了200多万股以后，抛盘全部撤单，股价当即飙升，收盘在12.58元。第二天跳空高开，一路推高，在13.20元以上全部抛出，轻轻松松地做了一把短差。在边上观战的医药股份张总面露钦佩之色，连翘大拇指。

界龙在13元上方仅维持了一天即掉头往下，在12元多横盘一天。随着新股热的出现，短线客开始纷纷进入了。有一天收盘后，医药股份的张总打电话给我说："老马，能不能再买些界龙，咱们大做一下。"我答："不用说，你们在外面买的界龙已经套住了。两天以后再商量。"不出两天，我们又买回200万股，开始通知医药股份，我们可以合作了。

当天收盘后，我们一行来到地处上海南隅北方某省证券公司的一家营业部与该公司老总及该省几家机构的驻沪代表见了面，当晚在复兴路上的南方夜都会把盏细谈，"一口闷"之后敲定了暴炒界龙的操作细节。

由我提议，他们派人到富丽华操作室，由我指挥，共同运作。为了公平起见，双方目前持仓筹码不动，再各调集3000万资金，总计持仓600—800万股开始向上滚动（当时界龙实际流通盘为1125万股）。买入抛出办法为我方挂单数价位，如15.73元、15.75元，他们挂双数价位如15.74元、15.76元，这样大家成本差不多，谁也不吃亏。

说干就干，第二天他们当时的业务经理小李与张总就一起到操作室开始并肩作战了。

当时的新股炒作以东方明珠领军，已到了26—28元一线，由于1993年初上市的浦东概念股金桥曾到过38元的高价，因此大家认为新股炒作仍有上升空间，一时如火如荼，人气鼎沸。为了鼓动人气，我提出了"界龙戏明珠"的口号（界龙当时14元左右，后来也确实实现了这一口号）。并与博士先生一起拟定了"追申华、超物贸、赶网点、戏明珠"股价上四个台阶的口号。在市场将信将疑、半信半疑的情况下，界龙股价节节上升，不到一周已冲上20元大关，与网点比肩，差明珠一步之遥了。

由于博士先生当时在各地的股市沙龙，尤其是福建、江苏等地有一定影响，先期跟进的人已经尝到了甜头，示范效应在慢慢扩大。为了不让股价震荡，我们每天都要在上方压上很多抛盘，以保证在每个价位都有一定的换手，走势尽管强劲，但一直尚算稳健。终于，火山爆发的一天到了。

界龙连续超强的走势已经吸引了大批跟风者与市场的关注，特别是连超原来股价在界龙之上的申华、物贸、网点之后，市场认为"界龙戏明珠"已成定局，更有甚者叫出了“超爱使、赶小飞”（二者股价都曾到过50元之上）也指日可待，于是那天开盘跳空1.80元，开在23.60元。开盘之后，一路挂出的大抛盘也有人在啃了，我感觉有点不对劲，而且一个上午就涨了2元多钱，这也是前所未有的。当天中午在用工作午餐时我认为：“感觉不太好，下午该出了。”

当天下午我将压在上面的抛盘全部撤下，从26.50元开始每上去0.3元就抛出20万股，仍拦不住股价势如破竹。当大笔买单一路将股价扫到33元之上时，我们手中的筹码已经全部出清，估计在两周不到共获利7000万元。

于是我通知场内“马夹”在22元与20元各放上200万股的接盘，因为我不想让股价震荡得太大，引起市场过分的震动。放下电话，我深深地松了口气，等我从卫生间出来，场内传来“界龙已跌破18元”。我大吃一惊，马上吩咐在20元以下全线买进，博士先生也通知外围资金全部进场。跌势止住了，股价又回到22元以上，并在22.60元收盘。

这就是中国股市的第一次“庄家跳水”吧，因为当天最高、最低价相差1倍以上，实际上往上打、往下压全部是市场狂热行为，与庄家无关。

界龙的跳水也殃及其他庄家。受其拖累，明珠失色，网点破网，物贸、农垦等一批新股无一幸免。界龙还能止跌，其他股票股价则一泻千里，有关庄家悉数被套，纷纷通过博士先生打电话来要求我们伸出援手将界龙再往上打，以减轻他们的抛压。众人的捧场，加剧了我内心深处的名利欲，于是胸脯一拍：“好说，明天经过探底T字形，后天光头阳线到25元以上，一周内再创新高。”

以后两天的界龙K线就在庄家的操纵下走出探底成功发力上攻的图形。就在这个周末，证监会刘鸿儒主席发布了暂不扩容等“四不”救市讲话。

与医药股份张总他们合作时，当时他们手上的一大把被套的医药股份，按买进价结算给了我们。而在当时的炒新股热中，这类异地大盘股都是平仓对象，因此股价已套住了。我想利多出台，周一倒是出货的好机会。

在利多讲话的刺激下，周一大盘果然跳空高开，股民们为管理层的救市讲话亢奋，买盘蜂拥而入，但没有想到却为深套多时的各路庄家解了套。我将手中的700多万股医药股票每一个价位挂卖单5万股，全部被接走，出货套现了5000多万元资金。这时我的自我感觉更好了，界龙也在市场买盘推动下往26元上面冲。但一到26元以上，获利盘、解套盘蜂拥而至，大手扫盘也只涨到26.80元就冲高乏力了。

第二天开盘，大盘就急转直下，因为该进来的都进来了，场外的观望资金看到冲高乏力反而反手将手中筹码往下砸。不一会我们手中就增加了200多万股筹码，而股价却纹丝不动。一向强悍的界龙终于也显出了疲态，但好胜斗勇的个性使我头脑更加发热，还在继续大手扫盘。这时，旁观的医药股份张总悄悄将我拉到一旁："马老师，我们出货吧，这一把不赚，保本就行。"但在众机构面前的承诺、夸口却使我不肯收手。于是我反问："那现在手上的筹码怎么办?"他说："要么筹码全部给你?"我不假思索便答应了下来，因为当时手上双方已掌握了700多万股筹码，我手中可动用的还有7000余万现金，我认为再做上去完全没有问题。

在以什么价位结算的问题上，博士先生以上海人的精明帮了我的大忙，当时股价还在25元多，张总提出以22元结账，我也几乎同意了。但博士先生测算了他们的成本后提出以19元结账，想不到他也同意了。我又提出在二周内付清5900万元，他也一口答应。事后我想，可能是他们好不容易在股市熬了这么长时间后能一下子赚二三千万元就是大获全胜，更何况我们以后赚了钱对他们还有好处呢。而我在进股市两年内没有吃过大的苦头，特别是被近期的胜利冲昏了头脑，忘记了股市的风险二字。

而风险，往往是在你没有觉察的时候，悄悄地降临的。

"四不"救市昙花一现，股市只涨了一天，还留下了一根长长的"避雷针"——上影线，第二天开始就急转直下。大盘如此，跟风"界龙"的股民也不愿再经历第二次跳水，于是也纷纷逢高减磅，7000多万元付给医药股份张总以后，所剩资金不足支撑界龙的高价位了。没有了庄家的护盘，界龙实业也跌到了20元以下。这时我感到日子不好过了。

在医药股份退出界龙的炒作之后，我完全成了天马行空。手中最窘困的时候只有50万元资金可供调用，股价也像断线的风筝一路下滑，最低只有15.60元。怎么办？这时有人提出了股票抵押融资将股价顶住的做法。于是经人介绍，认识了几家机构，经过几轮谈判，我拿到了一大笔新的资金。

资金多了，胆子也大了。手中持有的界龙股票越来越多，外面流通的界龙股票越来越少。每天它的走势图就是一根介于30度至45度之间的斜线，一路上扬。在大盘一路下跌之中，唯有界龙是万绿丛中一点红，天天收阳，尽管涨幅不大，但一周总有1元多。因此博士先生那时在股市沙龙中有一句名言："你想要画王吗？请买界龙。"因为只要买1万股界龙，一周下来就可赚回当时1万多元1台的29寸进口画王彩电。

树大招风，在界龙连拉32根阳线，引发境内外包括港、台、新加坡的财经传媒报道后，上海股市中"界龙被人操纵"的说法，终于在时年7月深圳的券商会议上被反映到了管理层。

先是上海证券交易所监管部通知当时分仓仓位较重的一家营业部去谈话。继之有关人员去了几家分仓证券营业部，调查资金来源，记得当时炒作界龙的资金先后涉及5家上市公司与14家证券营业部。因当时还没有《证券法》，最后，界龙实业炒作的性质是"聚集巨额资金"。又因为是我一个人在炒作，所以很难说是联手操纵。加之我也不喜欢用"对倒""拉高收盘"这样的弄虚作假手法，也难以说是"操纵股价"，所以最终我没有得到什么处罚。

1994年7月29日，各大传媒刊登了1994年暂停扩容等重大利多政策，水深火热已大半年之久的股民纷纷奔走相告。我那时做的第一件事就是再次筹措资金，抄底入市。

大盘在一个多月之后就收复了千点大关，这时20元以上的高价股已经不少，一直逆市上涨的界龙这时却一直蛰伏不动，是整个行情上涨幅度最小的。该涨的都涨了，不该涨的也涨了。这时市场的注意力开始转到界龙股票上了。不少人打电话给我："界龙该动了吧。"

既然市场认为该动了，人心所向，也就水到渠成了。正好界龙的职工内部股也在上市半年后快解冻了，市场认为庄家肯定要炒一把，再说股指已经创新高了，所以界龙这次肯定也要创新高。但股市从来就没有肯定，当市场憋足了劲要炒最后一把时，我就将手中已经握出汗来的界龙在两天之内，从26元到30元全部出清了。

听说接最后一把的是后来几年在市场上叱咤风云的大庄家——南方某证券公司江苏分公司的大机构，据说他们是在套了三年之后才割肉出局的。

以上的述说真假难辨，但我认为是真的。后来这种以资金推动的纯技术坐庄方法就很少见了，主力坐庄大多利用上市公司基本面，并和公司进行深度配合。

从这个案例我们可以得到这样的借鉴：任何时候都要当心高价股，追高的时候要特别小心，主力都不是吃素的。如果48元买了中石油，467元买了全通教育，175元买了汉王科技，300元买了中国船舶等等股票，恐怕一辈子也难解套。这还不包括那些后来退市直接成为废纸的高价股。

案例二　第一只百元股亿安科技爆炒事件

亿安科技（000008现已改名神州高铁）的前身为深圳市锦兴实业股份有限公司，证券简称“深锦兴A”，于1992年5月7日在深圳证券交易所上市。1999年3月2日，广东民营企业亿安集团收购了深圳商贸控股公司持有的深锦兴A 26.11%的股权，成为公司第一大股东。同年8月，深锦兴A更名为广东亿安科技股份有限公司，股票随之更名为亿安科技。

亿安科技股票自1999年10月25日到2000年2月17日，在短短的70个交易日中，股价由26元左右不停歇地上涨，到2000年2月15日，亿安科技股价突破百元大关，成为自沪深股票实施拆细后首只价格超过百元的股票，引起了市场的极大震动。

2001年1月9日，有媒体披露，鉴于亿安科技股票出现的异常行为，证监会正在查处涉嫌操纵亿安科技股票案，已对持有亿安科技股票的主要账户进行重点监控。受此消息影响，当天，亿安科技股票以42.66元跌停开盘，全天封死在跌停板上，且成交极度萎缩。此后，连续五天跌停，价格也从42.66跌到27.99元。

2001年4月26日，证监会作出决定，对联手违规操作亿安科技股票的广东欣盛投资顾问有限公司、广东中百投资顾问有限公司、广东百源投资顾问有限公司和广东金易投资顾问有限公司作出重罚，罚款近9亿元。同时，中国证监会还详细披露了亿安科技股票操纵事件的前前后后，这意味着A股市场上第一只股价过百元大关的亿安科技股票神话破灭。

和A股许多股票操纵案一样，在亿安科技案中，庄家们的制胜武器不仅有“对倒”之类的技术手法，还有消息面配合造声势、显效果。回过头来看，亿安科技股价高企的过程，一直伴随着种种公司股权演变和资产重组的步骤。许多重大事实在事后才为市场知晓，庄家们显然是“先知先觉”的。

据查证，四个庄家进入深锦兴A的时间是1998年10月。当时，深锦兴A不过是一家经营不善、主业不明的公司，其1998年中报公布的中期业绩为每股亏损0.097元，当天的股价收在6.39元。之后股价连连下跌，到9月2日跌到了5.71元，至10月初，股价也不过在8元上下。

就在此期间，罗成执掌的亿安集团已经选定深锦兴A作为买壳对象，开始与其第一大股东深圳商贸投资控股公司谈判。随着谈判的深入，深锦兴A的股价也是小步爬升，成交量不断放大。自8月17日到9月16日，深锦兴A的成交量为1322多万股；而9月17日到10月16日，深锦兴A的成交量达到2245多万股；其后，自10月17日到11月16日，深锦兴A的成交量达到3300多万股。股价也从8月17日的5.89元涨到了9.36元，涨幅接近60%。

1998年12月，亿安集团向深圳商贸交纳了500万元定金，财务人员正式到深锦兴A的办公室开始看账。至1999年春节前，亿安集团又交了另外的2500万定金。谈判的双方都很清楚，事情发展到这个时候已经算是定下来了。与此同步，深锦兴A股价也有了显著的反应。

1999年1月18日，仍然被深圳商贸投资控股公司控制的深锦兴A董事会发布提示性公告，公司1998会计年度将出现较大亏损。当天深锦兴A跳低5%开盘，但到收盘却以涨停板9.82元报收，成交也放大到240.78万股。1月20日，深锦兴A再次拉出涨停板，收在10.81元。2月9日，春节前的最后一个交易日，深锦兴A收在13.80元，比1998年10月份的平均股价上涨了75%。

深锦兴A正式公告更换大股东是在5月份。但是，早在亿安科技出场之前，深锦兴A已开始了“K线狂奔”，从10元开始，11元、12元、13元、14元、15元……深锦兴A马不停蹄地冲向30元。4月30日公司公布1998年年报每股亏损0.85元的消息，而市场对于深锦兴A的信心更加坚定。“5·19行情”启动后，深锦兴A更是开始了一波壮阔的主升浪。

与此同时，消息面上随之而来的利好是一个接着一个：5月24日，深锦兴A正式发布公告，广东亿安科技发展控股有限公司正式入主深锦兴A。6月，深锦兴A旗下深圳建材以及一些在建项目深圳兴贸大厦工程、宝安区商住楼工程、阳江海陵岛房屋工程、北海合浦锦兴房地产工程及锦兴龙岗大厦工程被整体转让，公司因此获得营业外收入1166万元，这部分收入在8月26日公布的1999年中报中，成了深锦兴A1999年中期0.11元利润的唯一来源；同一时期，以广东惠州大连湾胜景实业公司的投资权益置换广东万燕股权，使公司对广东万燕股权增至42.19%，同时还投资1020万元收购江门万燕51%股权，亿安集团董事局主席罗成因此坐上了广东万燕集团董事长的位子，广东万燕集团也成为重组深锦兴A资产中重要的“高科技”部分。8月18日，深锦兴A正式更名为亿安科技。8月26日，亿安科技公布1999年中报，每股盈利0.11元，这一切都成为亿安科技股价上扬的重要支柱。中报公布后，亿安科技的股价稳稳地站在26元之上，相对于1998年10月的股价已经上涨了225%。

虽然广东万燕股权的注入被当作利好消息处理，但到了1999年年中，广东万燕股权注入未久，VCD市场的全面萧条已成眼见的事实。但是，又有新的利好消息继续支撑。1999年12月7日，亿安科技出资1020万元与清华大学企业集团、广东亿安集团有限公司合资成立“扬州亿安电动车有限公司”，亿安科技持股51%，这一项目被亿安集团董事局主席罗成称之为“亿安科技今后长远发展的主业”。这时亿安科技的股价已经达到了40元。

2000年1月4日，亿安科技踏上“红地毯”，股价节节攀升。到2月15日突破百元大关的21个交易日中，仅有2天走出阴线，其余的19个交易日均是每天一根阳线。很多天的分时图更是走得摄人心魄——45 度角直线上拉。

消息面的配合源源不断。2000 年 2 月 17 日，亿安科技出资 1200 万元与广东亿安集团共同成立亿安新能源科技有限公司，亿安科技持股 40%，从事碳纳米管双电荷层电容电池的研究和开发工作。这一题材成了罗成口中亿安科技所掌握的纳米技术。但是直到 2001 年 4 月 30 日亿安科技公布 2000 年年报，亿安科技对这一项目仍未投入资金，年报对此的解释是：该项目研发工作目前主要由亿安集团组织和投入。

2000 年 2 月 20 日，亿安科技在北京召开了一次著名的媒体“新春恳谈会”。罗成等亿安集团、亿安科技高层现身北京，力捧亿安科技内在的高科技含量，主要包括：轻型电动车项目、依贝视讯系统、碳纳米管物理电池产品等等。

此时，亿安科技的股价正站在百元关口独树一帜，尽领风骚。

按照当时“亿安科技”的每股收益和 1. 325 元的每股净资产，有谁愿意花 100 元去买一个每股净资产才一块多钱，每半年只能带来一毛钱利润的东西呢？假设亿安科技的这个盈利状况能保持下去，并且每一分钱的盈利都会被分配给投资人的话，那些在 100 元上买股票的人大概等到公元 2500 年才有可能收回今天的投资，显然，该股的股价完全是庄家操纵的结果。

高价之后，市场迎来一片狼藉。亿安科技的股东总数在 1999 年底只有 2000 多人，到 2001 年初已达万余。最终的凯旋者只有创造高价股的庄家。根据证监会调查所揭示的事实，“到 2001 年 2 月 5 日，上述 4 家公司控制的 627 个个人股票账户及 3 个法人股票账户共实现盈利 4. 49 亿元”，其手中的 3000 多万股票大部分都已经在高位套现，股票余额仅剩 77 万股。

2001 年 4 月 23 日，中国证监会对亿安科技股价操纵案作出处罚：长时间联手操纵亿安科技股价的欣盛、中百、百源和金易等 4 家公司因违反《证券法》的规定，被处以没收违法所得 4. 49 亿元，罚款 4. 49 亿元的处罚。所谓的赔偿最终无法兑现，成为一纸空文，广大散户遭受了重大损失。

2003 年 9 月 25 日，致使大量中小投资者损失惨重的“亿安科技股价操纵案”在广州市中级人民法院一审公开宣判，包括亿安集团原副总裁、财务总监李鸿清在内的5名被告人分别以操纵证券交易价格罪被判刑3年6个月至2年3个月。

亿安科技董事局主席罗成失踪。

从这个案例我们可以得到这样的借鉴：这个案件成为主力坐庄的一个典型标本，且其操作手法到现在还在为其他主力所采用。主要包括：多账户操作，多达627个账户同时操作；主力控制公司，发布各种消息，配合炒作，制造各种概念忽悠散户参与，最后获利出逃，3000多万股成功卖出，仅剩下77万股没有卖掉。而被套散户站在高高的山顶上欲哭无泪，心如刀割！所以，作为散户，要警惕各种五花八门的概念，对某些莫名其妙的概念一概不参与，除非该概念已经转化为公司实实在在的业绩！笔者经常说的一句话是：概念是狗屎，业绩是王道，有概念有业绩才是王子！

案例三　银广夏造假案

打开股票软件，翻出银广夏（000557）的日K线，把图形缩小，再缩小……发现了什么奇怪的现象没有？是的，你会看到，银广夏这只股票，在1999年末到2002年之间，有着一段传奇般的跳水表演。而在当时，买入银广夏的股民后来大多倾家荡产了。那么，当时究竟发生了什么呢？

1994年6月17日，广夏（银川）实业股份有限责任公司以“银广夏A”的名字在深圳交易所上市。但上市以后，业绩很一般，每年均在为维持10%的净资产收益率而奔忙。

银广夏业绩奇迹般地转折，是从1998年开始的。这一年，银广夏传出了来自天津的“好消息”。银广夏1994年在天津成立了控股子公司天津保洁制品有限公司。保洁公司曾经在1996年通过德国西·伊利斯公司（C. ILLES&CO.）进口了一套泵式牙膏生产设备，这是有账可查的银广夏与西·伊利斯公司最早的往来。此后，银广夏又从西·伊利斯公司处订购了一套由德国伍德公司（Krupp Uhde）生产的500立升×3二氧化碳超临界萃取设备，这是传奇的起点。

1998年，天津广夏接到了来自德国诚信贸易公司的第一张订单。当时，保洁公司已于1997年12月31日更名为天津广夏（集团）有限公司。

据银广夏于当年10月19日发布的公告称，天津广夏与德国诚信公司签订出口供货协议，天津广夏将每年向这家德国公司提供二氧化碳超临界萃取技术所生产的蛋黄卵磷脂50吨，及桂皮精油、桂皮含油树脂和生姜精油、生姜含油树脂产品80吨，金额超过5000万马克。

几个月之后，1999年6月19日，在郑州召开的全国农业产业化龙头企业研讨会上，当时的银广夏董事局主席陈川这样讲述这单合同的暴利内涵：

"德国诚信公司于1999年6月12日一次订货总价达5610万马克。6月26日，一艘载着天津广夏第一批农产品萃取产品的货轮起锚离港，远航德国。这第一批产品出口，竟获利7000多万元!"

1999年，银广夏利润总额1.58亿元，其中76%即来自于天津广夏。

随后，银广夏公告，称将再从德国进口两条800立升萃取生产线，后又将计划升级为两条1500立升×3和一条3500立升×3的生产线。计划中的生产能力是天津广夏现有生产能力的13倍之多！一时间，市场为其展现的暴利前景而沸腾。

2000年2月14日，陈川在北京突然遇疾去世，终年61岁。根据银广夏公告披露，死因是"突发性心肌梗死"。

创始人陈川的去世，并未使银广夏2000年的梦幻之旅受到丝毫影响。在2月17日进行的董事会改选中，张吉生继任董事会主席，时任天津广夏董事长兼总经理的李有强升任公司总裁。随后银广夏公布了1999年年报，每股盈利0.51元，并实行公司历史上首次10股转赠10股的分红方案。

从1999年12月30日至2000年4月19日不到半年的时间，银广夏股价从13.97元涨至35.83元，于2000年12月29日完全填权并创下37.99元新高，折合为除权前的价格为75.98元，较一年前启动时的价位上涨了440%。

2001年3月，银广夏公布了2000年年报，在股本扩大一倍的情况下，每股收益增长超过60%，达到每股0.827元，盈利能力之强，令人咋舌。

利润绝大部分来自天津广夏：银广夏全年主营业务收入9.1亿元，净利润4.18亿元。在2000年1月19日公告中称，当年天津广夏向德国诚信公司

"出口"1.1亿马克的生姜精油、桂皮油、卵磷脂等"萃取产品"。

2001年4月2日，审计其财务报表的深圳中天勤会计师事务所发来函件称，当年追加订单补充合同共计2.1亿马克，2000年度实际执行合同金额为1.8亿马克（约合7.2亿元人民币）。如果按照1999年度年报提供的萃取产品利润率（销售收入23971万元，业务利润15892万元，利润率66%）推算，天津广夏2000年度创造的利润将达到4.7亿元。

更恢宏的利润前景还在前头。2001年3月，银广夏再度公告，德国诚信公司已经和银广夏签下了连续3年、每年20亿元人民币的总协议。以此推算，2001年银广夏的每股收益将达到2至3元，这将使银广夏成为"两市业绩最好市盈率却最低的股票"，银广夏的传奇由此达到了顶峰。2001年6月18日，银广夏宣布，一条1500立升×3二氧化碳超临界萃取生产线已在安徽省芜湖市建成。在更早些时候，银广夏董事局主席张吉生预测，未来3年内每年业绩连续翻番"不成问题"……

与银广夏业绩神话对应的，自然就是它的股价神话。在那一年，银广夏成为两市最热门股票，一度被称为中国第一牛股。

但并不是所有人都为之目眩。证券行业内部，相信银广夏神话的人并没有想象的那么多，也有很多人对此质疑。一位基金经理说："（银广夏的业绩）好虽好，但不符合常识。"一位著名证券公司农业领域的研究员很久以来都不把银广夏列入观察范围，有人问其原因，他回答："有研究的必要吗?"

各个证券网站上进行着观点泾渭分明的超级大讨论。著名的证券专业聊天室"和讯大家谈"里，关于银广夏的帖子数以千计，质疑者和支持者各执一词，争论不休。在那里可以找到各种传言。

事实上，早在2001年3月，媒体已开始对银广夏进行质疑，《证券市场周刊》和《财经时报》先后登出分析师蒲少平的长文，对银广夏的高速增长及丰厚利润提出了9点质疑。最致命的一击来自于2001年8月3日《财经》杂志的封面文章《银广夏陷阱》，文章揭露银广夏的业绩完全是通过财务造假虚构出来的。

根据调查，银广夏根本不具备其宣布的产能。它公布能将萃取时间从10

个小时缩短到3个小时并进一步缩短到30分钟，专家对此称，即使用3小时来提取，精度也要大打折扣。

而银广夏公布萃取物将卖到3440至4400元。可萃取物的原料成本只有350元。媒体提出更为有力的质疑是，如果银广夏真有如此大的出口量，按照现行税法，则应向有关部门办理至少几千万的出口退税，并在财务报表上体现出来。

而事实上，银广夏的年报里根本找不到出口退税的条目，从天津进出口退税分局查实，天津广夏从未办理过出口退税……

如此等等，不胜枚举。这些质疑对银广夏的打击是致命的。

据当时银广夏的工作人员回忆："文章发表后，公司当时一片混乱，基本瘫痪了，各级领导都在忙着灭火，试图进行危机公关，但已经于事无补。"

8月9日，银广夏停牌30天。9月10日复牌。市场在一片哗然声中，开始了疯狂逃窜和血肉践踏，随后就是一天天无声的开盘跌停。到10月8日的15个交易日里，银广夏连续跌停，股价从30.79元一路狂泻到6.35元，市值蒸发67.96亿元。瞬间，银广夏从天堂被打入地狱。随着一起跌入地狱的，还有众多散户和证券机构。

银广夏在财务报表上虚增利润，其动机是什么呢？一位资深注册会计师表示，我国证券市场的上市公司，在财务报表上作假通常有几个目的：

一是当某一个会计年度出现利润大幅下滑时，为保持公司的市场形象及业绩上的持续性，好向股东交代，不惜在财务方面作假，虚增利润。

二是上市公司为了推出再融资计划，比如配股、增发新股、发债券等，也会冒险在财务分析报表上下功夫，以便能达到有关方面对再融资的基本要求。

三是上市公司推出一些奖励计划，对有政绩、有贡献的公司管理层实施奖励。当上市公司业绩未能达到要求时，管理层为了能把奖金拿到手，只好作假。

四是上市公司与某些机构联手，虚增利润吸引股民，利用信息及资金的优势，在二级市场大肆炒作公司股票。

那么，银广夏作假的目的又是什么呢？据业内人士分析，前三种可能性都不大，因为该公司从1995年到1998年业绩还算稳定，在1000家上市公司中，已属中上水平，而该公司1995年、1996年、1998年均实施了配股，该公司前两年并没有推出什么“奖励计划”，也可排除。至此，几乎已只剩下了第四种可能。

而值得指出的是，那个时代是大家争着当老鼠，老鼠猖獗。事后，市场的共识就是，在银广夏事件中，老鼠仓获益最多。

《银广夏陷阱》发表当天，证监会就对银广夏正式立案稽查。9天后，事实基本查清。调查过程中，天津广夏董事长董博说，在1999年和2000年，天津广夏的造假是在银广夏董事兼财务总监兼总会计师丁功民两次授意下进行的，通过制作虚假财务报表，以制造银广夏股票收益不断增长的现象。在2000年的年报中，他虚构了4.1764亿元利润。

9月5日，广夏（银川）实业股份有限公司董事局副主席兼总裁李有强，董事、财务总监、总会计师兼董事局秘书丁功民，天津广夏（集团）有限公司董事长董博，副董事长兼总经理阎金岱以及深圳中天勤会计师事务所合伙人刘加荣、徐林文等六人被刑事拘留。

最后，分别判处李有强、丁功民、阎金岱有期徒刑2年零6个月，并处罚金3万~8万元。判处直接造假人有期徒刑3年，并处罚金人民币10万元。此外，以出具证明文件重大失实罪分别判处被告人深圳中天勤会计师事务所合伙人刘加荣、徐林文有期徒刑2年零6个月、2年零3个月，并各处罚金3万元。

因涉及银广夏利润造假案，深圳中天勤，这家审计最多上市公司财务报表的会计师事务所被吊销了执业资格，其证券、期货相关业务许可证也一同被证监会吊销。随之受到整顿的还有一批券商。

而中小股民的民事诉讼，更是将银广夏一事推入一场持久的诉讼中。血本无归的股民开始对银广夏公司进行民事诉讼。这场诉讼涉及的标的是1.74亿元。在经历过诸多波折后，这一诉讼经过长达五年马拉松式的审理，直到2007年5月，才得以终结——向原告按每10元诉讼请求支付2.2股ST银广夏股份的方式进行赔偿。

从这个案例我们可以得到这样的借鉴：在中国的资本市场上，对于大部分投资者而言，上市公司总是很神秘，你对于它们的了解，往往仅限于一个冷冰冰的证券代码，以及看起来很正规的F10资料。除此之外你几乎一无所知。想一想，真可怕！

大多数时候，你知道的往往只是光鲜的外表，而背后的黑幕，只有在出了问题以后你才能知道，但到了这个时候，一切都为时已晚。

资本是逐利的，有它们的地方就永远也少不了黑幕。国内如此，国外也一样，从所罗门兄弟公司到安然公司，从中科创业到银广夏……太多鲜活的例子了，在这个市场上混，千万记住这一句话：神话背后，往往就是陷阱！

多一些仔细研究、多一些冷静分析才是散户自救的利器。

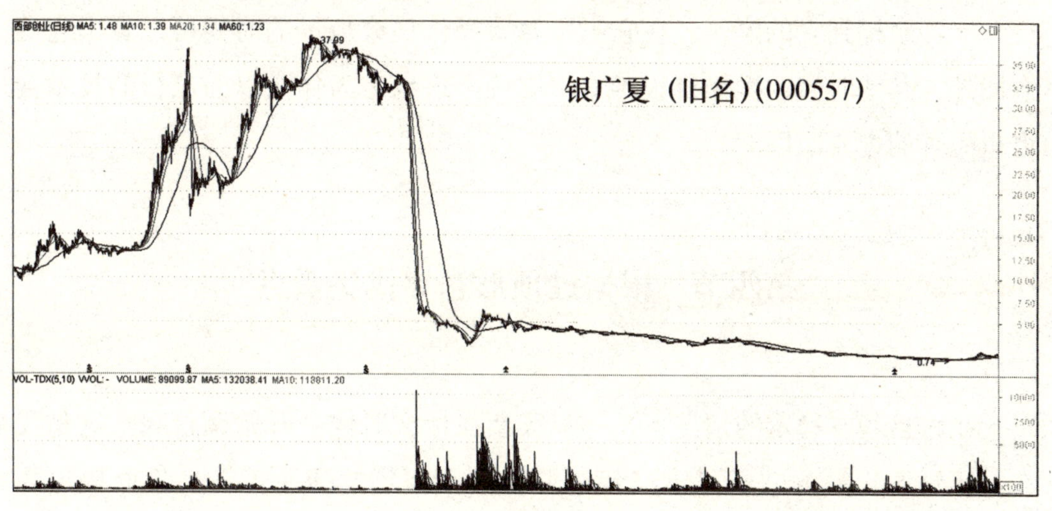

图2－37　银广夏（旧名）（000557）1999年4月至2005年11月的走势（未复权）

尤其是长线主力，他们与上市公司的高管交往甚密，多年只操作一只股票。很早就知道公司的基本面会发生什么变化，平时采取连续买卖、左右对倒的方法赚取差价，根据大盘走势做波段操作来获利。长期以来，极大地降低了它的持仓成本，在股价上的优势是散户望尘莫及的。

散户只有清楚地了解主力的操作思路和模式，才能看清楚他们的操作手法，然后，才有可能跟上主力的节奏，彻底地抛弃原来的那种“追涨杀跌”的操作方式。而只有超越这种传统的操作方式才有可能在股市稳定地盈利！

从这个意义上来说，散户所有的技术分析都应当是围绕发现主力的意图而进行。

以上我们仅仅列举了三个典型案例来叙说主力的操作手法。有技术性坐庄的，有操控上市公司来炒作股价的，也有直接赤裸裸业绩造假坑害散户的，这样的案例实在是太多了。比如：2001 年东方电子（000682）财务造假案，2001 年蓝田股份造假案，2004 年德隆系崩溃案，2006 年飞天系的违规担保案，2012 年李旭利老鼠仓案，2015 年“私募一哥”徐翔操纵股票案等等。

随着 A 股慢慢步入正轨，监管措施的超严，主力的运作手法变得越来越隐蔽，大多化整为零，有着很多的小账户，分散操作，其在 K 线上的反映与普通散户的操作毫无二致，只有在要出货或者做波段的时候，形成了密集成交才能够窥探到它的痕迹。在它不再卖票操作形成地量的时候可以看出它的意图外，其他时候的操作都很难看出端倪。这也是为什么以前流行的技术会严重失真的主要原因。

第四节　根据过顶形态寻找买卖点

在大盘基本稳定的情况下，一只股票在什么时候会开始调整呢？这是我在《天涯论坛》的帖子《十二年职业股民十二年的酸甜苦辣》里面提出的一个问题。散户很少能够回答清楚。

一般来说，个股会在三种情况下开始调整：过顶，整数位置，放量。

整数位置比较好理解，即整数数字代表的价格，5 元，7 元，15 元等等。这是由主力的操盘习惯形成的，主力一般关注的是整数的价位。当然，这里的整数对应于个股的股本数是略有差异的，1000 多万的盘子与 100 亿的盘子整数的概念是不一样的。对于后者来说，股价上 0.5 元也是整数台阶。这种情况在看盘口的时候就比较清楚，主力的单子挂在 5 分 1 角等整数位置的较多。

放量的概念已经在本章前面讲得很清楚。放量代表主力大量的买卖，随后的调整也就顺理成章。

下面重点讨论过顶。相对于过顶，筑底就显得没有确定性。这就是股市流传的：本想抄底，而且成功地抄在了地板上，却没想到还有地下室；抄在地下室的，没想到下面还有地窖；抄到了地窖的，没想到下面还有地狱；拼死抄到了地狱里，却怎么也没想到：地狱居然还真有十八层。而顶部就不同，它是真真切切地存在，是已经走出来的确定形态。所以，对过顶的研究就很有意义。

一、过顶的概念

过顶就是股价经过前面顶部时候的形态。这是一个相对的概念，相对于前期的顶部而言。

二、逢顶必调（顶点区域附近是卖点）

个股股价在经过前顶区域时，股价就会出现调整。所以，顶部区域对散户而言是一个危险的区域，要引起高度的重视。一般来说，逢顶放量可卖出。先出来再观察，看看股价会不会过顶，不能过，就坚决不再参与，股价往往会有长时间的下跌。

如果前面顶部区域有明显的放量，那么这个顶部我们称之为“硬顶”，股价到达前顶附近就要考虑卖出，然后观察它在这里的运行状况。至于能不能再参与，就要看它过顶后的形态。一般来说，前顶成交量越大，后面过顶调整的时间就越长。

如果前顶区域没有明显的放量过程，则过顶的调整可能要轻松很多。

图2-38是白云机场（600004）2015年10月到2016年3月的K线截图。该股在2015年11月5日箭头所示位置放量，然后股价下行，形成了一个阶段性顶部。经过一段时间的调整后，在2015年12月21日准备过顶，当日放量就是卖点。后来没有继续放出量来，冲顶不过，股价开始漫长的下跌。

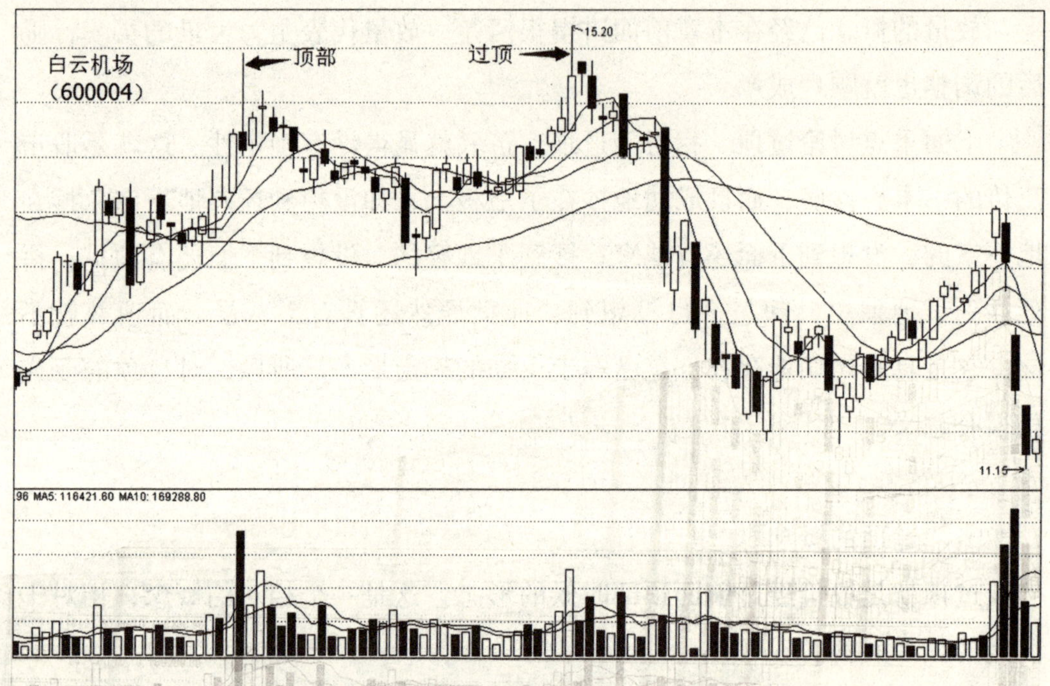

图 2-38 白云机场（600004）过顶图形

图 2-39 是东旭光电 2015 年 7 月到 2016 年 3 月的 K 线截图。该股在图中所示区域形成了一个阶段性顶部，后面两次冲顶都应先卖出回避。

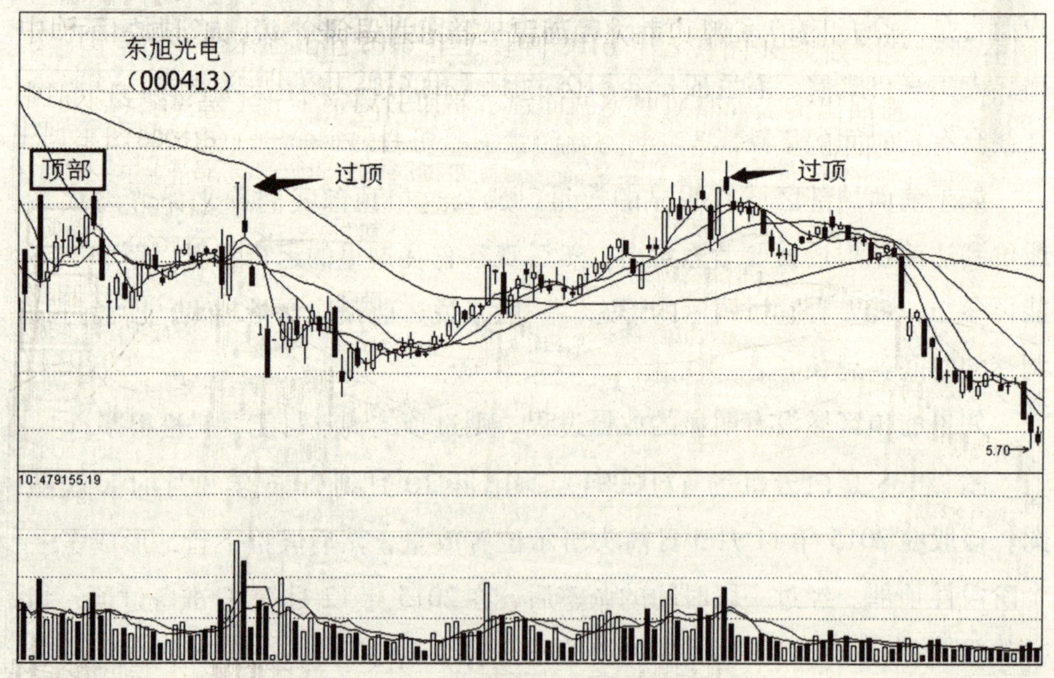

图 2-39 东旭光电（000413）过顶图形

三、带量过顶

当大盘处于弱势的时候，过顶会非常困难，原因是主力不是傻子，不愿意在大盘不好的情况下拉升个股，增加自己的成本。除非该股的基本面出现了带有时效性的重大利好，主力才会暴力拉升，带量过顶，走出独立行情。

在大盘强势的时候，带量过顶的情况就会经常发生。主力拉升到前顶区域附近，根据盘口情况，确定调整的幅度与时间。如果盘口不是很重，就短暂盘整几天，然后直接带量过顶。

图2－40是利尔化学（002258）2015年1月到2015年6月的K线截图。该股在方框所示区域形成一个阶段性顶部，经过较长时间盘整后，后期出现了一个带量过顶的走势，此后走出一波主升浪。

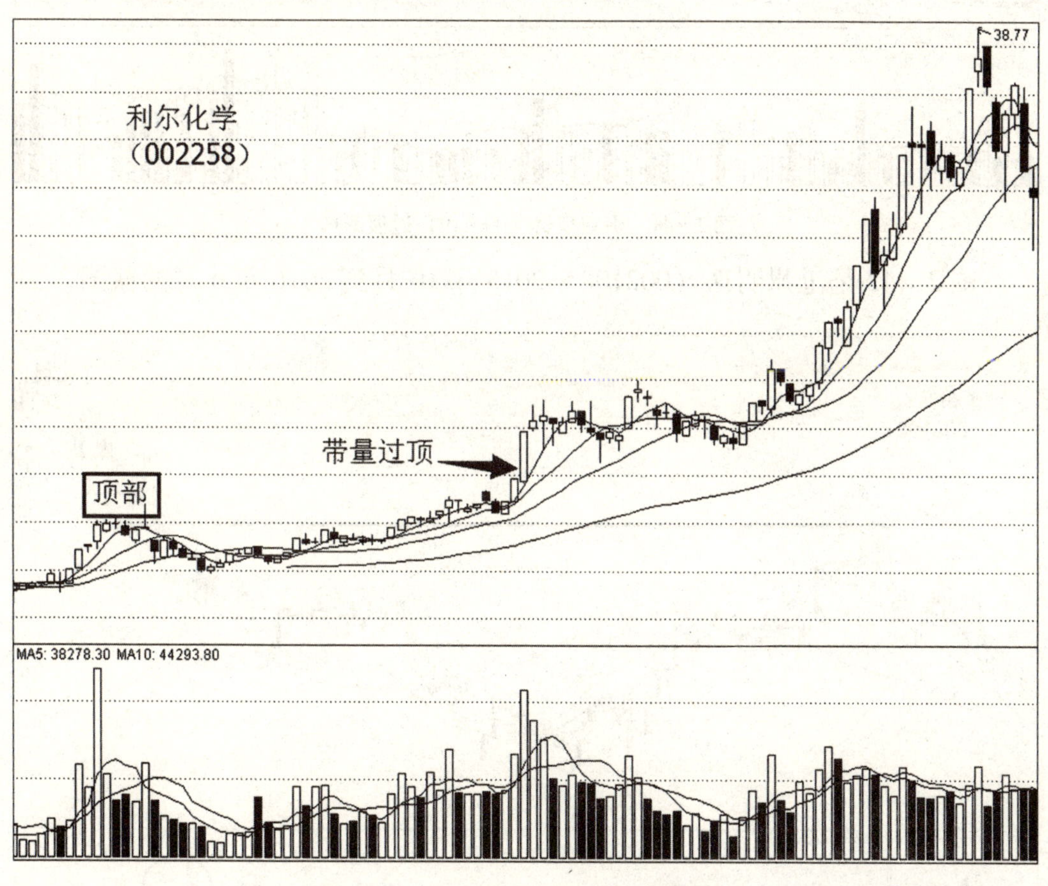

图2－40　利尔化学（002258）过顶图形

图2－41是海螺型材（000619）2015年3月到2015年6月的K线截图。该股在突破前顶的时候，以连续放量过顶，走出强势上攻形态。

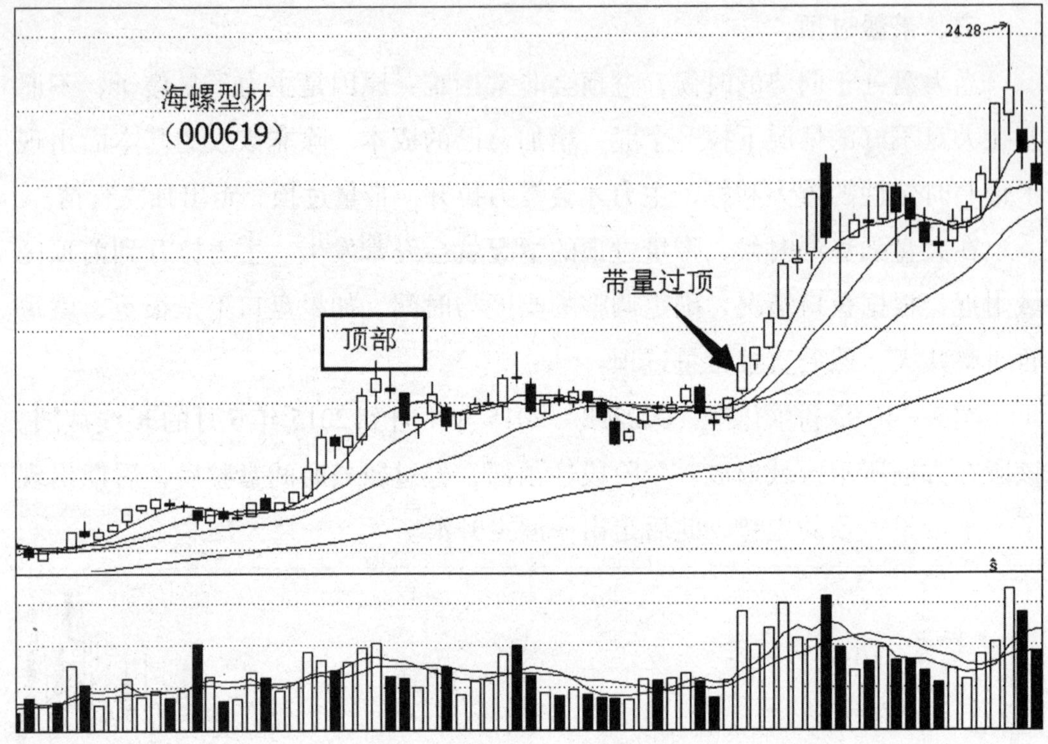

图 2-41　海螺型材（000619）过顶图形

图 2-42 是沧州明珠（002108）2015 年 10 月到 2016 年 6 月的截图。

图 2-42　沧州明珠（002108）过顶图形

该股属于有概念有业绩的股票。公司锂电隔膜技术与产能均为国内第一梯队，未来有望成为湿法隔膜高端应用的国产化先导者。这一块产品的毛利率高达68%。该股价在2016年5月12日左右带量过顶，走出独立于大盘的上升行情。

过顶意味着突破前期的密集成交区，是主力选择方向的关键时期，值得散户高度关注。如果大盘强势，待过顶后就可积极参与。如果大盘处于弱势阶段，则应见顶先出局以回避个股的深度调整。

第五节　涨停板的卖点

涨停板是主力做多动能的极度宣泄，和天量、地量一样，也是最能体现主力操作意图与手法的图形，对散户来说具有很强的实际操作价值。

一、涨停板的概念

沪深证券市场现行的涨跌停板是依据涨跌停板制度从1996年12月26日开始实施的。

制度规定，除上市首日之外，股票（含A、B股）、基金类证券在一个交易日内的交易价格相对上一交易日收市价格的涨跌幅度不得超过10%（以s、st、*st开头的股票不得超过±5%），超过涨跌限价的委托为无效委托。

股价当日涨幅达到10%（以s、st、*st开头的股票达到5%）就是涨停板。散户俗称“涨停”或“板了”等。

二、涨停板的好坏

同样是涨停板，“好坏”差别巨大。好的涨停代表该股第二天会继续涨停或者大幅冲高，不好的涨停代表第二天会大概率低开低走。

怎样判断涨停板的优劣呢？

最简单有效的判断方法就是："上下都短的涨停就是好的！"

上是指当日的K线图形，高开幅度越大图形的长度就越短。

下是指当日的成交量，交易量越小图形就越短。

极致的就是开盘直接涨停并封死涨停板，表现在K线上就是"一"字板。代表主力强势上拉，直接封板。只要当天不打开放量，第二天还可能会继续涨停板。

这种涨停板由于开盘直接封死，散户买不到，所以不在这里讨论。

好的涨停板就是上下都短的涨停板。开盘直接高开，接着回档或者盘整，然后拉板，而且当天的成交量控制得很好，没有放出大量。

好的涨停板属于可以积极参与的股票。代表主力在短期内火力全开，坚定做多！

图2-43是武汉中商（000785）2016年3月7日的涨停板图形。当天的分时走势见图2-44。

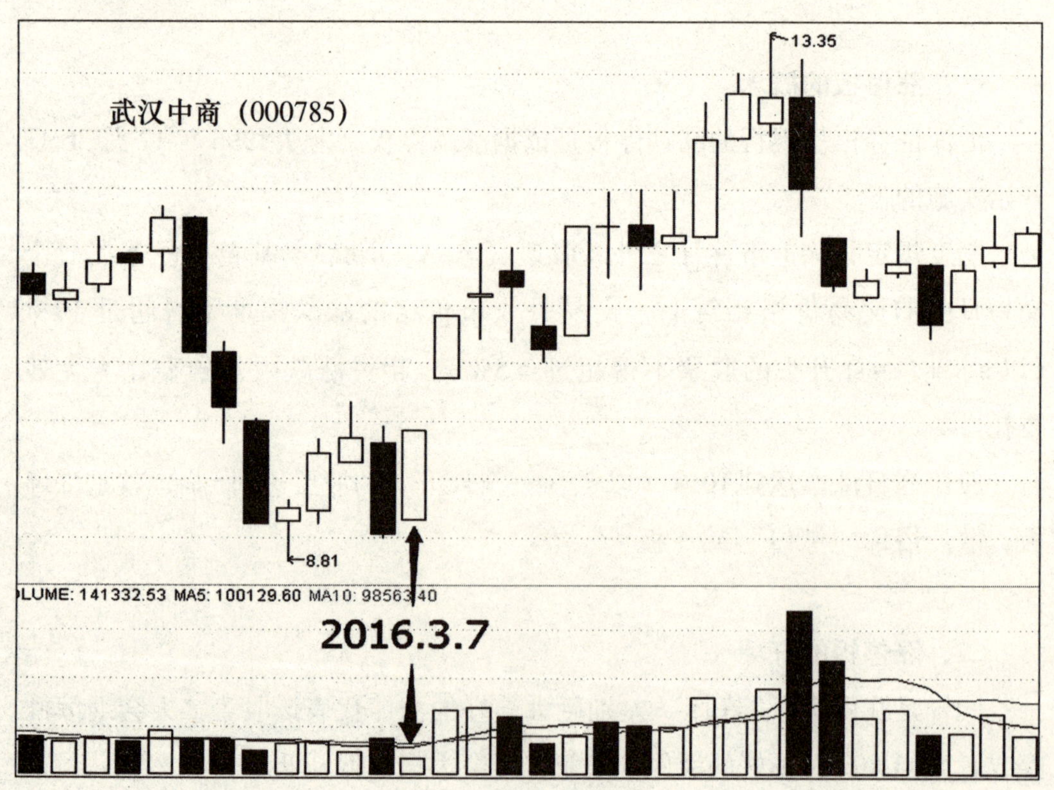

图2-43 好的涨停板

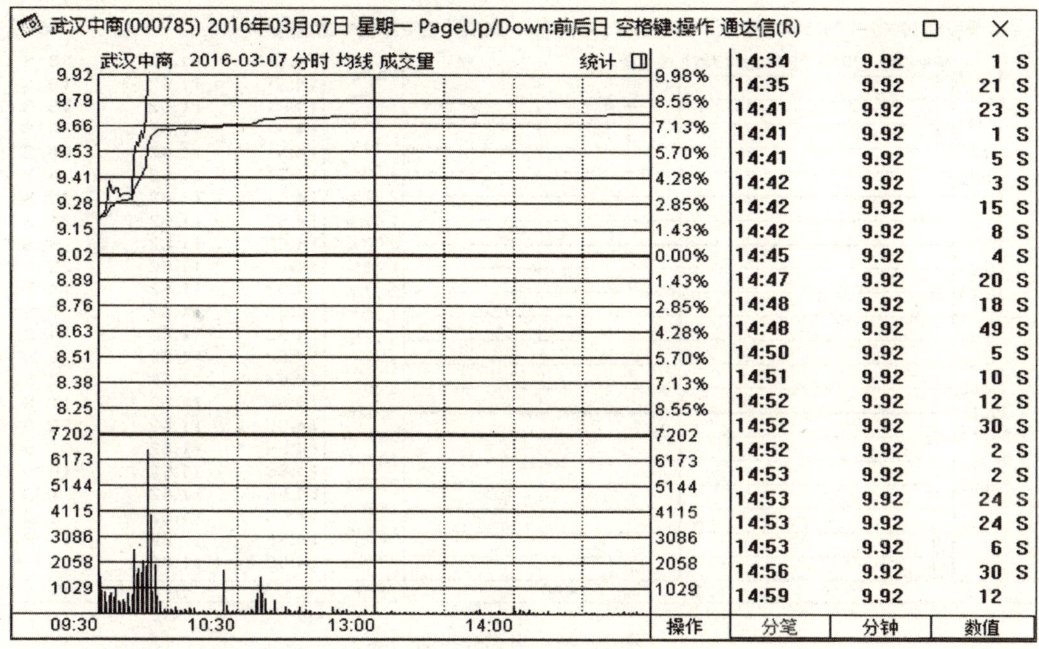

图2-44 当天分时图

开盘直接高开，稍有回档后直接拉停并封死，导致当天的成交量很小。这种情况代表第二天有很强的上攻动能。

图2-45是华平股份（300074）2015年10月22日的涨停板图形。当天的分时走势见图2-46。

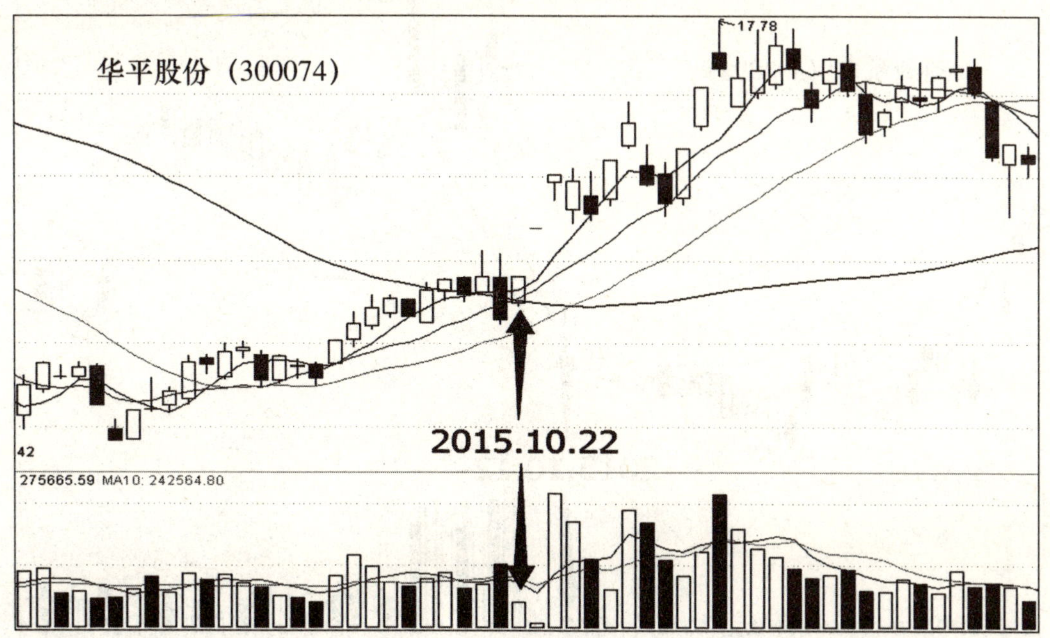

图2-45 好的涨停板

图 2-46 当天分时图

当天高开，略微回档就直接拉到涨停并封死。量能控制得很好。形成上下都短的涨停板图形，第二天强势上攻，直接一字板封停。

图 2-47 是科新机电（300092）2015 年 10 月 12 日的涨停板图形。当天的分时走势见图 2-48。

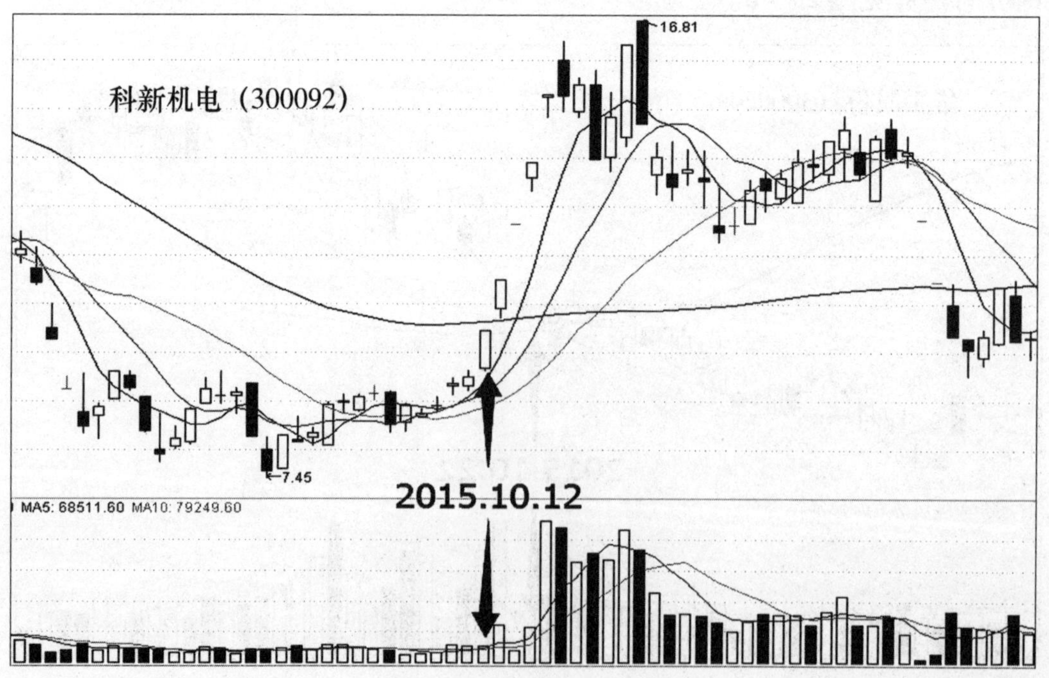

图 2-47 好的涨停板

图 2-48　当天的分时图

当天高开，上拉后稍微回档，然后直接拉涨停。量能控制得极好，第二天强力上攻。

图 2-49 是大康农业（002505）2016 年 6 月 16 日的涨停板图形。

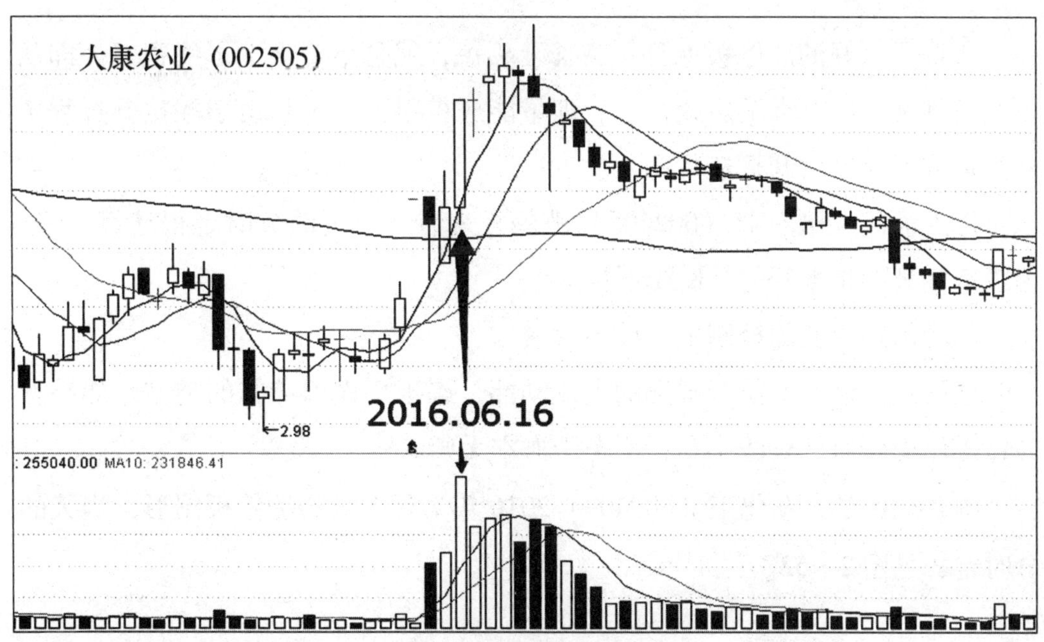

图 2-49　不太好的涨停板

当天的分时走势见图2－50。

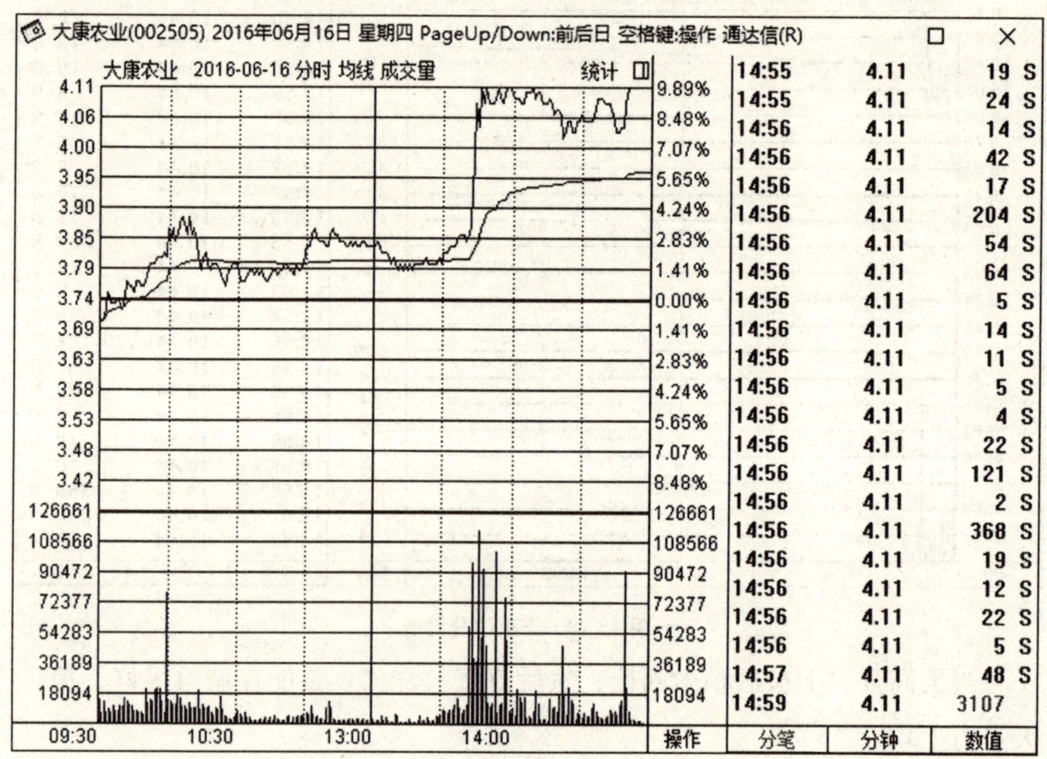

图2－50 当天分时图

所谓不太好的涨停板就是一头长一头短，就是指要么上影线很长，即从下跌拉到涨停。要么下影线很长，即量能放得很大。这是由于在拉升过程中放大量或者涨停后开板造成的。

以上面的大康农业（002505）涨停板来看，当天的分时走得还算干净，但没有高开，是平开的，K线不长。

问题出在量能的控制上，放了大量。

这种涨停板后期没有很强的上攻动能，属于要谨慎参与的类型。如果参与，操作得好尚可获些小利，不至于血本无归。

图2－51是三友化工（600409）2016年7月5日的涨停板图形。当天的分时走势见图2－52。

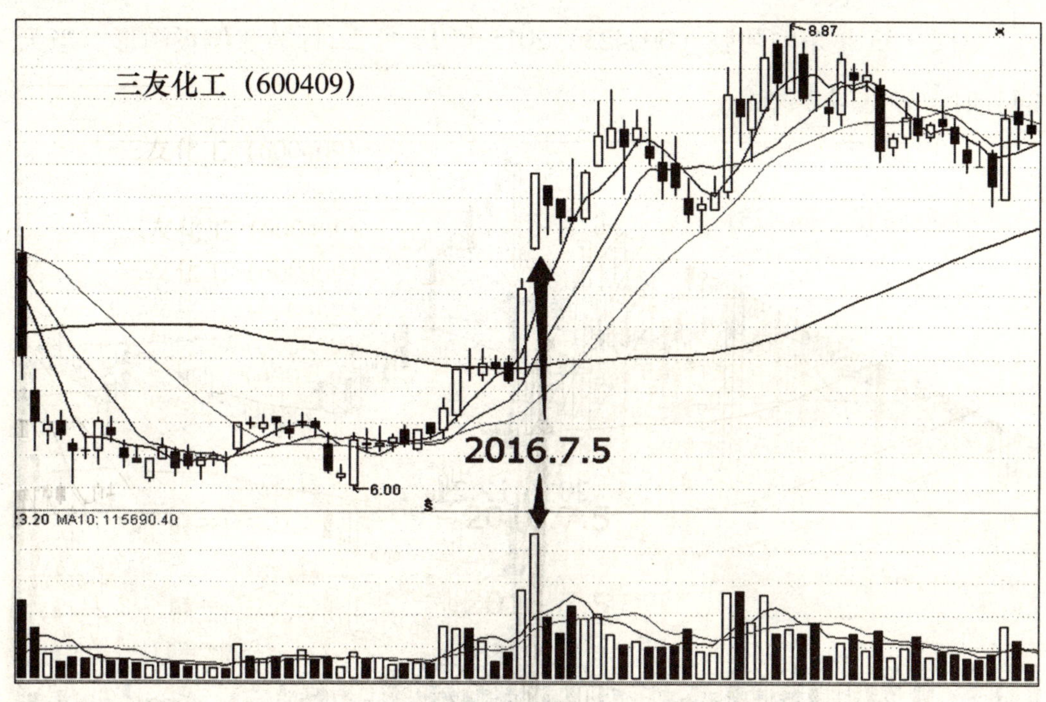

图 2－51　不太好的涨停板

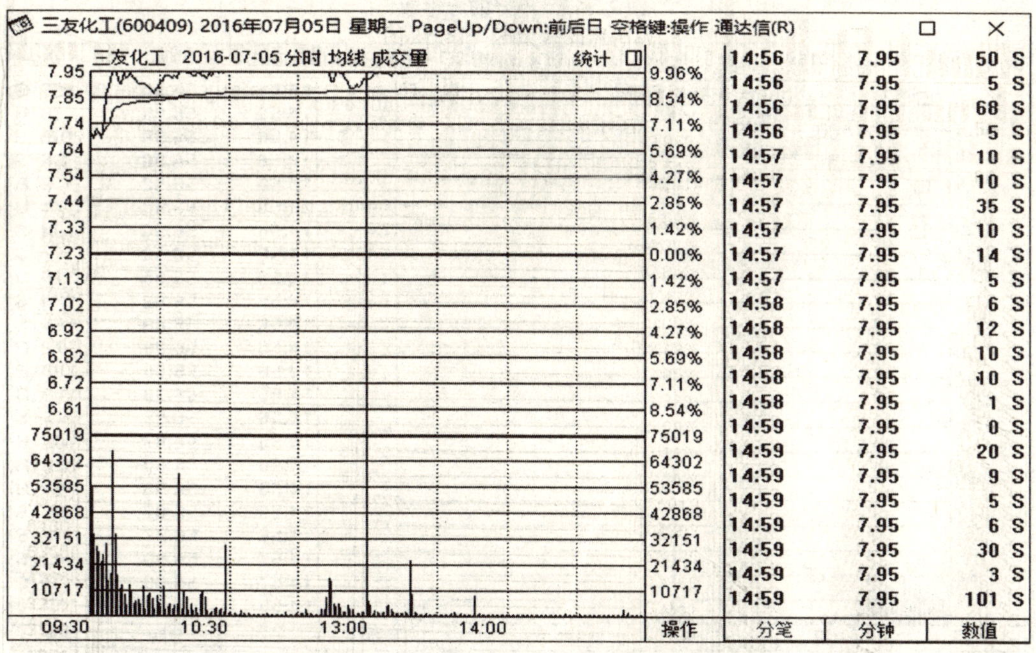

图 2－52　当天分时图

同样的道理，分时走势很好，高开直接拉涨停。但后面多次打开涨停板，导致当天的量能没有控制住，放了大量，所以在后面连续几天调整。

图 2-53 是东阿阿胶（000423）2015 年 12 月 21 日的涨停板图形。当天的分时走势见图 2-54。

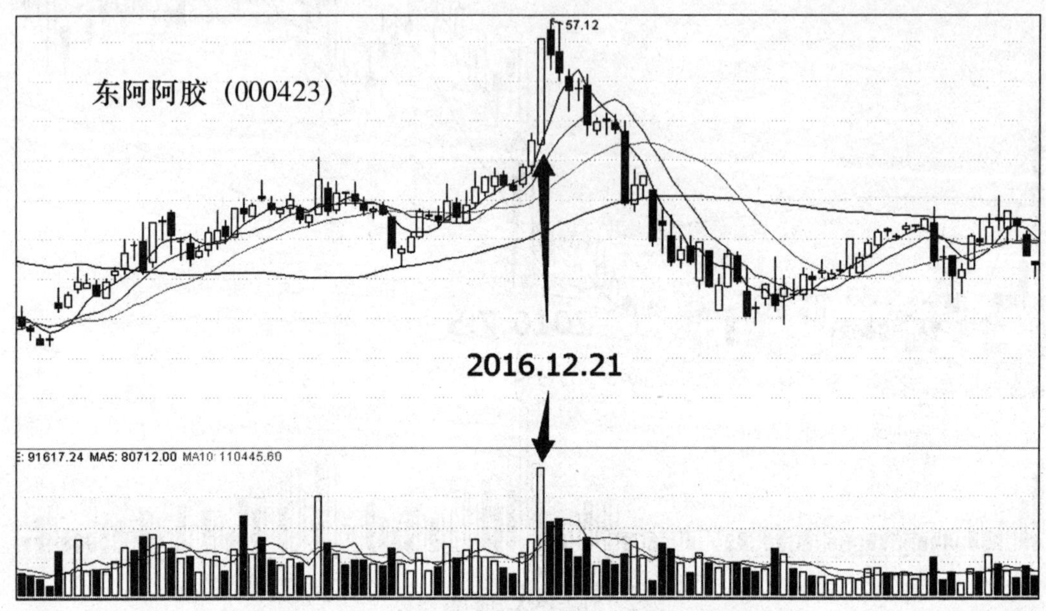

图 2-53　不好的涨停板

图 2-54　当天的分时图

所谓不好的涨停板就是上下立柱都很长。股价从低位拉到涨停，量能也没有控制住，放出天量。这是主力在这里拉高出货做波段的结果，不能参与。像这个涨停板在最后收盘时打开了，主力趁机打掉别人跟风在涨停板上的挂单。股价随后开始一波大幅度的下调。这种涨停板参与进去，很难赚到钱，一般来说都会亏损。

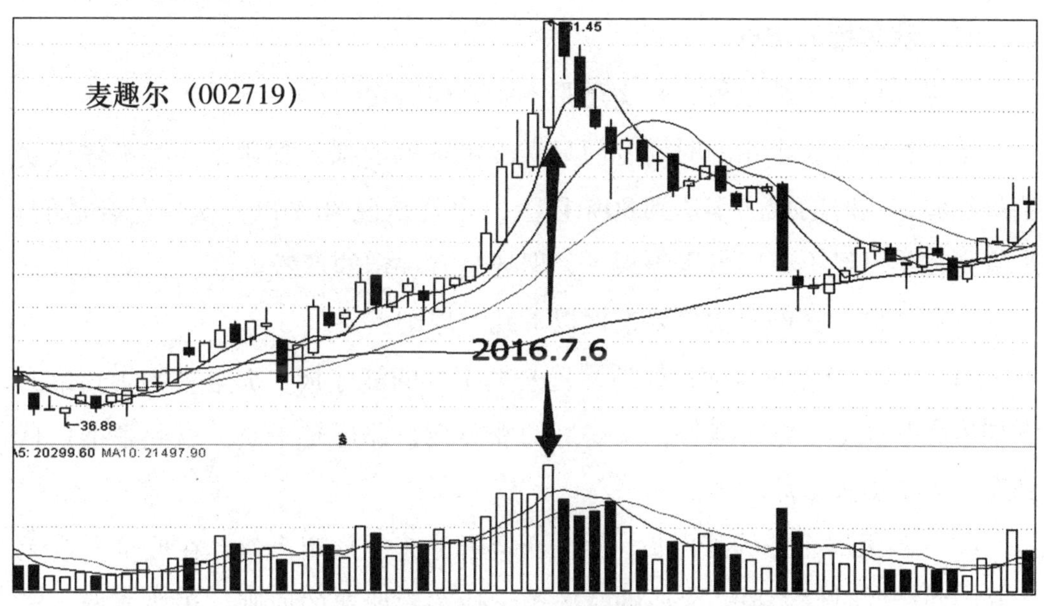

图 2－55　不好的涨停板

这是麦趣尔（002719）2016 年 7 月 6 日的涨停板。当天的分时图如下：

图 2－56　当天的分时图

该股当天低开，短暂拉到涨停后开板，往深调后又在尾盘几分钟再拉至涨停，伴随着大量。此后股价开始一轮深度下跌。

三、涨停板的卖点

如果你碰到了涨停板，是卖还是不卖？何时卖？

笔者曾经有大半年的时间专门只做涨停板的股票，积累了一些涨停板卖票的经验，当时的成功率达到80%以上，也就是说80%以上卖掉是合适的。尽管现在早已经不专门做涨停板了，但还是有一定的参考价值。

一般来说，涨停板卖票要掌握以下几个原则：

（1）如果当天收盘前该股票涨停是属于好的涨停板，那坚决不卖。第二天如果高开高走，继续涨停，又是好的涨停板，那还是不卖。以此类推！直到有一天放出大量后卖掉。

（2）当天属于好的涨停板，第二天高开高走，放出大量，在股价上攻无力开始回档的时候卖掉。卖票的时候要记住买卖股票的原则：买票要慢，卖票要快！

先打好卖单，只剩下价格的后两位不填。待确定要卖的时候立即填入价格并确认卖掉。一定要把价格打在有较大买单的价格上，确认你的卖单能够成交。千万不要像卖小菜一样在乎一分两分钱的得失。

（3）如果当天收盘前该股票是属于不太好的涨停板，即一长一短形态的涨停板，还是不卖。

（4）如果当天属于好的或者不太好的涨停板，第二天是低开的，就坚定持有，等到后面的某一天股价起来后获利卖出。

（5）第二天该股高开高走没有放量就继续持有。如果高开高走但量能放得很大则坚决卖出！卖出的时点由分时图决定。原则上来说，一波拉起来，回档，后一波拉起不能过前一波的高点，股价再往下走时即是卖点。

（6）当天收盘前该股走出不好的涨停板形态，就是上下都很长，则于当天收盘前坚决卖出。

图2-57是深桑达A（000032）2016年2月18日的涨停板图形。上方

的K线过长，下方的量能控制得不错，可以第二天卖。第二天的分时走势见图2－58。

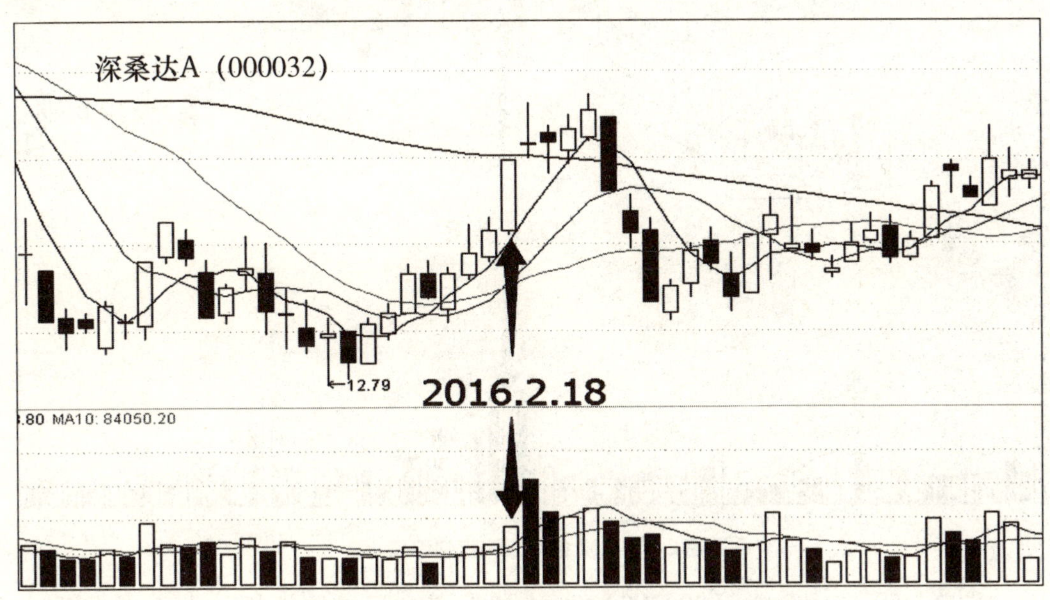

图2－57 准备第二天卖的涨停板

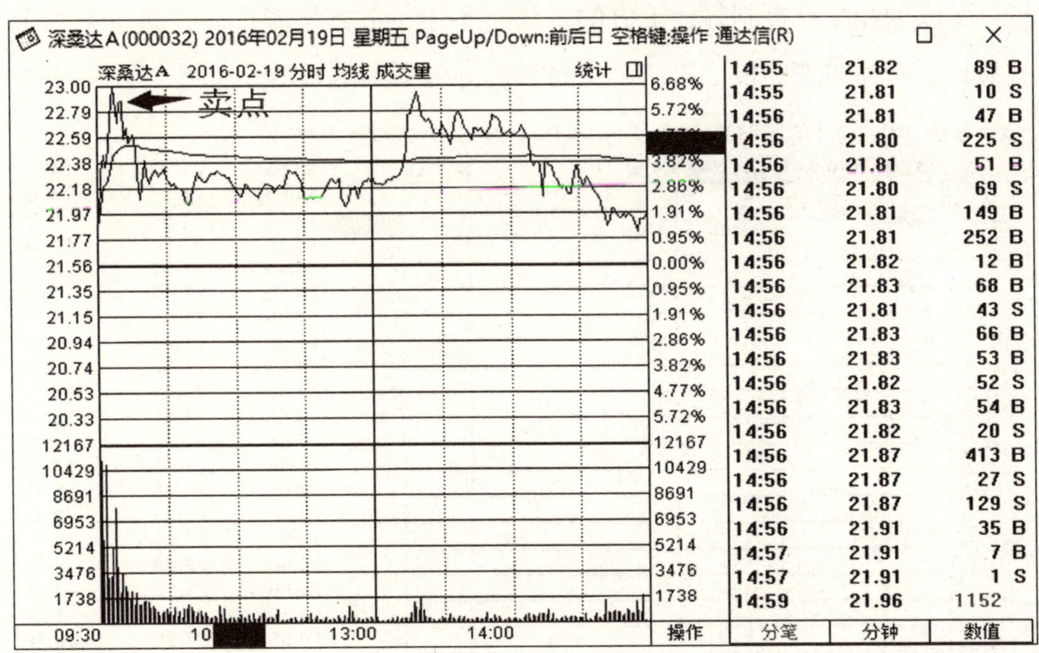

图2－58 次日的分时图

第二天，股价高开高走，量能在开盘就很大，一定要卖票。一波上拉，回档。第二波上拉过不了第一波的顶点就是卖点。

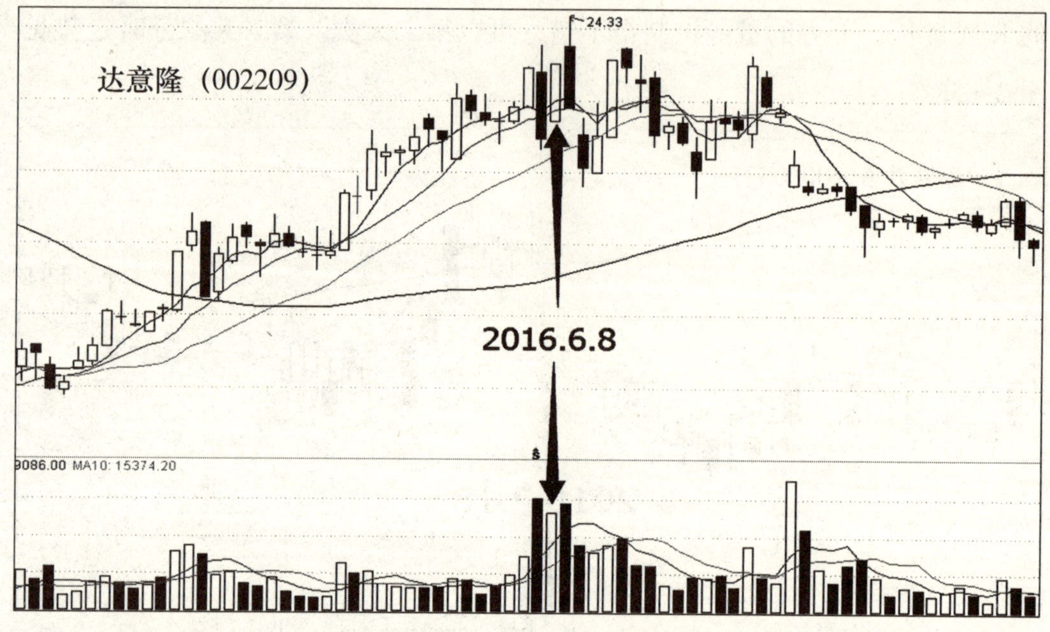

图 2－59　准备第二天卖的涨停板

图 2－59 是达意隆（002209）2016 年 6 月 8 日的涨停板。由于当天开过板，所以量能没有控制好，上方的走势还不错，下方量能过大，属于第二个交易日要卖掉的涨停板。第二个交易日的分时图是这样的：

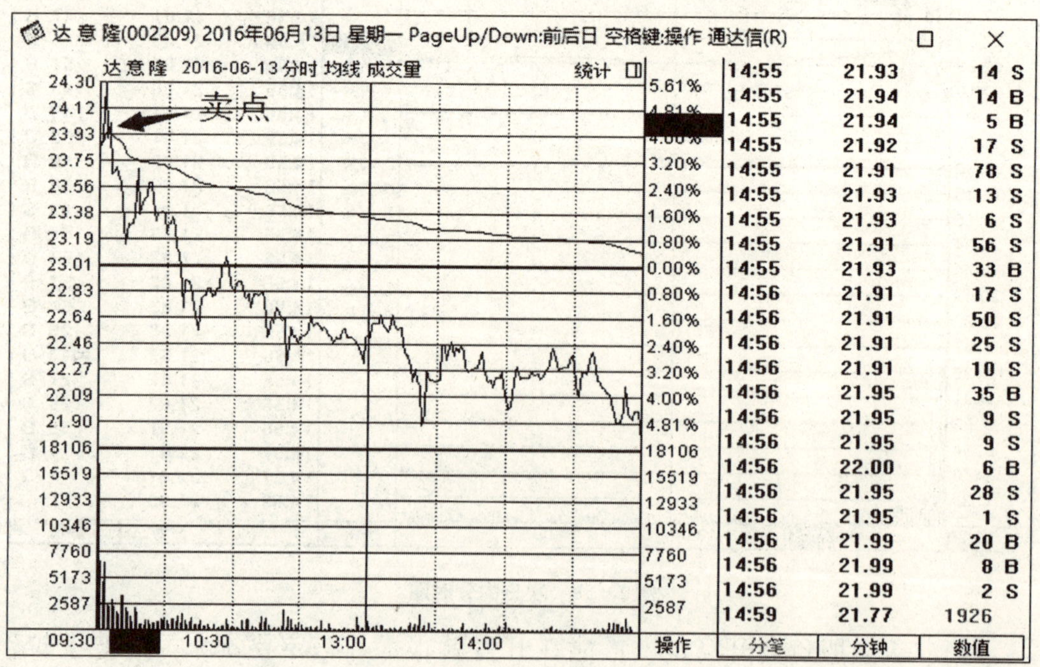

图 2－60　次日的分时图

第二个交易日，股价高开高走，量能在开盘就很大。一波上拉，回档。第二波上拉过不了第一波的顶点就是卖点。

如果这类图形在第二天是低开就持有，当天或者后面几天有高点时卖出。

如果是属于不好的涨停板，当天涨停时就要果断卖出，不能犹豫不决。

图 2－61 是梦洁股份（002397）2016 年 6 月 15 日的涨停板。上方 K 线下方量能都长，当天涨停就是卖点，不能犹豫，要果断卖掉。

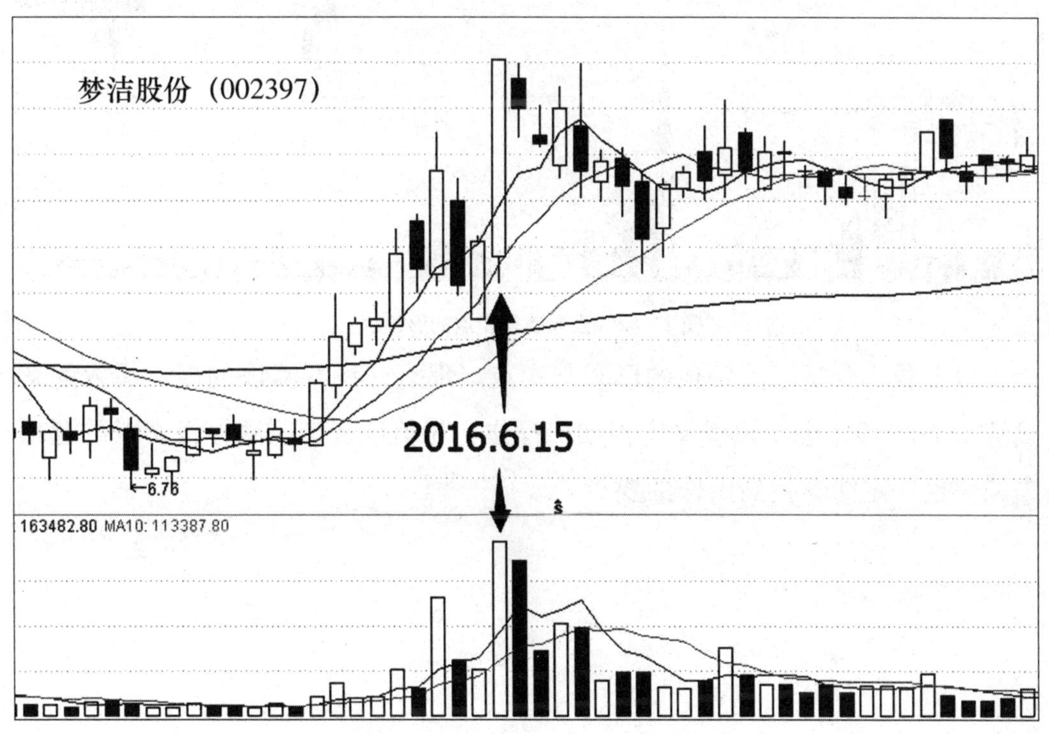

图 2－61　当天就是卖点的涨停板

图 2－62 也是梦洁股份（002397），该股在 2015 年 12 月 18 日涨停板。当天从低位往上拉，尾盘涨停，导致上方 K 线下方量能都长，所以，当天涨停就是卖点，不能犹豫，果断卖掉。如果不卖，后面接着就是长时间的盘整下跌。

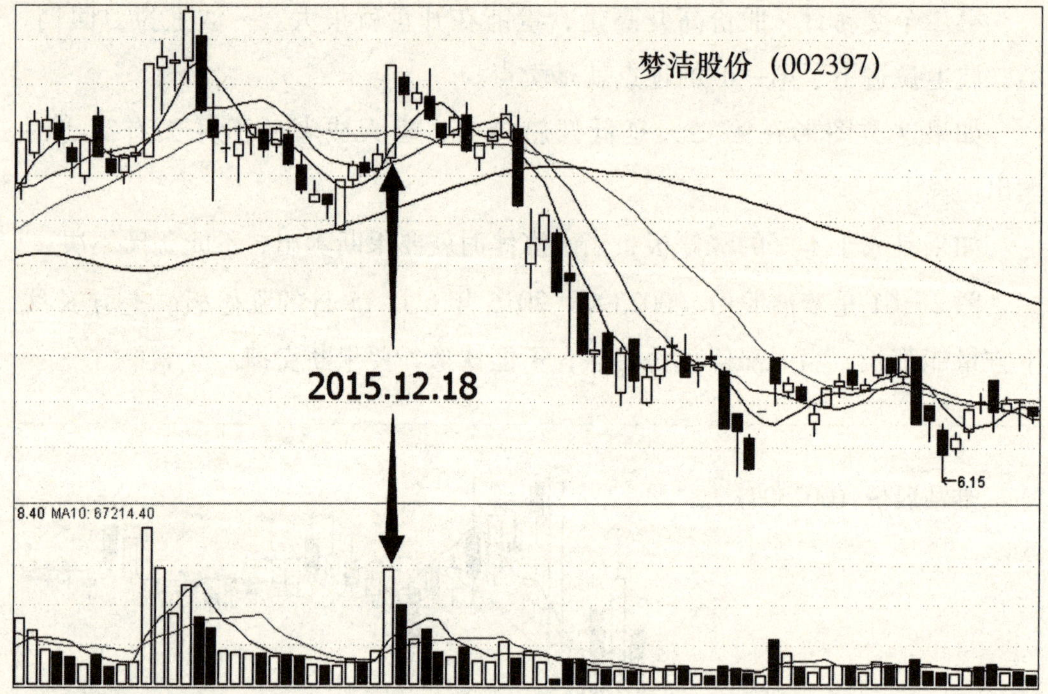

图 2-62　当天就是卖点的涨停板

以上我们分析了涨停板的形态与卖点。那么，没有涨停的呢？买入的票只涨了 7%、9% 呢？短线又应当如何操作？相信读者依照涨停板卖点的逻辑去领悟也一定能够找到操作的要点。

第三章 实战与案例

有关股票的理论林林总总、包罗万象，但只有落实到具体的操作才能赚到钱。所以，实际操作就显得至关重要。由操作理念、操作习惯、操作纪律等构成的操作模式决定了投身于股市是赚钱还是亏损。

每个散户进入股市，都是怀揣梦想、兴高采烈地为了赚钱，但遗憾的是绝大部分人最后都是铩羽而归，伤痕累累地离开这个市场。所谓高高兴兴地来，痛苦遗憾地走。

据股市流传的说法，中外股市大致上都是10个人炒股7亏2平1赚。根据中登公司的统计，中国内地股市在2014年最差的时候，股民的亏损账户比例达到了93%，盈利的只有约7%。这么低的成功率，说明股市的钱非常难赚，相对于其他投资，投资股市的风险特别高。要想在这个绞肉机式的战场上获得成功，一定要有非凡的忍耐力与坚定的信念，踏踏实实，卧薪尝胆。就像清代小说家蒲松龄书房里挂的那副对联描述的那样：

有志者，事竟成，破釜沉舟，百二秦关终属楚。
苦心人，天不负，卧薪尝胆，三千越甲可吞吴！

有了这样的雄心壮志，才能慢慢打磨出一套属于自己的操作系统。

自己的操作系统就是自己作战的工具，也是自己行走“江湖”的武器。面对战场上各种各样的敌人，必须要有武器。

每个人的武器，由于知识结构不同，经历不同，对市场的理解不同，可能是千差万别的，就像古代侠客的兵器，刀枪剑戟，棍棒斧叉，不一而足。好好地修炼功夫，多花时间锻造自己的武器，是在股市这场持久战中立于不败之地的唯一途径。除此以外，没有捷径可走！

哪怕只是一个小小的树枝，也可以是武器，有总比没有强，也要好好修炼。运用熟练后，找机会换一件更趁手的兵器。没有武器，难道与敌人肉搏？老是听别人的推荐买卖股票，就是没有自己的武器。手无寸铁的战士，在战场上只能任人宰割。

先解决有无问题，再解决趁手的问题。也就是说，先建立操作系统，再逐步完善。不要眼红别人的武器，那是别人花了巨大努力以及付出很多金钱的代价得来的，仿照别人的武器依葫芦画瓢也一样危险。就像一个没有练过三尖两刃刀的人，看到别人耍得漂亮，自己也耍一回，多半会伤痕累累。

武器无所谓高低贵贱，适合自己的就是好的，自己用得得心应手就好，而不用管这个武器的外观是不是漂亮、好看。

股市的残酷就在于只有一个标准：是不是在这里挣到了钱。能挣到钱的武器就是好武器，挣不到钱的武器再华丽也没有用。也许外表越漂亮、名称越高大上，割自己的肉越快。很多散户迷信一些高大上的理论，依葫芦画瓢，照猫画老虎，最后都是血本无归。有些东西，要么本身就是莫名其妙，要么根本不适合 A 股市场。

有了自己的操作系统，还要不断地加以完善，使之适应市场的不断变化。

第一节　内功心法

内功心法就是一个战士所要拥有的战术素养。股市如战场，要想能够单枪匹马地上阵杀敌，就得有一定的战术素养，也就是要有一个战士的基本素质，这样才能有别于一个平民。如果仅是一只菜鸟，就会像新鲜的韭菜一样，注定要被收割。作为一名战士，还得明白面临的战场是什么样的，要做好哪些准备，现在是何种状态，如何才能在这场漫长的战斗中最终获得胜利。

下面，我们就通过一些专题讨论来提高自己的战术素养。

一、态　势

所谓态势是指战场的状态和形势。散户在股市里面的态势就是指散户在股市中所处的位置与周围的环境状况。

这里我们简要地解析一下在这场旷日持久的股市战斗中，散户所面临的态势。

散户的资源：有为数不多的资金和赚钱的欲望。

为数不多的资金就像散户率领的一小支部队，他们是散户最忠诚的战士，始终追随不离不弃，除非他们在一次次战斗中被慢慢消耗殆尽。而赚钱的欲望是支撑散户不断战斗的精神力量！

在股市中，与我们发生联系的大致有以下一些群体与个人：

媒体

从我们进入股市的第一天起，媒体就对我们产生影响，并试图灌输一些观念给我们，从而影响我们的实际操作（在此之前他们也存在，但对我们没有金钱盈亏的实质性影响）。很多电视台都有这类节目，总有一些所谓的专家或者专业人士滔滔不绝地鼓吹他们的“独到见解”“权威结论”，以及对大盘与个股的“精准分析”。网络上，各种群、微博、论坛、各种 APP，都在强力推荐他们的各种观点与股票，报纸上也充斥着各类资讯，铺天盖地、浩如烟海。

他们是我们的朋友吗？非也！如果按照他们推荐的股票操作，多数会血本无归！

券商

证券公司是证券业务服务提供商。从第一次操作开始，我们就与他们有了关联，而且这种状态会一直持续到我们离开股市为止。但他们是靠我们的交易（注意：不是利润）存活的。他们做着最好的生意：你赚钱不赚钱我不管，但我每次都赚你的钱。

他们是我们的朋友吗？非也！由于他的盈利是通过我们交易获得的，所以他们的出发点就是千方百计让我们多交易！发短信、办讲座、弄热点、谈趋势，目的只有一个：赶紧多多地交易吧！

主力

主力当然更不是我们的朋友，无论是长线主力还是短线主力都是以斩杀散户为主要目标的。他们是散户操作中最大的敌人！

散户

同为散户的股民是朋友吗？非也！大家忙于追涨杀跌，哪怕是同时建仓，买入同一只股票，第二天（T+1的原因）立马就可以看空卖掉站在对立面！他们也不是朋友！

综上所述：在股市中，其实没有朋友，到处都是敌人！

散户个体就像一小支深入敌人腹地的孤军，没有援军！在这个绞肉机式的战场上，孤军作战的散户唯一可以信赖的就是自己。只有小心谨慎，仔细研究，大智若愚，咬牙坚持，尽量把握好每一次战役，才有可能在这个漫长的征途中有所斩获，获得期望的辉煌。

既然是在孤军奋战，就注定在股市里是孤独的。

前有杀手，后有追兵，强敌环伺！这就是散户在股市里真实的态势。

二、三种境界

清末著名文学评论家王国维在《人间词话》里说：古今之成大事业、大学问者，必经过三种之境界："昨夜西风凋碧树。独上高楼，望尽天涯路。"此第一境也。"衣带渐宽终不悔，为伊消得人憔悴。"此第二境也。"众里寻他千百度，蓦然回首，那人却在灯火阑珊处。"此第三境也。

王国维认为，治学需要经历这三种境界，才能形成自己的治学风格，成为大学问家。

当我们在股市辛勤探索，力图寻找稳定盈利的操作系统时，又何尝不是如此？我认为，也一定要经历三种境界。

第一种境界出自于北宋晏殊《蝶恋花》的词：

> 槛菊愁烟兰泣露，罗幕轻寒，燕子双飞去。明月不谙离恨苦，斜光到晓穿朱户。
>
> 昨夜西风凋碧树，独上高楼，望尽天涯路。欲寄彩笺兼尺素，山长水阔知何处。

第一种境界是“独上高楼，望尽天涯路”，相当于你在股市中到处找寻适合自己的操作系统。追涨杀跌，道听途说，看均线，数波浪。这些都是你在寻找过程中所必然经历的一些过程。

第二种境界出自于北宋柳永《蝶恋花》的词：

> 伫倚危楼风细细，望极春愁，黯黯生天际。草色烟光残照里，无言谁会凭栏意。
>
> 拟把疏狂图一醉，对酒当歌，强乐还无味。衣带渐宽终不悔，为伊消得人憔悴。

第二种境界就是“衣带渐宽终不悔，为伊消得人憔悴”。在股市历经磨难，百折不挠地探索、验证。经历过多次无情地摔打，时而山重水复，时而柳暗花明，有过很多挫折，也有过一些收获。你始终都在找寻一条适合自己的路。内心受够了各种煎熬，但你还得痴心不改，咬牙坚持。

第三种境界出自于南宋辛弃疾《青玉案》的词：

> 东风夜放花千树，更吹落，星如雨。宝马雕车香满路。凤箫声动，玉壶光转，一夜鱼龙舞。
>
> 蛾儿雪柳黄金缕，笑语盈盈暗香去。众里寻他千百度，蓦然回首，那人却在，灯火阑珊处。

这是第三种境界，只要你努力探寻，不畏艰难，加之方法得当，你最终会豁然开朗，找到适合你自己的操作系统。

找到后，通过反复验证来慢慢完善你的操作系统，打造好你的武器，加上你自己的内功心法，终有一天，你肯定会在股市里稳定地赚到钱。

这三种境界，其实是每一个成功的散户都要经历的。如果你没有超越前两种境界的决心与努力，那你就永远也到达不了第三种境界。

三、十个阶段

一般来说，从新股民到老股民，从菜鸟到训练有素的斗士都会经历以下十个阶段，读者可以测试自己到了哪个阶段。

第一阶段　彬彬有礼

刚入股市，对谁都彬彬有礼，虚心求教，别人说什么都会仔细聆听，准备在股市干一番事业。

第二阶段　沾沾自喜

小心翼翼地试水，投点小钱，结果小有收获，觉得赚钱原来这么容易。心里想，如果自己加倍努力，岂不是可以赚很多的钱？开始做发财梦了。

第三阶段　胡言乱语

一般来说，新股民进入股市都是行情较好的时候，但操作有亏有赚，感觉难以把握，所以就认为自己没有掌握操作技术。于是，开始接触一些技术指标，并根据这些指标进行比较教条的操作。什么结论都敢下，说话也不着边际。今天关注这个指标，明天关注那个图形，具体操作中也是东一榔头西一棒子。

第四阶段　少言寡语

发现自己的操作还是不得要领，开始沉下心来刻苦用功。基本面、技术面的知识都有所涉猎，对股市有了一些理解，但不愿意与他人交流，更不愿让他人分享自己的劳动成果。

第五阶段　豪言壮语

自认掌握了市场的真谛，开始有了自己的各种判断，愿意让别人分享部分成果，但会把认为最好的东西埋在心底。

第六阶段　听风就是雨

经过较长时间的感悟，对股市开始敏感，很容易激动与兴奋，什么事情都会自然而然地联想到股市。上知天文，下知地理。对股市的各种资讯都能够有敏锐的反应，对技术开始持否定和怀疑的态度。

第七阶段　前言不搭后语

经受多次重击后，开始全面怀疑自己，觉得自己怎么做都是错的。说话颠三倒四，对股市有了惧怕心理，对股票涨也怕跌也怕。对什么都不敢下结论。这个时候是大脑最低级的时候。一般人会在此阶段被消灭，认赔离场。

第八阶段　沉默不语

相信错在自己，开始用局外人的眼光看市场，恪守自己的原则，善于发现别人的优点，开始认真总结自己的成功经验。以波段操作，长线投资为主。很少与别人交流股票，偶尔讨论股票时也显得平和与客观。

第九阶段　战胜自己

经过长时间摸爬滚打，有了一套自己的操作方法，形成了自己独立的交易系统。学会了放弃，学会对一些高风险的所谓机会视而不见，听而不闻，心态既好又稳定。

第十阶段　欢歌笑语

无为而为之，功夫在股市之外。股市只是人生一个小的插曲。恪守自己的操作系统，并随大趋势的变化而变化，稳定地盈利，账上资产不断地增加，所买股票经常带给自己惊喜，股市对自己可能形成的伤害越来越小直至无害。

通过以上测试，读者大概明白自己所处的阶段，笔者真心希望你通过自己不懈的努力，早日迈过第七阶段，从第八阶段开始，你就能真正从股市稳定赚钱了。

四、段位与修行

上面的十个阶段是以股民的外在表现所作总结，那么，从一个菜鸟成长为一个成熟的投资者，内心修为要经历哪些阶段呢？笔者在这里总结划分了内心修为的段位，读者也可以对镜自照，看看自己修炼到了哪个层级，达到了哪个段位。

很多行业都有着等级段位的划分，金融投资行业也是如此。虽然没有严格意义上的量化指标作衡量，但职业投资者的水平高低也似有段位的棋手，高段位的棋手容易看穿低段位棋手的意图。在实战操作中，从一个新手成长为职业投资者，再进级到更高的境界，需要艰苦的修行和极高的悟性。

一段

刚进入市场，对市场里的一切充满好奇和激情，买什么卖什么自己拿不定主意。道听途说，盲目听从朋友建议，参看各种专家的分析评论是交易的主基调。没有心理负担，听听股评、看看新闻、找几本股票书学学，基本会用交易软件。运气好的时候还能赚点小钱，运气差就被套牢。

其实，很多散户永远停留在这一阶段。在股市中，不加强自己内功心法的修炼，就不会进步，段位也永远得不到提升。这种修炼其实很痛苦，要面临很多打击与挫败。

二段

对投资品种有所了解，频繁进行日内交易，追涨杀跌，小战即胜的喜悦之情让初始资金很快就建了满仓。赚钱就平仓，亏钱就扛着，总想解套却越陷越深。

三段

开始学习，听讲座，看书，浏览财经资讯。知道了一些技术指标，如MACD、KDJ、RSI、BOLL之类，然而又觉得它们有时准，有时又不准。爱和散户们谈论基本面情况和宏观政策，交易依旧频繁，时赚时亏，赚了就开心，浅亏就割肉，亏多了就死扛。但总的来说，账户仍然是亏损。

四段

已经交易了很长一段时间，在市场上有被雷劈过3次以上的大亏经历，以自己的这些沧桑经历对新手们夸夸其谈。但心里感到在这个市场赚钱真的很难，翻看书本和听从专家建议也不是很灵。研究指标，调整参数，请教高手，却仍然觉得很迷茫，时时不知何去何从？

五段

明白在这个市场上赚钱必须要有一套自己的交易系统，于是开始系统地学习波浪理论、江恩测市、混沌理论、顺势而为、止损定律、资金管理等等，时而觉得找到了战胜市场的法宝，信心百倍，时而面对市场涨跌，束手无策。按照止损、形态理论、蜡烛图技术、均线、缠论等等技术要领操作，发现比啥都不学的其他人赔钱更快，看着别人套牢死扛，自己按规则天天止损比别人赔得还快，感到很气馁，甚至觉得股市是“奖懒惩勤”，越学得多赔得越快。面对亏损累累的账单，心情沮丧，百思不得其解，大有“播下的是龙种，收获的是跳蚤”的感觉，以至考虑自己是不是该放弃了？

六段

终于有了自己的盈利模式，这时候会加大投入，甚至赌身家，因为自己有信心了，要加大投入，争取更早成功，但更艰苦的挑战来了——人性的挑战、克服自身弱点的战斗才真正开始。这时候是人性弱点最容易放大的时候，贪婪、恐惧会时时伴随，重仓交易中的贪、重大机会中的怕、过多的无效交易、多次的违反纪律，等等错误如影随形，不时还会犯许多低级错误，这些错误往往更多的是心理和心态的问题，这时还可能会因为心理问题产生大亏甚至破产，这是大成前的最后考验，考验的是信心、是勇气，挺过去就会慢慢进入稳定获利阶段。如果挺不过去，始终克服不掉自己的贪婪与恐惧，那就永远走不出亏损的泥淖，只有痛苦地挣扎，大部分散户永远地停留在这个阶段。

七段

可以稳定盈利，有着自己一整套完整的交易系统，形成了自己的交易哲学和交易理念。对于技术性的东西能够驾轻就熟而超然于外，正确思辨如佛在心，即使是用简单的均线也能够稳定获利。从容进场，心态平静，该发力的时候如猛虎下山，看准了就坚持到底。安静的时候静若处子，一动不动。

对盘中一些表面机会也能够视若不见，毫不动心，因为看到了表象背后隐藏着的风险。亏掉的钱可以轻松地赚回，面对大幅波动的行情坐怀不乱，谈笑风生！

八段

理解交易如人生，交易如艺术。高度自律的操作风格已经形成。不需要对着图表精确定义止损位，用笔或计算器计算风险和报酬率。心态已经非常成熟，稳定获利 5 年以上，拥有 3 种以上稳定的盈利模式。新闻、数据、财报，路透社、华尔街的资讯犹如烛光晚宴上的美酒和牛扒，七分胜算三分天命。

九段

对下一轮的走势了然于心。一周也许一月只交易几次，也可能一单一拿就是一年或数年。很少看盘，多数时间在打高尔夫或是坐在五星级饭店的某个西餐厅里喝咖啡，或者浪迹天涯，云游八方。不担心自己的财务状况，因为守着股市这个巨大的取款机，掌握这个取款机的密码，熟知这个取款机的脾气，知道什么时候能够取款，什么时候能够大额地取，什么时候不能取。从不和别人谈论交易的幕后，因为知道人们只能明白台前的表演。

五、对散户的忠告

1. 进入股市的人，每个人都赚过钱，自然每个人都会有亏钱的经历，如果你还没有亏过钱，那么要小心，不要奢望奇迹会在自己身上发生。

2. 进入股市的钱必须是自己的闲钱，不要把经营生意的钱、家庭生活开支的钱投入股市，更不要借钱炒股。股市充满风险，借贷会放大风险倍数。

3. 在股市不是比谁在某一段时间赚的钱多，而是比谁在股市活得更长久，比谁能够稳定地赚到钱。股票交易是一场旷日持久的战役，短期、局部战况并不决定最后的胜败。

4. 要虚心，不要固执，如果有人认为你的操作是错的，不要反驳，要相信有那种可能，然后认真地研究如何避免。一个固执的人，最后会被市场消灭，只不过是时间与市场背景的问题，除非你是前面所讲的九段高手（你可以不相信，但最好相信，否则将可能用失败去验证）。

5. 尽量不要做短线。短线可以赚钱，但大多数做短线的人亏了很多钱。做短线要求对市场有非常快速的反应，而大多数人做不到，所以才有短线高手之称。如果你不是高手，就不要做短线。如果你是高手，请无视这些忠告，这些话对你完全没有用。

6. 不要花大量时间去研究 MACD 指标理论、波浪理论、三线开花理论等等。这些书要么是美国人写的，要么是因为亏损而退出股市的人写的。如果你已经学会，那就永远只把这些技术指标作为参考，而不是依据。如果完全信，结果一定是亏钱。K 线图与成交量才是唯一的技术必修课。

7. 一定要了解基本面，但千万不要说买进某只股票是因为它的基本面很好。如果一只股票涨了 200%，基本面还是那个基本面，没有看到任何变化，那么是不是依然因为那个优秀的基本面而买进？如果一只股票有下跌 50% 的可能，是不是依然因为优秀的基本面而持有，不考虑阶段性卖出？中毒基本面的人太多，笔者救不了太多的人，但如果你有幸读到这里，请你深思。请你学会给一只基本面很好的股票估值。如果股价超过了估值，意味着这只股票和垃圾股同样危险，请远离，尤其是基本面已被吹得神乎其神的那些股票。

8. 不要买朋友推荐的股票，也不要向你的朋友推荐股票，一旦你向朋友推荐了股票，也许你就会等待朋友操作的结果，而自己就不再买进了，也就可能因此而丢掉一匹黑马。可能这种事情在你身上或身边已经发生了很多次了，是不是？不要让它重演。股票交易是全世界最孤独的一件工作，如果耐不住寂寞，那么请离开。

9. 如果你赚钱了，可以让家人分享你的钱财；如果你亏钱了，请不要把你的暴躁、绝望、悲哀、痛苦、懊悔、忧郁、愁闷带回家，打落牙齿和血吞，你既然选择做一个股票交易者，就必须承担因此而带来的所有压力，更不要怪社会或者政府，因为你赚钱的时候从来没有想过要感谢他们。如果你承受不了，那么请离开。

10. 股票交易是投资，不是赌博，如果把它当成赌博，终有一天会倾家荡产，血本无归。十赌九输确实是真的，在股票市场，赌性越小，理性投资的成分就越大。

11. 股市就是战场，是看不见硝烟的战场，也看不到尸体和鲜血，如果你感觉不到杀气和危险，那么请离开，你不适合这个地方。你终有一天会被消灭，还不知道是怎么被消灭的。保持如履薄冰的心态吧，因为你的脚下确实是薄冰。

12. 股市是风险最大、最难赚钱的地方。所有的陷阱外面都是鲜花盛开，而所有的机会外面都是荆棘密布，如果没有分辨能力，其结果一定因错失良机而懊悔，因踏入陷阱而痛苦。待在空调房间，坐着舒适的椅子，轻轻敲敲键盘，钱就来了，有这么好的事么？如此轻松的背后一定有 10 倍不轻松的障碍，天上不会掉馅饼，世上也没有免费的午餐。

六、谈集中投资

投资界有句非常著名的谚语：不要把所有的鸡蛋放在一个篮子里。意思是要分散投资，达到分散风险的目的。这句话也经常出现于各种媒体，被称为散户投资者的买股原则之一。于是乎，很多散户尽管资金很少，买的股票却不少，还美其名曰：投资组合。我以前有一个在网上认识的朋友，只有 3 万多元资金，但他却买了 5 只股票。这样做，表面上看好像是分散了风险，其实是加剧了风险。这个赚那个亏，老是赚不到钱。终于等到全部股票都赚钱了，行情也快结束了。

很早以前，我曾经在新浪的 UC 房间里为股友们解答股票，只要是持仓数超过 3 只，我直接就判断为亏损者，基本上没有出现过冤假错案。一般来说，资金在 200 万以下，最多同时投资 3 只股票，资金在 500 万以上才开始考虑 3 只以上的投资组合。

对散户来说，应当集中优势兵力打歼灭战，极大地消灭敌人，收编被打败的敌人来有效地扩充队伍，迅速赚到自己的第一桶金。而不是四面出击，分散投资，以致竹篮打水一场空。

巴菲特曾经说过：“分散投资是无知者的自我保护法，但对于那些明白自己在干什么的人来说，分散投资是没什么意义的。把鸡蛋放在一个篮子里，并且看好它。”

巴菲特的持股相当集中，80%的市值，分布在几只大家都耳熟能详的股票里。如果有一家很好的公司，同时也能承载伯克希尔的全部资金，巴菲特不介意把钱全部放进去。他说：“如果市场容量允许，我没有理由很看好一家公司，却还要把钱放进第二、第三看好的公司里去。”

彼得·林奇也说过：持有股票就像养育孩子，不要超出力所能及的范围。业余选手大概有时间追踪 8—12 家公司。不要同时拥有 5 种以上的股票。

拥有巨额资金的大师们都是这样，我们还有什么理由分散资金呢？

把鸡蛋分别放在不同的篮子里，并不就代表可以分散并降低风险。就像我们在生活中，绝大多数人不能身兼数职，不可能既是牙医，又是泥水匠，还兼职做画家。一个人的精力、能力都是有限的，精力越分散，对其中一个领域的知识就懂得越少。

个人投资也是这个道理。散户最好能集中有限的资金，把鸡蛋放到少数几个熟知的篮子里，然后集中精力看紧它们。手中持有股票的种类越多，反应速度就会越慢，甚至可能无暇照看。试问一个人能够同时照看好 5 个以上的孩子吗？

作为散户，最好只有一到两只可以赚大钱的股票，而不是有很多只股票。

据笔者多年的经验，资金在 50 万元以下，最好就是买两只优质股票，迅速在股市赚到第一桶金，即另外 50 万利润，早日完成原始积累。

七、快与慢的关系

英国哲学家培根曾经说过这么一句话：拄着拐杖走路要快过虽然健步如飞但方向错误的人。

中国古代也有一个类似“南辕北辙”的故事，内容大致是这样的：

有一个人，从魏国到楚国去。他带上很多盘缠，雇了上好的车，驾上骏马，请来驾车技术精湛的车夫，上路了。楚国在魏国的南面，可这个人不分东南西北，让驾车人赶着马车一直向北奔去。

路上有人问他的车要往哪儿去，他大声回答说："去楚国！"路人告诉他说："到楚国去应往南方走，你这是在往北走，方向不对。"那人满不在乎地说："没关系，我的马快着呢！"路人替他着急，拉住他的马，阻止他说："方向错了，你的马再快，也到不了楚国呀！"那人依然毫不醒悟，说："不打紧，我带的路费多着呢！"路人极力劝阻他说："虽然你带的路费多，可是你走的不是要去的方向，路费再多也只是白花呀！"那个一心只想着要到楚国去的魏国人有些不耐烦地说："这有什么难的，我的车夫赶车的本领高着呢！"路人无奈，只好眼睁睁地看着那个魏国人在路上盲目奔跑。

那个魏国人，不听别人的指点劝告，仗着自己的马快、钱多、车夫好等优越条件，朝着相反方向一意孤行。他不知道，方向错了，条件越好，只会离目的地越远。

在股市里面也是这样，方向错了，快就是慢！方向对了，慢未必就不是快，因为赚钱速度的快与慢取决于操作的成功率而不是操作次数。

一般来说，10 次操作盈利 7 次大概就是保本。为什么呢？因为下跌时候的资金量比例要大些。

从 100 元跌到 50 元，下跌的比例是 50%。而从 50 元涨到 100 元，上涨的比例是 100%。

如果 10 次操作只盈利 5 次，那么，可能这 10 次操作在总体上是亏损的。

所以，要想在股市赚钱，就应当最大可能地提高成功率！10 次操作成功 10 次，自然就真的赚到钱了。

每次赚钱不多，看起来是很慢，就像拄着拐杖走路，其实赚钱速度是最快的。大部分散户都是想的快速赚钱，操作上快进快出，做短线、超短线，不对就割肉，还美其名曰"止损"。

这种做法，看起来很有效率，其实太慢，越操作得频繁，离盈利就越远。试想，如果操作 10 次，总体都是亏，而别人只操作一次就盈利，可不是比你快得多嘛。

证券公司最喜欢快速的操作方式，而且千方百计地希望大家按照这种操作模式操作。他们天天发信息，弄热点板块，谈趋势分析，讲行业前景，开座谈会，发研究报告，忙得不亦乐乎，其目的也许就是希望大家频繁进行短线操作。反正你赚钱不赚钱他们不管，他们赚到了你的钱。

如果散户总想赚快钱，老是割肉、止损，那么在股市的资金就永远是不确定的变量。这几次赚了，说不定下次就会亏回去。除非彻底离开这个市场，才能够知道自己总体在股市是赚是亏。

再比如，这个月一共操作了 10 次，6 次盈利，4 次亏损，总体来说，略微亏损或者略微盈利，但是别人如果只操作了 2 次，2 次都盈利，比较一下，胜负立马就出来了。你平均 3 天操作一次，看起来很快，但是亏钱，而别人平均 15 天操作一次，看起来很笨，很慢，但是赚钱，谁快谁慢呢？同时更悲剧的是：频繁操作，很可能耽误了拿着股票就可以平稳赚钱的一个月时间，要知道，股市能够平稳赚钱的时间是很少的。

如果能够很好地理解这种快与慢的关系，你就会开始减少操作，并开始重视每次操作的质量而不是数量了。与此同时，也就从亏损的泥潭里慢慢拔出腿！哪怕只是在岸上慢慢地走，也比在泥潭里挣扎的人快了不知道多少倍。但绝大多数散户是没有明白这个看似简单的道理的，或者明白了也做不到，不然就不会有高达 93% 的人亏损了。

所以，在股市里面，慢可能就是快，快可能什么都不是！

八、谈“止损”

在股市中有个被反复说道的话题：“止损。”它另外还有一个比较血腥却更形象的名字：“割肉。”

这个话题也被各种机构反复推荐并不断强化给散户。但比较奇怪的是，这个词基本上是散户的专利，我从来没有听说过主力割肉。这里不过多讨论这个概念的形成并被不断强化的原因，只是解析一下，对于散户而言，如何看待止损的问题。

1. 一般来说，割肉都是错的。

对散户来说，肉是越割越少的，很多散户割到最后只剩下骨头了。做股票的散户都有这样的体会，“一卖就涨”，守了很久一卖掉就涨了，于是拍大腿，懊悔又一次错误操作，再熬一熬就盈利了。割肉的结果除了亏钱外，还会破坏我们的心态，不知不觉地让我们患上“交易饥渴症”，总想再一次操作赢回来。如果患上了“交易饥渴症”，那么神仙也难救了——亏钱就会成为宿命！而形成这样恶性循环的开始就是割肉！

我的笨办法就是拒绝割肉。俺的肉为什么要割给别人呢——疼！俺还想割别人一小刀呢。

当然，能够不割肉的前提就是买入的股票质地足够好！

2. 那是不是坚决不割肉呢？

回答当然是否定的。

笔者认为，在两种情况下必须割肉：一是单边下跌的市场，也就是大趋势转熊的时候，这时候要果敢地割肉离场。二是当所买的股票基本面出现颠覆性大问题的时候，这时候必须要果断离场。除了这两种情况外，我想不出还有其他任何需要割肉的理由。

要避免割肉，当然前提是需要选好股票。这就是为什么散户要潜心研究基本面的根本原因。否则，随意地买进一只垃圾股票，难免会让自己陷入左右为难的境地：割吧，肉疼，不割吧，拿着心慌。唯一避免让自己陷入绝境的方法就是精选股票，买自己放得下心的股票。所以，买票之前要仔细研究，坚决不随意乱买任何一只股票。

总之，拒绝随意地割肉就是真正赚钱的开始！

九、散户与大盘

大盘重要不重要？当然重要，因为大盘决定着绝大多数个股的走势。本来走得好好的个股，由于大盘下跌也会被连带着下跌，所有的技术形态也相应会被破坏。

但散户应当始终关注大盘吗？

笔者的回答肯定让绝大多数散户觉得不可思议。我的回答是：NO！

如果把我们的精力分成100%的话，对大盘的关注只能占到5%。我们只要关注大盘大的趋势就可以了，即大盘是单边下跌还是趋势向上或者是盘整市，如此足够了。

为什么呢？主要原因是大盘不可测。中长期趋势可以判断，但短期的趋势无法判断！大盘到达的点位没有任何一种方法可以准确预测，因为大盘是一亿多股民合力作用的结果，任何人都没有办法提前准确预判。除非是神仙，但神仙是不需要炒股票的。

当市场从6100多点下跌时，哪里是低点？专家们预见的4500，3800，3500，3000，被无情地一一洞穿，指数到了1600点时，大盘跌幅超过2/3。有谁预测对了？所以，对于散户而言，不要去预测大盘。更不要跌也怕涨也怕，买也悔卖也悔！如果老是怕这怕那，那么劝你不要进入股市！

正确的做法是：瞄一下大盘，认真做个股！

不要听任何人对大盘的预测。请记住，对大盘点位的任何预测都不可信！

真正的投资者是不太关心大盘短期涨跌的，成功的投资者取胜所凭借的不是智识聪辩，而是自然法则和良好的品格，是无为而治。当以持久的习惯定期逐步买入股票时，必然会在市场的多数阶段都购有股票，而购买的成本就是最为均衡的市场价格，这样做可能没有那些在底部满仓的投机者幸运，但绝对比大部分人幸运，更可贵的是，长期坚持这样的做法，就会强化自己作为一个优秀投资者所拥有的精神内核——保有良好地投资习惯，而这将会使你达到一个很少有人能够达到的投资境界，即稳定盈利的境界。自然法则将会给予你很大的财富回报。

所以，散户只需瞄一眼大盘，精心做个股。

十、如果你是一个老股民

这里所说的老股民是指至少见过“一头牛”与“一只熊”的股民。

如果你是一个老股民，到了现在，不应该还在为生活发愁，因为股市已经给了两轮大牛市的机会，而且还有很多小牛市出现。

如果你是一个老股民，到了现在，做任何事情都应该会给自己留有退路，尤其是在股市投资。

如果你是一个老股民，到了现在，应该相信，股市有牛市，一定就会有熊市。

如果你是一个老股民，到了现在，应该相信，牛市赚得再多，如果活不过熊市，同样会无功而返，满盘皆输。

如果你是一个老股民，到了现在，应该相信，明知危险却又心存侥幸的时候，就是危险即将来临的时候。

如果你是一个老股民，到了现在，应该相信，股市里的失败，并不是没有发现危险，而是不舍得离开，总认为最后一棒还很远，自己不会运气差到接这最后一棒，而其结果却总是在某一天被熊掌一记猛击。

如果你是一个老股民，到了现在，应该相信，中国股市有很大的希望，但是，永远不知道中国股市现在有多大的问题。

如果你是一个老股民，到了现在，应该相信，别人生活得再好，比不过自己欢心的笑脸。别人风光万千，比不过自己在舒适的时候放一个响屁，然后哈哈大笑。

如果你是一个老股民，到了现在，应该相信，及时保存实力，就能够年复一年地看到春天并享受收获。

如果你是一个老股民，到了现在，应该相信，股市像一个圈，有人说这个圈是馅饼，有人却说这个圈是陷阱。

如果你是一个老股民，到了现在，应该相信，股市里只有自己才是自己的神，别人什么都不是。

如果你是一个老股民，到了现在，应该持有优质的股票，安心等待着春天的到来。

如果你是一个老股民，到了现在，应当知道什么时候该忙，什么时候该闲下来，不会高强度操作。

如果你是一个老股民，到了现在，应当是涨不怕、跌也不怕，只按照自己的操作系统来进行操作。

如果你是一个老股民，到了现在，应该看得懂我说的话。

十一、长线、中线、短线

1. 长线

我所理解的长线是指持股时间超过半年以上。

长线操作者只看重股票的质地与价格，一旦买进后就长期持有。

把K线放到一个比较大的时间跨度里面，其间的一些小波段都可以忽略不计，股票的走势只有上涨或者下跌。在股票上涨的阶段持有股票，直到最终获取很多的回报才卖出，这就是长线操作方法。

对长线操作者来说，选择买入的时机很重要，一定是在大盘向好的时候买入。

做长线最需要的是耐心！

农民绝不会在播种之后，每隔几天就把播下的种挖出来看看长得怎么样，他们会让作物发芽、生长，直到成熟以后再收割。长线投资者在股市里就像经验丰富的农民。

这方面巴菲特是绝顶高手。

如果说短线交易者是艺术家，长线交易者就是工程师。艺术家进行艺术创作充满兴奋和激情，而工程师进行工程设计需要严谨和理性。长线交易更注重理性，而不是激情。

长线交易在理论上更适合广大散户投资者，因为注重的是理性和客观，但也正是因为注重理性和客观，就会让投资者失去每日交易的兴奋，产生孤独感，因而更需要忍耐力。这种清苦有点像苦行僧，会让很多人受不了，但是经过一段时间的磨砺，就会进入类似于唐代诗人柳宗元在诗歌《江雪》里面描叙的意境。

千山鸟飞绝，万径人迹灭。孤舟蓑笠翁，独钓寒江雪。

大雪锁江，一叶小舟，一个渔夫，独自垂钓。长线投资者何尝不是那个孤独的钓客呢？

长线交易者在平时无法与人交流，别人都是经常在交易，谈论的也都是操作中的得与失，尤其是某某股票赚了多少多少。做长线是一动不动地守着一两只股票，这种操作模式在周围的股友里面最没有认同感，甚至会被其他人嘲笑。所以，长线交易者注定就是孤独，其意境更类似于唐代诗人李白《月下独酌》里的景况。

花间一壶酒，独酌无相亲。举杯邀明月，对影成三人。

或许就是因为大多数散户耐不住寂寞，又会重新加入短线交易者队伍中去。

长线交易追逐趋势，认为趋势是自己唯一的真朋友，是自己利润的真正来源。长线交易不重视价格的日内波动，认为价格的日内波动几乎和自己没有关系，这也会让他人视之为麻木不仁，甚至像个傻子。长线交易也不重视第二天行情会怎么走，而只重视趋势是否结束。长线交易者持仓的忍耐力绝非一般投资者所能理解，也非一般投资者所能承受。

市场上有一种误解，认为长线交易者之所以能够长期持仓，是因为他能预测到市场的趋势和终点，这实际上是一个天大的误解！其实，长线交易者跟大多数人一样，不知道市场的未来走势，所做的只是遵守纪律跟踪趋势。所以，能够坚持长线投资的人在这个市场中是极少的一小部分，但他们中的绝大部分人都是股市中的获利者。

长期持仓要忍受常人不能忍受的痛苦，可以说长线获利就是忍受漫长的市场折磨换来的！

痛苦之一：市场的大幅波动可以轻松地吃掉原有持仓的大部分利润，最难以忍受的是这种回折往往还是自己认为确实要发生的，也就是说，自己眼睁睁地看着利润回去，就像是在你有准备的情况下抢走你的钱，这种痛苦你理解吗？你能接受吗？

痛苦之二：长线交易者要放弃很多自己有把握的短期获利机会，换取因长期坚持所获得的利润，因而对很多比较确定的短线机会要视而不见。

痛苦之三：长线交易的机会很少，市场一年之中的大部分时间都在震荡，在这种震荡之中，长线交易者有时一直在亏损，并且往往都是在持仓获利的情况下转为的亏损，这种折磨足以击垮绝大部分人！这些情形说起来容易，真正做起来会超出想象的难！

痛苦之四：长线交易最重要的是保持客观和遵守纪律，在很多情况下，要放弃自己鲜活的思想和判断，但结束一次成功的长线头寸却可以获取令人羡慕的回报，这也是长线之所以令人向往的原因。

长线交易有一个最大的特点：亏小赢大，长线交易不重视盈亏的次数比例，而重视盈亏的质量，这是长线交易与短线交易最本质的区别！

股票的长线买卖点比较好把握，即大盘由下跌转为盘整、个股缩量时买入，在大盘高涨、个股放大量时卖出。

图 3－1 是豫金刚石（300064）2014 年 10 月到 2015 年 6 月的 K 线走势截图。

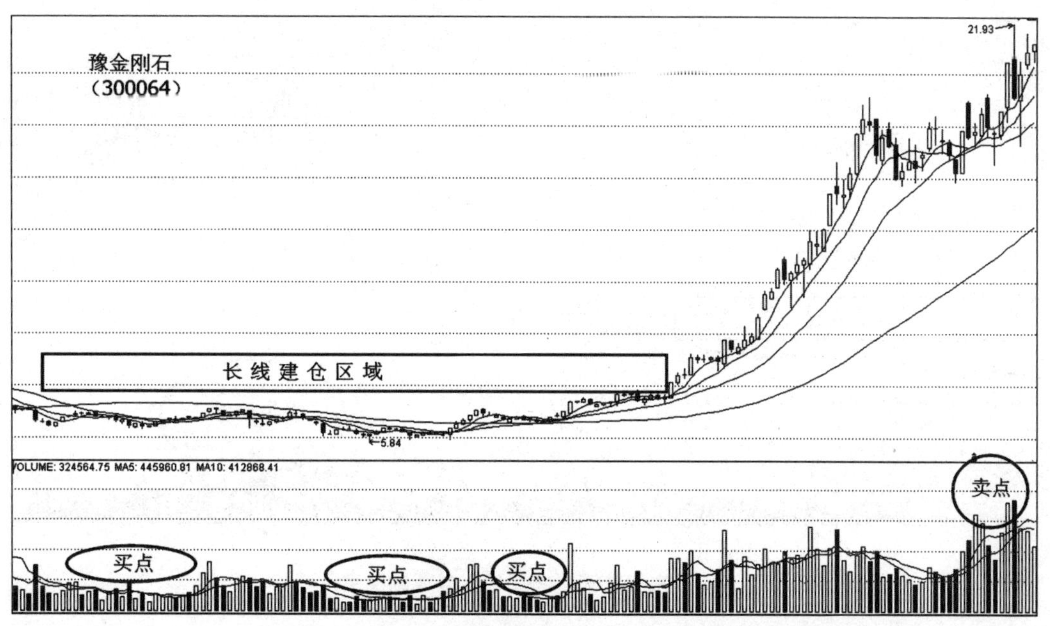

图 3－1 豫金刚石（300064）长线的买卖点

图3－2是四川成渝（601107）2013年10月到2015年6月的K线走势截图。

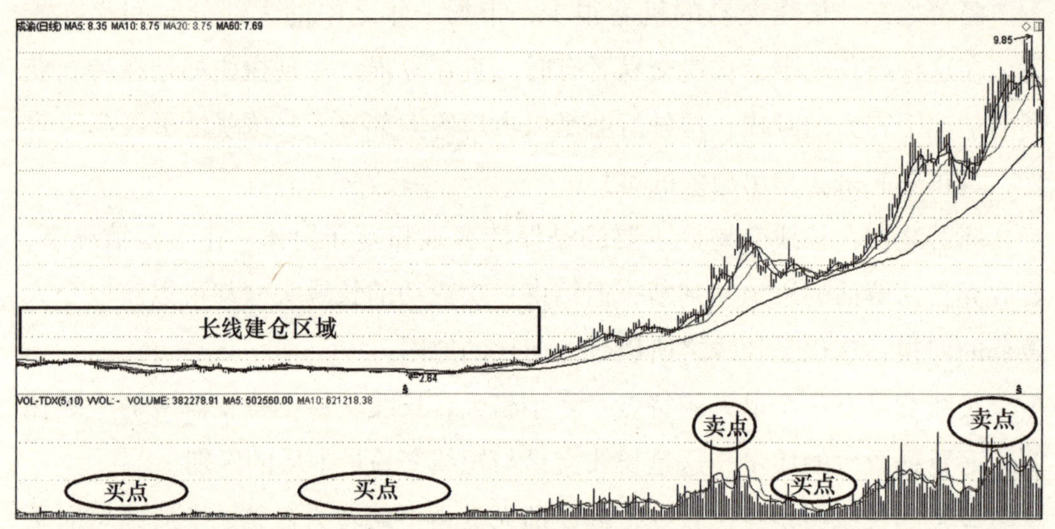

图3－2 四川成渝（601107）长线的买卖点

图3－3是东旭蓝天（000040）2014年7月到2016年3月的K线走势截图。

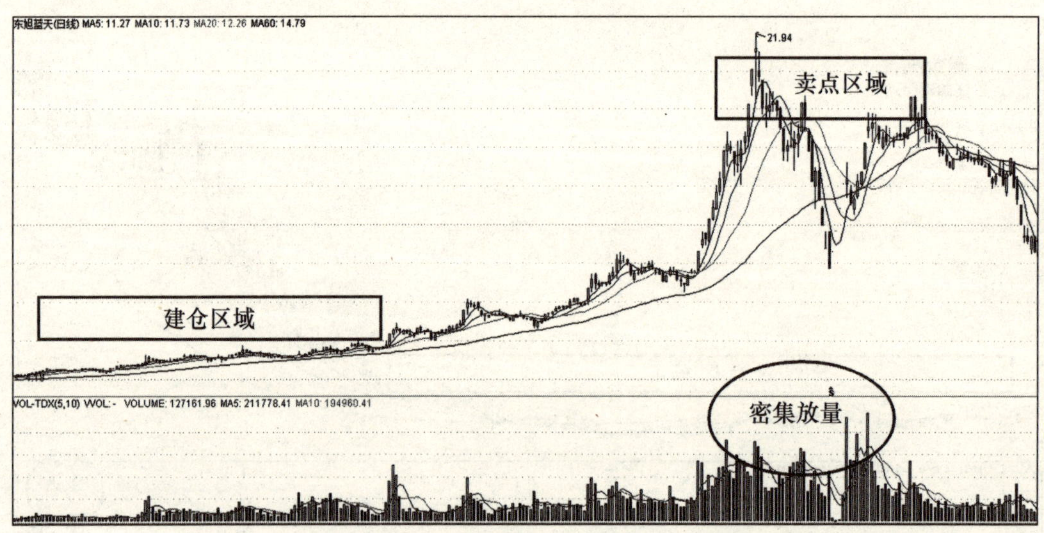

图3－3 东旭蓝天（000040）长线的买卖区域

图3-4是江铃汽车（000550）2013年8月到2015年7月的K线走势截图。

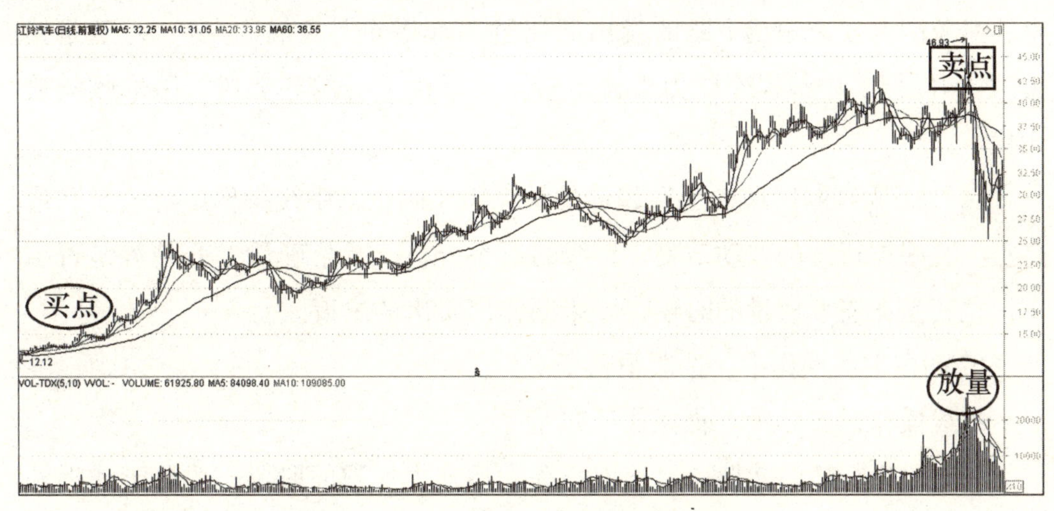

图3-4 江铃汽车（000550）长线的买卖区域

2. 中线

中线是指持股在1个星期以上、半年以内的操作模式，中线比较关注股票每个较为明显的波段。

（1）所谓中线操作，就是跟随大盘阶段性行情的节奏进行个股的波段操作。中线操作博取的是股价持续上升的趋势性收益与波段较深回档所产生的价差。

个股的短线波动几乎无法预测，中线波动相对容易判断一些，所以在操作中要尽量取长避短，如果我们没有长线交易者的耐性，应该以中线操作作为自己在股市中主要的操作方法。

（2）为了判断和确认股市阶段性的上升趋势，中线操作不追求买在最低点，仅讲求买在趋势明朗、有把握的位置上。

（3）由于阶段性上升行情通常是产生在阶段性调整行情的末端，多数会出现“群体急跌”之后的反弹，因此在进行中线操作之前，往往有一个短线操作的过渡阶段，因而在实际操作过程中会出现短中线混合交替的操作。

（4）当大盘处于中级上升行情时，阶段性上涨行情往往会在横盘震荡调整的末端产生，这时要重点关注横盘震荡平台的末端所出现的连续缩量形态，把连续缩量形态作为中线操作的介入点。

（5）阶段性上升行情之中会出现短线回调，中线操作应该忍受短线调整，避免因为规避短线下跌的卖出而错过“起爆点”“加速点”，甚至是错失“主升段”，中线操作要力求做足整个阶段性上升的趋势段，争取收益最大化。

（6）因为判断阶段性上升趋势的结束需要确认，中线操作不可能卖在最高点。要根据行情的波动节奏、K 线的形态分析，及早确认上升趋势是否结束，尤其是在连续放量的时候，要果断作出卖出的决策。

（7）在中线操作中，选股很重要。

中线操作，要尽量“做两头”的股票：

在阶段性行情的初期，要选取急跌之后强力反弹的股票，要敢于捕捉处于“坑底”的领涨龙头。

在阶段性行情的中后期，要敢于选取“高位强势”的股票，要牢记“强者恒强”的规律，不要想当然地选取“低位弱势”的股票等待补涨。这种“低位弱势”的股票，上涨时不愿涨，下跌时却跌得很快。

可用:834.41　可取:834.41　参考市值:3262213.32　资产:3263047.73　盈亏:1725276.

证券数量	可卖数量	成本价	当前价	最新市值	浮动盈亏	盈亏比例(%)
100	100	-1062.841	8.990	899.000	107183.130	0.000
100	100	-272.635	15.900	1590.000	28853.560	0.000
100	100	-3243.360	15.230	1523.000	325859.060	0.000
100	100	-4691.543	14.830	1483.000	470637.390	0.000
43	43	-3259.268	10.120	435.160	140583.690	0.000
100	100	-1183.145	15.820	1582.000	119896.590	0.000
100	100	-415.790	14.700	1470.000	43049.010	0.000
100	100	-862.291	25.250	2525.000	88754.140	0.000
113800	113800	18.754	19.850	2258930.000	124741.020	5.844
114800	114800	8.005	8.610	988428.000	69519.450	7.558
200	200	-209.914	8.770	1754.000	43736.970	0.000
100	100	-1278.951	13.220	1322.000	129217.170	0.000
16	16	-2060.811	17.010	272.160	33245.150	0.000

图 3－5　笔者账户情况

图 3－5 是 2014 年 9 月 15 日笔者在天涯论坛所发帖子《十二年职业股民

十二年的酸甜苦辣》里面的贴图。在那以前，从 2013 年年底开始，我每操作一次，就留 100 股供自己回忆之用。截图里面可以看出我中线操作的影子。

中线的买点是大盘处于盘整或者上升态势时，在个股持续缩量位置买入，在放量的位置卖出。

在单边下跌的大盘环境里是没有中线机会的。中线操作的基本原理是按照个股的波段进行操作，笔者称之为：随波逐浪！做波段的精髓就是尽量不参与个股的阶段性调整。

中线投资者只要把握好随波逐浪的节奏，一定会有不小斩获，赚取到较多的利润。

图 3 -6 是航民股份（600987）2015 年 8 月到 2016 年 7 月的 K 线截图。

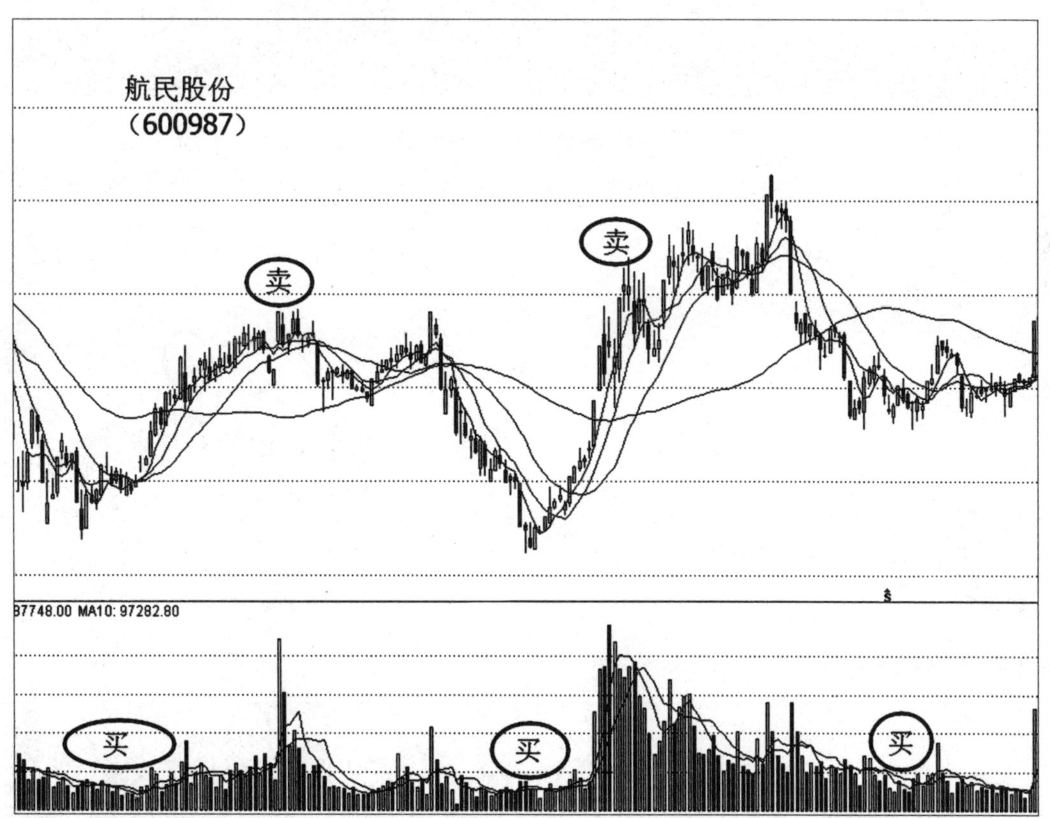

图 3 -6　航民股份（600987）的中线买卖点

图 3－7 是华工科技（000988）2015 年 8 月到 2016 年 6 月的 K 线截图。

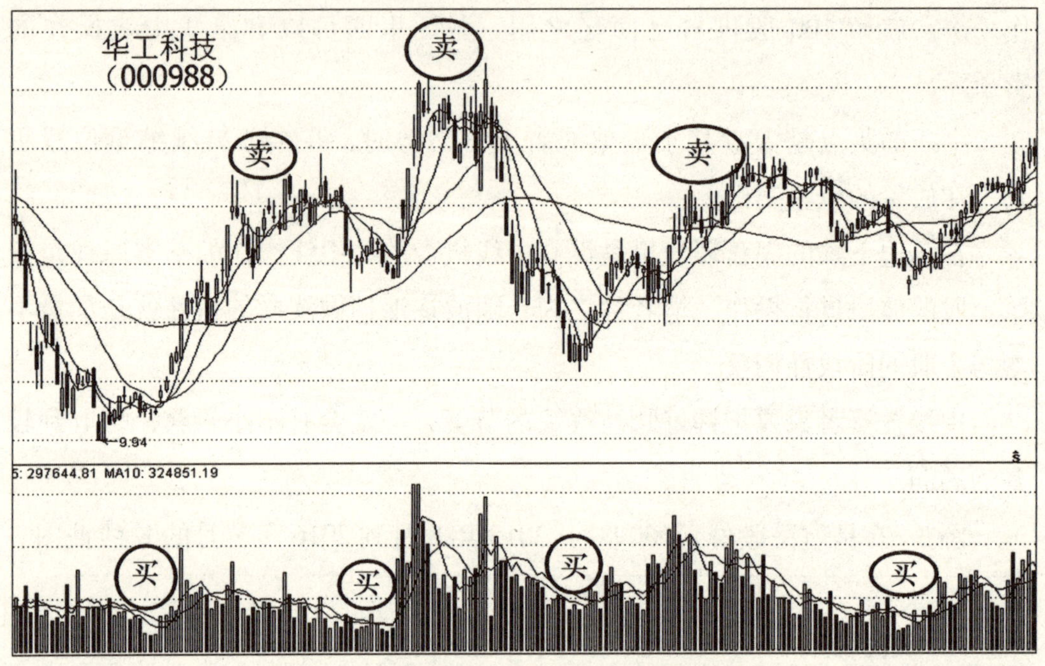

图 3－7　华工科技（000988）的中线买卖点

图 3－8 是沙隆达 A（000553）2014 年 9 月到 2015 年 5 月的 K 线截图。

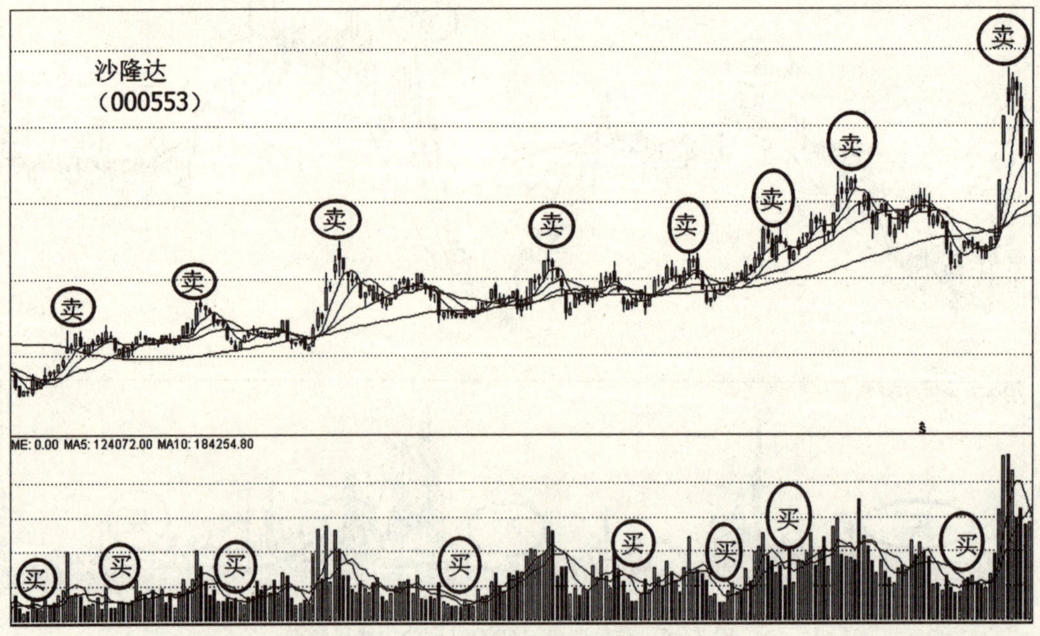

图 3－8　沙隆达 A（000553）的中线买卖点

上面几幅图，中线的买卖点很清晰。如果在实际操作中能够如此操作，那么就完全跟上了主力的节奏，行云流水，自然是妙不可言！

3. 短线

短线是指一周以内持股的操作方式。

短线纯粹以 K 线形态作为买卖依据。

关于短线操作的文章汗牛充栋，浩如烟海，五花八门，笔者在这里就不再细说了，原因很简单，各有千秋，各有利弊，而且各自的方法都不一样。但有一点是肯定的，其中有价值的不多，90% 以上都是亏钱的利器。

真正有可操作性的短线高手是绝对不屑于写出来的，他们都在闷头赚钱。正所谓“国之利器不可以示人。”当然，这类高手少之又少。

笔者的短线经验是：找准几个图形，按图形来操作。

短线的买点是大盘处于上升态势时，个股走出经典图形的买点时就买入，到了卖点时就卖出。具体的图形很多，前面的技术篇里着重讲了适合短线操作的 3 种图形。

做短线操作的时机一定要把握好，在大盘单边下行的阶段是没有短线机会的。如果这时候强行做短线操作，就会盈少亏多，本金一步步减少，很快陷入绝境，留下的只是满腔的愁怨。其情景就会像南宋词人李清照《声声慢·寻寻觅觅》里描叙的凄凉境地一样：

> 寻寻觅觅，冷冷清清，凄凄惨惨戚戚。乍暖还寒时候，最难将息。三杯两盏淡酒，怎敌他、晚来风急？雁过也，正伤心，却是旧时相识。
>
> 满地黄花堆积。憔悴损，如今有谁堪摘？守着窗儿，独自怎生得黑？梧桐更兼细雨，到黄昏、点点滴滴。这次第，怎一个愁字了得！

这种亏钱而无力回天的感觉确实是一个“愁”字不能了的，不光有愁、有怨、还可能有无穷的悔恨。

4. 长中短线三者的关系

那么，散户怎么把握这三种不同的操作方式？长中短这三者之间又是什么关系呢？

长线、中线的操作模式都可能让人感到无聊和寂寞。

散户应当从长线做起，长线做好了再做中线，中线做好了最后才是做短线。但绝大多数散户都是反的，都是先做短线，因为短线刺激、过瘾。面对股市里每时每刻都存在的“机会”，很快就迷失了自己，就像池塘里的鱼，满眼皆是，条条都想抓住，真正能抓住的却寥寥无几。所以，亏钱也就顺理成章了。

笔者的做法是：当长则长，当短则短。

所谓当短，是指大盘处于一个很明确的上升通道时，就是机会。这个时候，如果做短线，找到处于买点的股票，果断出击，卖点出现就卖掉。几乎每天都可以交易，这个时候就是最幸福惬意的时候，一切都是美好的。短线的快进快出会让财富快速增加，其收益远远大于中长线的收益。

我曾经在 2012 年底到 2013 年 2 月，每天记录我的操作，记得在正反两面写满了两张纸，密密麻麻——那都是钱哪！

然而，高潮总是短暂的，大部分时光面对的都是不温不火的行情，这种时候，就要减少操作次数，不赚钱不卖票，大大放慢操作的频率。

当股市处于单边下跌的时候，基本上是没有什么可以操作的，千万不要强行操作。很多散户在这种时候还在想着短线操作，结果肯定与自己的期望背道而驰！

职业股民在一年里忙的时候非常少，但真正的行情来了，就会很忙，甚至什么事情也不做，只是分析股票。

所谓当长，就是大盘处于单边下跌的时候，最好已经空仓，没有股票了，如果没有在高位出干净，那就是接受考验的时候。假如持有的是质地优良的股票，价格又在自己的估值范围内，就是当长的时候，可以就地卧倒，长期持有，当股价下跌 20% 以上，再进行补仓摊低成本。

当长的时候一定要耐得住寂寞，笔者曾经有一只票拿了近 3 年，赚到钱才走。那个时候基本上是长期无事可做。

笔者的方法绝对不是最好的方法，只是一个非常稳健的方法而已。如果只想稳定获益，这方法绝对有用。但如果想赚快钱，就要等待太阳升起，大盘走好。大盘走好了，我们的心态就可以像苏东坡的词《江城子·密州出猎》所描述的：

> 老夫聊发少年狂。左牵黄，右擎苍。锦帽貂裘，千骑卷平冈。为报倾城随太守，亲射虎，看孙郎。
>
> 酒酣胸胆尚开张。鬓微霜，又何妨。持节云中，何日遣冯唐？会挽雕弓如满月，西北望，射天狼。

一旦手挽长弓，瞄准、射击，那时候就必须有“长风破浪会有时，直挂云帆济沧海”的胸怀，大胆操作，快速获利。

如果资金量不够分仓，就试着买1000股长线试试，以此来锻炼自己的神经，磨砺自己的意志，最终得到成长。

总结起来，就是：

（1）在单边下跌的市场行情中，要么果断离场，要么就地卧倒！因为持有的股票安全边际较高，所以不怕下跌，就算跌下去了还会涨起来。

在股市里有句名言：涨时重势，跌时重质！

在上涨的过程中，看重的是个股量价形态构成里面所蕴含的上涨动能。在下跌过程中，考验的是个股的质地，即个股的基本面与估值系统。

单边下跌的行情不光淘汰散户，那些曾经叱咤风云，不可一世的庄家也同样被惨遭淘汰。

比如，2007年10月开始的单边下跌行情，当时风光无限的湖南3大主力：鸿仪系、成功系、涌金系，除了涌金系及时调整操作思路，入主了九芝堂、千金药业等几家业绩很好的上市公司，现在还生存得很好以外，其他两大主力今安在？想当年，金戈铁马，纵横天下，所向披靡！现在呢？死的死，伤的伤，坐牢的坐牢！

写到这里，倍感唏嘘，情不自禁联想起苏东坡先生的《赤壁怀古》：

> 大江东去，浪淘尽，千古风流人物。故垒西边，人道是：三国周郎

赤壁。乱石穿空，惊涛拍岸，卷起千堆雪。江山如画，一时多少豪杰。

遥想公谨当年，小乔初嫁了，雄姿英发。羽扇纶巾，谈笑间、樯橹灰飞烟灭。故国神游，多情应笑我，早生华发。人生如梦，一尊还酹江月。

(2) 盘整市可以中线操作与适度短线操作。

盘整市可以中线操作，也有一定的短线操作空间。可以整理好自选股，在自选股里面把握中、短线机会，但不要强行操作，也就是说，不要匆匆忙忙割肉，要随遇而安。大盘给多少次的操作机会就努力把握多少次，并且争取每次都要得到相应的利润。

不要太贪。贪婪会迷失自己！

要不急不忙地把握好每一次的操作机会，就像打太极拳一样，从容不迫，张弛有度。

(3) 认真把握上升行情。

股市处于上升行情的时候，就是等待了许久的机会。这时候就可以频繁操作，努力赚钱，就像打咏春拳一样，短兵相接，贴身搏击，招招制敌。

一是在自选股里寻找处于买点的股票，买入后持有到卖点就获利卖出。一般来说，这个时候的股票股性都变得很活跃，出现买卖点的频率会加快很多。

二是可以跳开自选股，选择3个左右的图形操作，只要出现所选择的图形，即按图形进行操作。当然，这仅仅是针对技术操作较好的朋友而言，如果自己没有把握，看图形不准确，那就不要跳开自选股，拿住一只好票也同样可以收获很多的利润。

有行情的时候，天高任鸟飞，海阔凭鱼跃。可以贪婪，放手操作，大快朵颐，尽情收获！其情景就像唐代诗人孟郊在《登科后》一诗中的描绘：

昔日龌龊不足夸，今朝放荡思无涯。春风得意马蹄疾，一日看尽长安花。

第二节　战略战术

经历过两次牛市与两次熊市，外加一次股灾，笔者在漫长的职业炒股生涯中逐渐总结出适合自己的一套战略战术。这套战术肯定不是最好的，但确实是很稳定的，能够保证无论是牛市还是熊市都能稳定地获利。笔者这套战略战术不追求快与刺激，不求利益最大化，比较适合只想在股市稳定赚钱，在股市长期生存的散户。

一、散打九招

笔者总结散户在股市生存的简明战法有九点，戏称之为散打九招：

第一招　望风行船

每月 1 号和每周周一，简单评判大盘当前的现状，牛市？熊市？震荡盘整市？然后根据大盘的现状规划自己本周的操作思路与策略。

战术详解：每月的 1 号进行大盘的研判，简单评估大盘现在的状态，是单边下跌，还是震荡行情，或者是稳定向上。在确定大盘的形势后，开展对应的操作。每周一也是如此，看看一周以来大盘有没有什么变化，财经政策有什么新的动向。养成自己绝不猜测大盘点位，只判断大盘趋势的良好习惯。该习惯一旦养成，就不会再听任何人对大盘的解读，只相信自己冷静地判断了。

第二招　静如处子 动如脱兔

在牛市，对应的操作手法是短线频繁操作，如果极致一些就是按图操作。熊市就最大限度地减少操作次数直至为零。盘整市就尽量减少操作次数，亏钱不出票。

战术详解：这一招是指操作的频次。在单边下跌的市场不操作，待大盘稳定后才开始操作，操作频率低，不轻易进场，要保证获得极高的成功率，讲究“刀刀见血”。在盘整市，操作次数会稍微多一些，等到大盘开始走好，相应的操作次数会增加很多，低买高卖，买点一到就买进，卖点出现就卖出。在牛市的高潮阶段，个股都很活跃，这个时候的操作频率最高，甚至可以跳出自选股，在所有股票中选图形，根据技术篇所讲的图形买卖点进行操作。该动的时候动如脱兔，该静的时候静如处子。动静得当，绝不勉强操作。

第三招　按图索骥

坚持基本面选股，技术面选时的操作理念。通常只操作自选股里面的股票，只有在牛市的高潮期才可以跳出自选股，依据图形操作，其他任何时候都不买自选股以外的票。缩量买票，放量卖票。

战术详解：这一招简单明了，但做起来比较难。一般来说，只做自选股里面的票，可以避免很多陷阱。A股由于设计的缺陷或股市文化的原因，会有很多陷阱与地雷，散户只有小心翼翼，才能够避免受到较大的伤害。坚持只操作自选股才能避开股市的“赌瘾”，从而奠定稳定盈利的基础，一步一步达到稳定盈利的境界。

第四招　见好就收

每5个工作日连续操作成功3次以后，下一次操作减为半仓或者1/3仓位操作。

战术详解：这一招是笔者多年的经验总结。连续做几次比较顺利，往往意味着大盘也比较好，随后大盘与个股均有可能作出调整。所以，第四次操作就用小资金，很多时候刚好避开调整。这也是有张有弛地操作。通过这种自我调整，形成良好地操作节奏。

第五招　打扫战场

在牛市，根据大盘点位进行利润分流，将每次操作所得利润转至银行卡，不再进入股市。点位越高分流比例越大，直到100%。

战术详解：这一招属于落袋为安，非常重要。经过一段时间的战斗，获得了较好的收益，就要将一部分利润转出，使之变为成果并积累起来。尤其在牛市后期，随着大盘点位的走高，要适时地调整利润转出比例，直到将每次操作的利润全部转出。这样做，就能将胜利果实很好地保存下来，从股市中取得实实在在的收益，而不是经常反复于赚了的又亏了，上下坐电梯，忙来忙去，最后就得到一刺激，稍不好还演变为赔本赚吆喝。

平时赚取的利润要及时地充进零用金账户以保证日常开销，始终让自己的财务处于很好的状况。可以根据个人对资金的需求度，设定零用金账户的资金量，充入量最好是能满足自己1—3年的用度。一旦有较大的花销，应该立即在下一次操作后补充到位。为什么是1—3年的用度呢？因为笔者在熊市中，拿得最长的股票就有3年，所以，只有这样，自己才不会对股市里的资金高度敏感，陷入焦虑的境地。这就像打仗，必须有一个稳定的后方，或者说："手中有粮、心中不慌。"

第六招　战略撤退

如果大盘涨停板家数有三次达到10%以上，卖掉三分之二的股票，转出资金不再进场，剩余三分之一的股票随时准备撤退。大盘在高位持续放巨量时全部离场，1—3年不买任何股票。

战术详解：这一招是用来逃顶的。大盘到了牛市末期，大部分参与者都很亢奋，股市非常活跃，连买菜的老太太、理发的师傅、看门的大爷都开始讨论股票，大盘的量能持续放大，这个时候就是巴菲特所说的别人都在贪婪了，那么我们就应当开始恐惧。要密切关注大盘情况，并在收盘后统计当天的涨停板家数，如果涨停板家数有1次达到当时所有股票总数的10%以上，说明大盘热度已高，发烧得厉害了，这时就要开始减仓，如果涨停板家数在股票总数的10%以上的情况出现三次，则卖掉三分之二的股票而且不再进场。剩下三分之一的股票在大盘持续放量的时候全部出清离场。1—3年不看股票。

第七招　慎用外援

只有当个股有非常确定的上攻意图时，才考虑加入杠杆，操作后立即去掉。其他任何时候不加杠杆。

战术详解：这一招有关生死，特别重要，笔者也是经过股灾才有深刻认识。在2015年6月—2016年1月的几轮股灾中，亏损严重、爆仓的都是因为融资。在融资融券开通前，只有期货市场有爆仓概念，股市引入融资融券以后，由于杠杆的作用，数倍放大了股市的风险。

如果一直处于满仓加融资的状态，赚钱的时候当然爽，但下跌起来却会要命。我一个好朋友的账户就是从970万，经过两次爆仓，最后仅剩下103万。据说上海还有近30亿的超级大户，经过两次爆仓，最后变成负2000万。网上还有信息称，著名的瑞林嘉驰对冲基金的基金经理、《期货大作手风云录》作者逍遥刘强也是在股灾爆仓后自杀的。

所以，一定要用自己的队伍打仗，只能在大盘稳定，个股有很确定的上攻形态时，才可以考虑使用外援，最多用券商的低比例融资做一把，待该股票盈利后立即卖出，卸掉杠杆。任何情况下都不能用高于融资融券比例的杠杆进行配资操作。

第八招　以短养长

选定一只有业绩、有概念，目前价格处于低位的白马股，先买入底仓，再用其他中短线操作获得的利润，逢低买入做长线。

战术详解：这样做的结果会使长线票的持仓量越来越大，最后赚取的利润就是这只长线票。根据笔者多年的经验，只有长线票才会最终带来巨额利润。

做长线的股票平时只买不卖，除非有很确定的波段，一般都不操作，只在该股持续爆发，获利丰厚，放出大量后全部卖出。

第九招　顺势而为

尊重市场，适应市场的变化。永远不自以为是、自作聪明！

战术详解：当市场的趋势与自己的判断有出入，甚至相反的时候，要及时修正自己的判断，顺势而为，不逆势操作。

股市的定律之一：大众总是错的！

但是，还有两点必须明白：第一，大众并不是时时都是错的，只是在大的变化到来的时候，大众才表现出错误，尤其是转折发生的时候。第二，一味和大众反着干并不意味着就是对的，即便是转折发生的时候！更不要认为自己很聪明，有着比别人更高的智慧。在笔者看来，股市恰恰是一个淘汰聪明人的地方，特别是自以为是的聪明人！往往志得意满，危险就如影随形。股市生存，常常也需要笨一点、傻一点，而能够在股市生存者，就是通过长期修炼，达到了大智若愚境界的人。

二、操作案例

笔者15年以来，也与大多数散户一样，有过很多次的操作。自从2007年形成自己的操作系统以后，操作频率大幅度降低。

这套系统的核心，就如散打九招所强调的：极大地提高自己操作的成功率——最好是没有亏钱的操作。

笔者从2007年开始，到2015年股灾之前，8年间没有过一次亏损的操作。亏钱不出票，主力把你也无可奈何。这样，你就能真正地从股市赚到钱。而一旦达到这种境界，这个市场对你就产生不了大的伤害，你就有可能在这里如鱼得水，成就自己所期望的辉煌，完成自己的梦想了。

笔者接下来举几个典型的例子，说明散户正当的操作方式。

1. 大华农

2014年6月9日，我在天涯论坛上发了一篇题为《十二年职业股民 十二年的酸甜苦辣》的帖子，详细记录了我对大华农的操作。

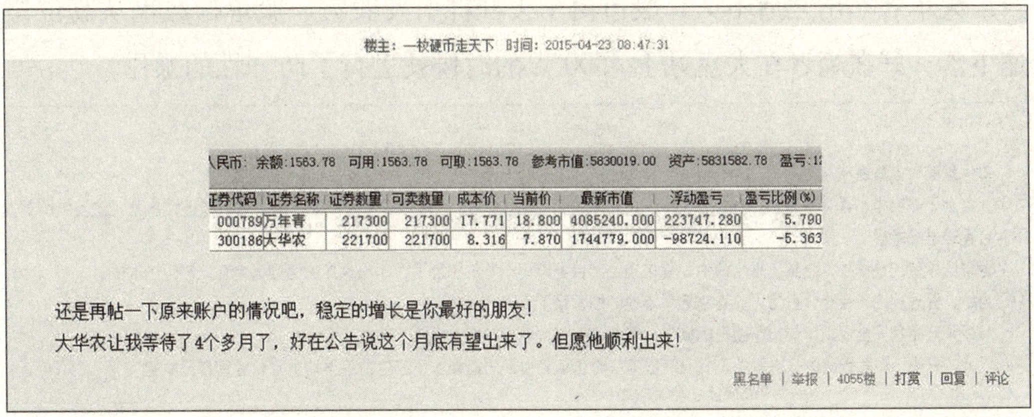

楼主：一枚硬币走天下 时间：2015-04-23 08:47:31

人民币：余额:1563.78 可用:1563.78 可取:1563.78 参考市值:5830019.00 资产:5831582.78 盈亏:1

证券代码	证券名称	证券数量	可卖数量	成本价	当前价	最新市值	浮动盈亏	盈亏比例(%)
000789	万年青	217300	217300	17.771	18.800	4085240.000	223747.280	5.790
300186	大华农	221700	221700	8.316	7.870	1744779.000	-98724.110	-5.363

还是再帖一下原来账户的情况吧，稳定的增长是你最好的朋友！

大华农让我等待了4个多月了，好在公告说这个月底有望出来了。但愿他顺利出来！

黑名单 | 举报 | 4055楼 | 打赏 | 回复 | 评论

图3-9 天涯论坛帖子的截图1

图3-9是笔者2015年4月23日在天涯论坛所发帖子《十二年职业股民 十二年的酸甜苦辣》的截图。此后不久，大华农完成温氏集团整体资产注

入，股票名称和代码也改变为温氏股份（300498）。

我对大华农经过基本面的仔细研究，买进之后，主力曾有过三次很强烈地洗盘，刚回到我的成本价就向下打压，而且打得还比较深，打完又拉起来，如是者三，借以消磨散户的意志，逼出筹码。尽管当时的大盘比较好，盘面也有一些其他的操作机会，但我始终不为所动，稳稳地拿住，任凭风浪起，稳坐钓鱼船。能拿住的原因就是基于对公司优良基本面的深刻认知。

此后不久，大华农因为温氏集团的整体资产注入而停牌，待消息公布复牌时，股票名称和代码也改变为温氏股份（300498）。由于大家非常看好温氏集团的经营能力，股票复牌以后连续上拉 18 个涨停板。笔者在第 18 个涨停板开板后出局，180 万本金净赚 860 多万元。

温氏股份（300498）也由于公司的业务规模与经营业绩得到市场的肯定，成为创业板最大市值的公司。

如果按照散户普通的追涨杀跌操作方法，这只股票先后三次的洗盘肯定拿不住。洗盘时，股价最低跌到 7.2 元附近，要是卖掉了，留下的就是无尽的后悔——又一次标准的拍大腿操作！这一次的准确买入也只能成为日后的谈资。

2. 山东威达（002026）

大华农卖出之后不久，股市由于去杠杆引发股灾。股价指数也从高位快速下落，好在笔者在大盘站上 4500 点的时候就进行了防守性的操作。

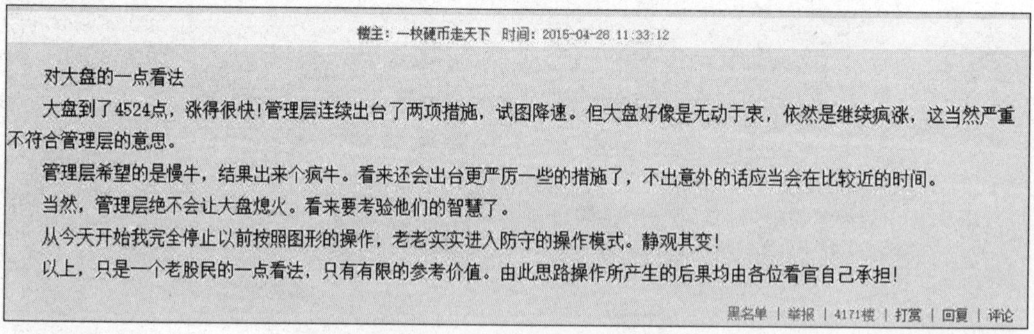

楼主：一枚硬币走天下　时间：2015-04-28 11:33:12

对大盘的一点看法

大盘到了4524点，涨得很快！管理层连续出台了两项措施，试图降速。但大盘好像是无动于衷，依然是继续疯涨，这当然严重不符合管理层的意思。

管理层希望的是慢牛，结果出来个疯牛。看来还会出台更严厉一些的措施了，不出意外的话应当会在比较近的时间。

当然，管理层绝不会让大盘熄火。看来要考验他们的智慧了。

从今天开始我完全停止以前按照图形的操作，老老实实进入防守的操作模式。静观其变！

以上，只是一个老股民的一点看法，只有有限的参考价值。由此思路操作所产生的后果均由各位看官自己承担！

黑名单 | 举报 | 4171楼 | 打赏 | 回复 | 评论

图 3－10　天涯论坛帖子的截图 2

图 3－10 是笔者 2015 年 4 月 28 日在天涯论坛所发帖子《十二年职业股民　十二年的酸甜苦辣》的截图。

当时，大盘已涨到4524点，并不是点位高了，而是大盘上涨的速度太快，引起了笔者的不安。我判断，管理层会出台严厉的措施来降低大盘上涨的速度，于是，提醒大家注意安全，自己也开始进入防守模式。谁知道后来因为管理层措施失当，引发了一轮股灾。当然，这是后话。

由于提前开始防守，所以，我在那轮股灾里面损失很小，后来又在2015年7月16日与17日两天买进山东威达（002026）。

图3－11是笔者2015年10月21日在天涯论坛所发帖子《十二年职业股民　十二年的酸甜苦辣》的截图。

楼主：一枚硬币走天下　时间：2015-10-21 07:58:08

看了朋友们对我所提问的解答，感觉还是似是而非，雾里看花，所以就不一一答复了。

有好几个朋友非要问我在这波股灾里面的操作，多的就不说了，还是直截了当截图吧，还是原来那个账户，提出了230个到短线账户，留下了1000个，现在的情况是这样：

本委托系统提示的成本价、盈亏数据仅

人民币：余额:1256.66　可用:1256.66　可取:1256.66　参考市值:9597922.00　资产:9599178.66　盈亏:-653098.99

证券代码	证券名称	证券数量	可卖数量	成本价	当前价	最新市值	浮动盈亏	盈亏比例(%)	股东代
600690	青岛海尔	343100	343100	12.228	9.920	3403552.000	-791733.320	-18.875	[illegible]
600761	安徽合力	52600	52600	14.170	12.240	643824.000	-101515.580	-13.620	[illegible]
002026	山东威达	511100	511100	10.391	10.860	5550546.000	240149.910	4.514	[illegible]

图3－11　天涯论坛帖子的截图3

图3－12是山东威达（002026）2015年2月到2016年3月的K线截图。

该股在股灾发生前曾经达到21.45元的价位，但在顶部没有放出量能，说明主力被稳稳当当地“关”在里面。经过股灾，股价最低已经达到7.5元，所以，主力必须自救。

该股在2015年7月16日这天低开高走，走出一个单针探底的图形，当天，我就开始买入。

第二天，该股缩量很厉害，我继续买入，完成建仓。后来，经过停牌，复牌后拉出3个涨停，于2015年12月7日高开低走，同时放出天量，我于当天早盘全部卖出，获利近300万元。

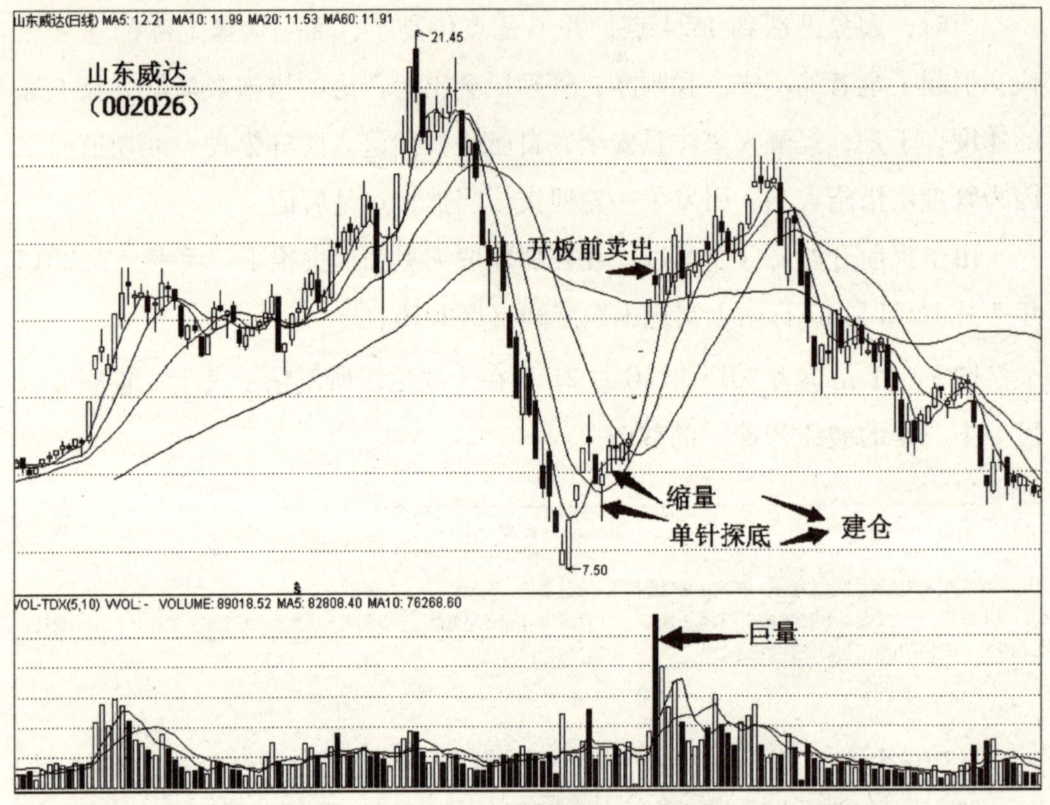

图 3－12　山东威达（002026）

3. 刀刀见血

为了方便自己的研讨，我从 2013 年下半年开始，每操作一次就留下 100 股放在账户上，后来数量太多放弃了。以下发在帖子里的三张截图是我两个账户的实际操作情况。

黑名单 | 举报 | 2066楼 | 打赏 | 回复 | 评论

楼主：一枚硬币走天下　时间：2014-07-24 11:12:46

游	100	100	0	-285.8782	12.715	13.040	1304.00	29891.82	0.00
媒	100	100	0	-338.9174	8.988	14.110	1411.00	35302.74	0.00
材	100	100	0	-414.4828	17.461	20.970	2097.00	43545.28	0.00
药	10000	10000	0	14.0000	14.000	14.0000	140000.00	0.00	0.00
份	200	200	0	-254.9689	6.872	7.610	1522.00	52515.78	0.00
利	160	160	0	-15.2741	17.099	24.020	3843.20	6287.05	0.00
蓁	200	200	0	-247.6555	6.308	7.460	1492.00	51023.09	0.00
保	135	135	0	-234.5424	10.650	17.080	2315.25	33978.47	0.00
净	7500	7500	0	8.4700	8.470	8.4700	63525.00	0.00	0.00
业	100	100	0	-634.9013	11.521	14.900	1490.00	64980.13	0.00
团	100	100	0	-119.6626	5.793	8.810	881.00	12847.26	0.00

黑名单 | 举报 | 2067楼 | 打赏 | 回复 | 评论

楼主：一枚硬币走天下　时间：2014-07-24 11:13:58

中间的是昨天申购的新股。

黑名单 | 举报 | 2068楼 | 打赏 | 回复 | 评论

图 3－13　天涯论坛帖子的截图 4

楼主：一枚硬币走天下 时间：2014-06-10 20:30:29

本委托系统提示的成本价、盈亏数据仅供参考

可用:396.27 可取:396.27 参考市值:2729069.00 资产:2729465.27 盈亏:1191444.

证券数量	可卖数量	成本价	当前价	最新市值	浮动盈亏	盈亏比例(%)
114500	114500	7.057	6.700	767150.000	-40789.480	-5.05
100	100	-272.635	14.900	1490.000	28753.560	0.00
100	100	-3243.360	13.520	1352.000	325688.060	0.00
41200	41200	2.206	13.720	565264.000	474414.670	521.94
166700	166700	8.437	8.320	1386944.000	-19480.230	-1.387
100	100	-1183.122	11.830	1183.000	119495.220	0.00
100	100	-415.790	12.240	1224.000	42803.010	0.00
100	100	-862.291	19.760	1976.000	88205.140	0.00
100	100	-419.734	14.980	1498.000	43471.470	0.00
100	100	-1278.951	9.880	988.000	128883.170	0.00

图 3－14 天涯论坛帖子的截图 5

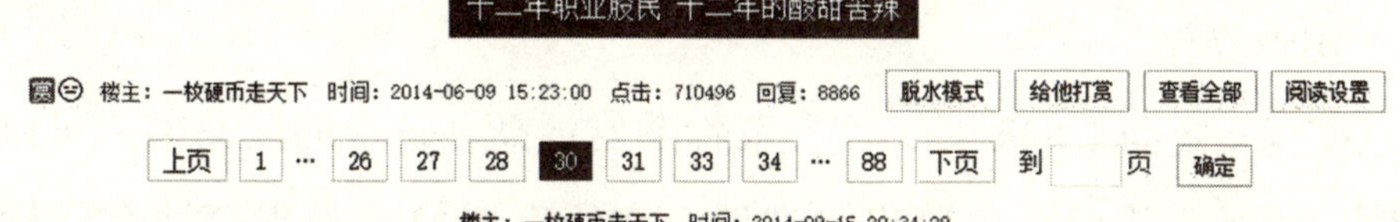

楼主：一枚硬币走天下 时间：2014-09-15 20:34:29

天啦，好久没有来了，还有这么多朋友留言。只能说两个字：谢谢！

最近行情来了，楼主确实有点忙。大刀阔斧，斩获颇多。帖一下原来帖过的账户的情况，以后我会不定期的帖一下，不为其他，希望朋友们明白稳定获利的重要性。祝各位投资顺利，收获多多。

可用:834.41 可取:834.41 参考市值:3262213.32 资产:3263047.73 盈亏:1725276.

证券数量	可卖数量	成本价	当前价	最新市值	浮动盈亏	盈亏比例(%)
100	100	-1062.841	8.990	899.000	107183.130	0.000
100	100	-272.635	15.900	1590.000	28853.560	0.000
100	100	-3243.360	15.230	1523.000	325859.060	0.000
100	100	-4691.543	14.830	1483.000	470637.390	0.000
43	43	-3259.268	10.120	435.160	140583.690	0.000
100	100	-1183.145	15.820	1582.000	119896.590	0.000
100	100	-415.790	14.700	1470.000	43049.010	0.000
100	100	-862.291	25.250	2525.000	88754.140	0.000
113800	113800	18.754	19.850	2258930.000	124741.020	5.844
114800	114800	8.005	8.610	988428.000	69519.450	7.558
200	200	-209.914	8.770	1754.000	43736.970	0.000
100	100	-1278.951	13.220	1322.000	129217.170	0.000
16	16	-2060.811	17.010	272.160	33245.150	0.000

黑名单 | 举报 | 2938楼 | 打赏 | 回复 | 评论

图 3－15 天涯论坛帖子的截图 6

其中，图3-13是笔者另外的一个账户的情况，图3-14、图3-15是同一个账户不同时段的情况。每一次操作都盈利，这就是刀刀见血。

比较图3-14与图3-15可能会发现，自2014年6月10日到9月15日，在三个月的时间里，第一只股票从亏损40789元到盈利107183元，第五只股票从亏损19480到盈利140583元，另外，这期间还操作了3只股票——额外见血3次。这一个账户在3个月零5天的时间里，盈利533582元人民币。

如果不是刀刀见血，中间有几次亏损，那么赚钱的速度就会大打折扣。比如，图3-14中的两只亏损票如果拿不住，将其卖掉去买其他的股票，其他股票能不能赚钱且不说，只是这两只票的亏损就是60269元，必须先从其他的股票上面赚来填补，然后才是盈利。说不定赶来赶去还是亏损，忙得不可开交，却没有什么效益。当然，证券公司是有效益的。我这样操作，看起来比较笨，比较慢，但在实际上是最快的。

4. 图形操作

在大盘坚定向上的时期，个股股性非常活跃，这个时候是唯一可以按图形操作的时候，我们可以跳出自选股，在所有股票中找出合适自己操作的图形。

对于图形的选择，技术篇里讲述的那几种为最好，特别是上影光阳的图形，笔者在2015年2月到4月这两个多月时间里，就多次操作这种图形。由于当时大盘很活跃，笔者就找带有长上影线，属于主力主动调整的票关注，在后面某一天的阳线买入，放量时卖出。可惜当时没有时间继续写帖子，操作情况没有记录下来。这里，凭记忆简单介绍几次操作，其他的诸多操作都大同小异。

（1）中山公用（000685）操作回顾

图3-16是中山公用（000685）2015年3月到5月的K线截图。图中第一个箭头所指的是一根带上影K线，时间是2015年3月31日，从当天的分时图看，是主力主动调整。图3-17是当天的分时图。

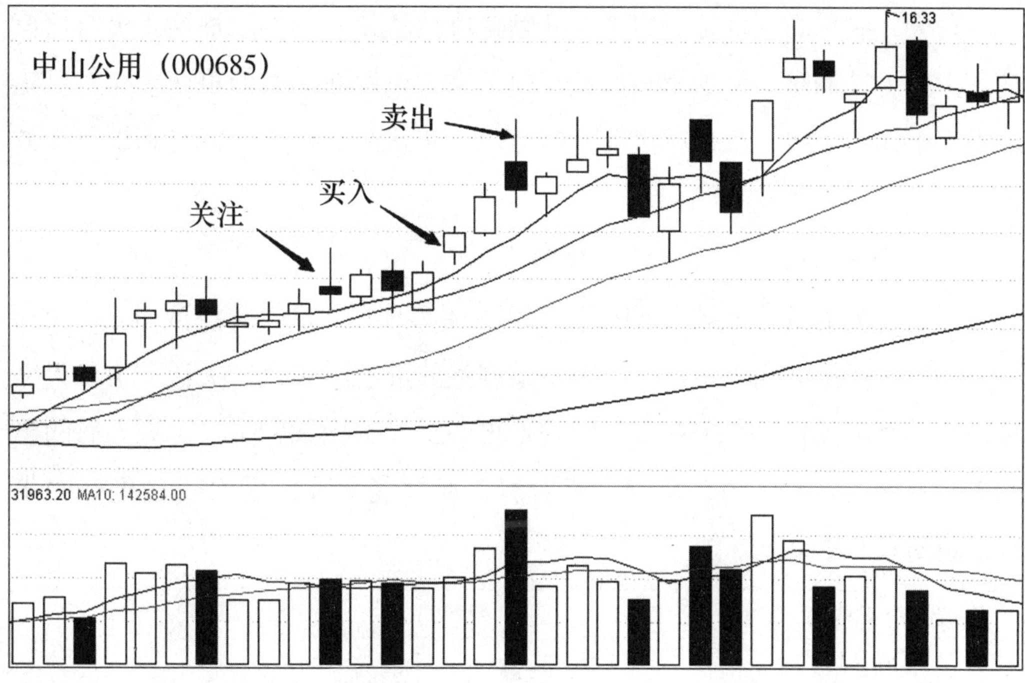
中山公用（000685）
卖出
买入
关注
16.33
31963.20 MA10: 142584.00

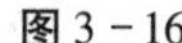
图 3－16

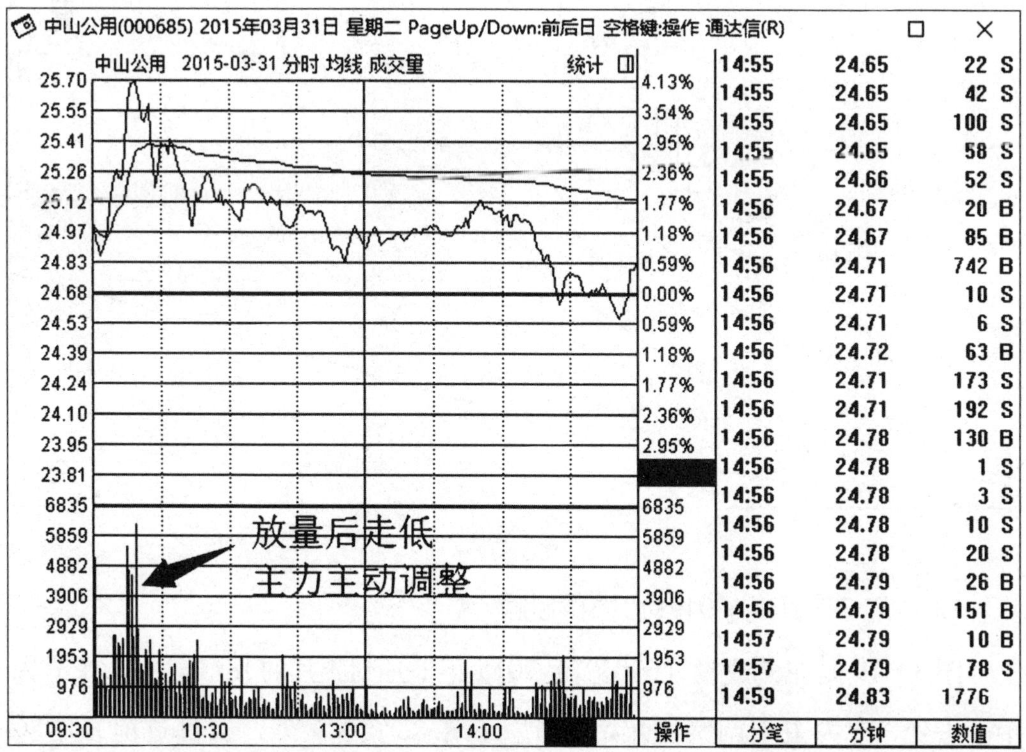
中山公用(000685) 2015年03月31日 星期二 PageUp/Down:前后日 空格键:操作 通达信(R)
中山公用 2015-03-31 分时 均线 成交量
统计
放量后走低
主力主动调整
09:30
10:30
13:00
14:00
操作
分笔
分钟
数值

图 3－17

这天，股价高开低走，主力在开盘初段放量拉升，然后逐渐走低，这就是主力在主动调整。笔者发现后就开始关注，该股在后面的第四个交易日走出了一个光头阳线，股价越过前高的25.72元就开始买入，持有到第三天放大量时卖出。

（2）新力金融（600318）操作回顾

图3－18是新力金融（600318）2015年2月到3月的K线截图。主力在第一个箭头所指的当天走出了一个主动调整的带上影K线，关注。第二天缩量调整，第三天在第二个箭头所指处走出一个光头阳线，买入。买入后的第四天，高开、上冲无力，卖掉。事后看，如果能拿住，后面还有更好的卖点，短期获利更多。

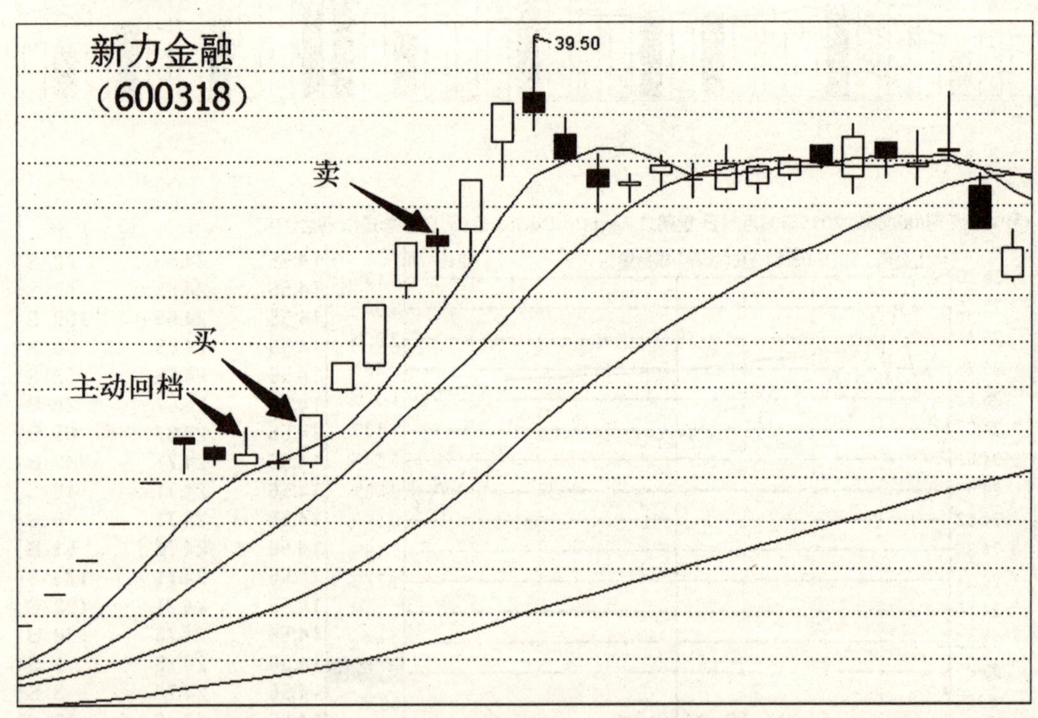

图3－18

（3）龙元建设（600491）操作回顾

图3－19是龙元建设（600491）2015年1月到3月的K线截图。在第一个箭头处，主力主动调整，开始关注。在第二个箭头处，股价过前顶时买入。第三个箭头处，股价冲高无力，卖出。

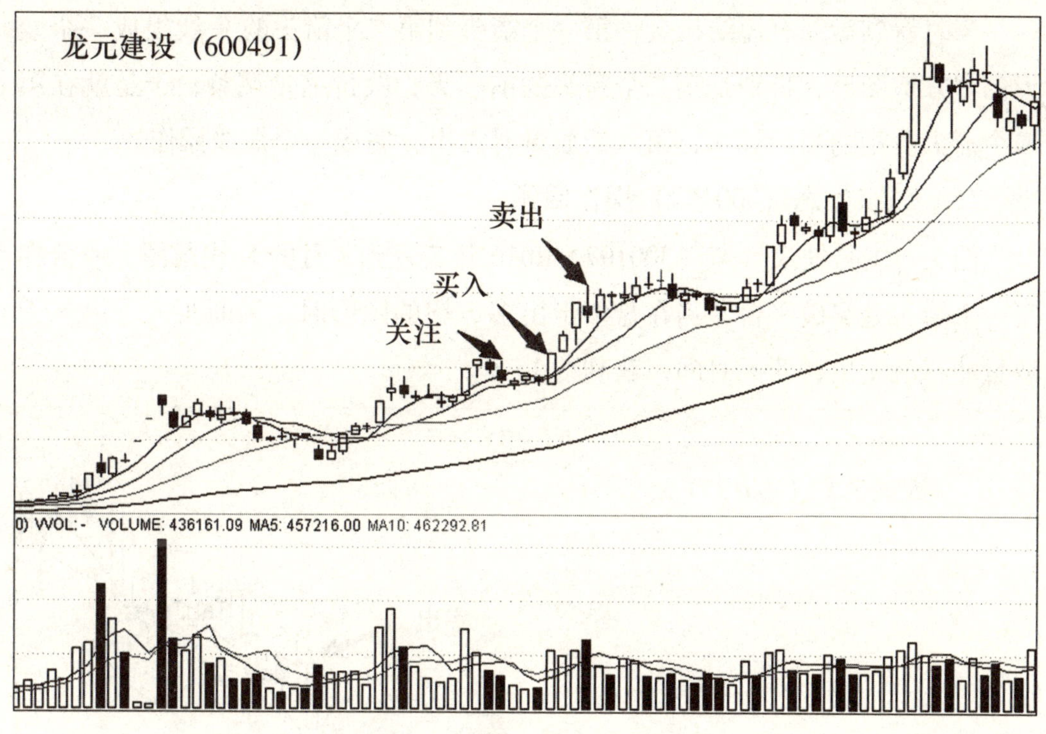

图 3-19

（4）中国医药（600056）操作回顾

图 3-20 是中国医药（600056）2016 年 7 月到 8 月的 K 线截图。

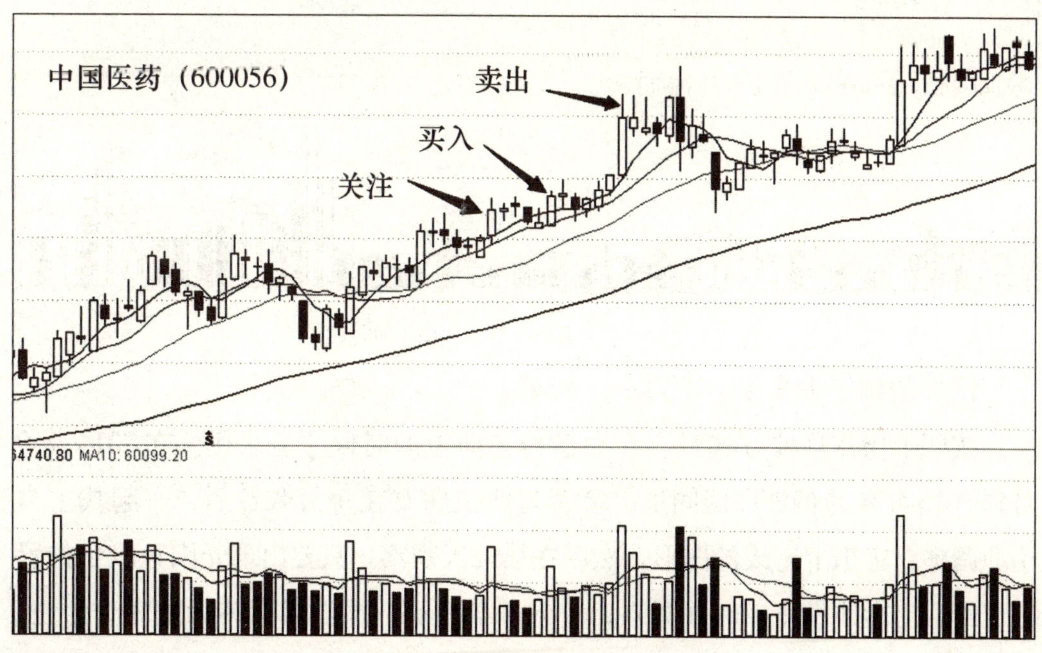

图 3-20

当时看到盘面有短线机会，第一个箭头到第二个箭头的K线组成一个变形的多方炮图形，特别是第二个箭头的前一天，股价缩量调整，于是就在第二个箭头所指的当天买入，第六天放量时卖出，完成一个短线操作。

（5）铁汉生态（300197）操作回顾

图3－21是铁汉生态（300197）2016年7月到8月的K线截图。股价在第一个箭头处突破平台，当在盘中走出多方炮的图形时，果断买入，第二天放量冲高就卖出，两天时间，获利约15%。

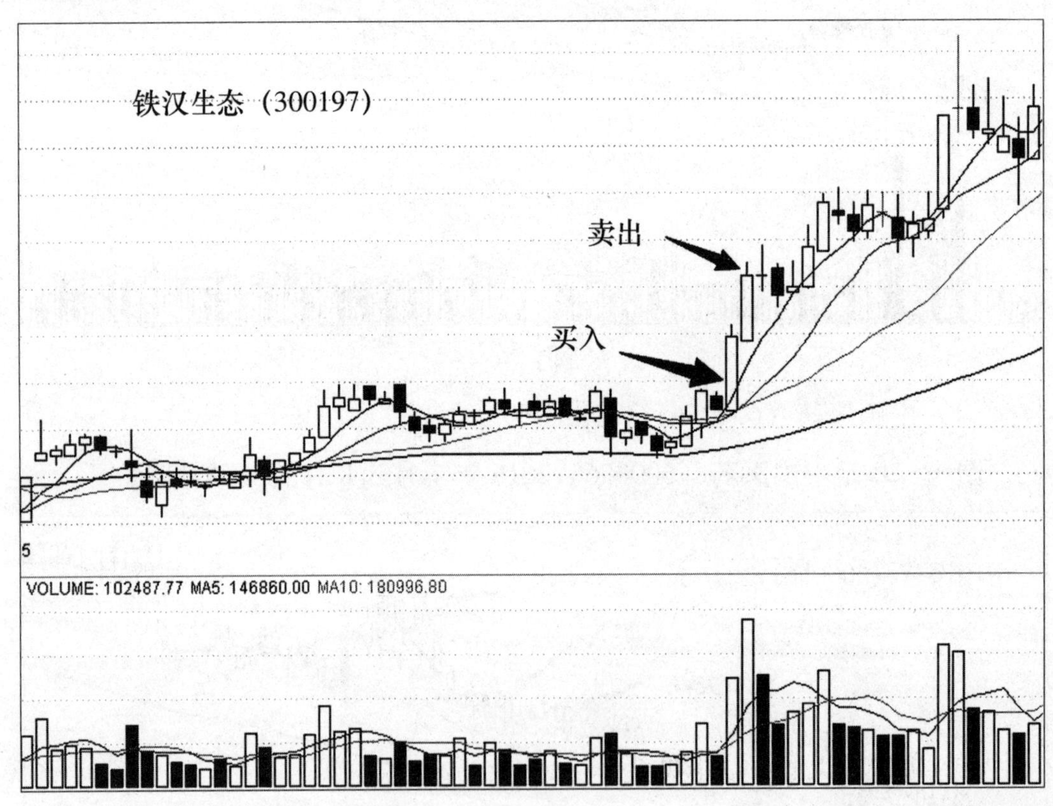

图3－21

这样的例子太多了，不再一一列举。

按图形操作这种方式只有在大盘稳定向上的时候才能采用。在2014年9月到2015年4月的那段时间里，笔者与两位朋友在每天收盘后，一起找主力主动调整，走出上影线的图形，然后在第二天观察。只要出现光阳且股价位置高于前面上影线最高点时就买入，直到大盘疯涨，操作风格转为防守时为止。那段时间，操作得很频繁，收获很大，没有一次亏损，真正是刀刀见血！

第四章 附记——我的职业炒股经历

回顾我的炒股经历，也是与绝大部分散户一样，真的是饱尝了酸甜苦辣，说起来五味杂陈！就像南宋诗人辛弃疾在《丑奴儿·书博山道中壁》里的描述：

少年不识愁滋味，爱上层楼。爱上层楼，为赋新词强说愁。
而今识尽愁滋味，欲说还休。欲说还休，却道天凉好个秋。

第一节 初入股海

2000年5月的一天，阳光明媚，刚下过雨的天空格外干净。我和一位炮兵学院的朋友一起，坐着公交车，匆匆忙忙地赶往位于长沙市蔡锷路上的华夏证券营业部开户。

事情的缘起是前段时间与这位朋友闲聊，说起他一个姓帅的朋友炒股很厉害。帅哥是一个集团公司的财务总监，在股市赚了很多钱。我自作聪明地想：那我们也可以干呀！看见朋友担心亏损，我又献上一计：我们可以请帅哥帮我们炒，他赚他的大钱，帮我们赚点小钱就是了。朋友连连称好。

说干就干。帅哥也很仗义，几次酒足饭饱后，很爽快地答应了。我们的股票账户全部由他帮我们操作，带领我们共同致富。我们唯一要做的就是开户，然后就是等着数钱。出于对哥们儿的绝对信任，我存入了23万元，这是我当时的全部存款，其中包括做生意失败后卖掉车子的135000元。我在开户以后就没有管过，也不知道怎么操作，偶尔聚会时，听到帅哥讲的都是好消息。

大约一年左右的一天，朋友匆匆跑来说，不好了，帅哥的老婆说他炒股亏了好多钱，现在两口子正在闹离婚呢！我吓了一跳，赶紧到证券公司看账户。一看就傻眼了，我账上的股票市值只剩93000多元。朋友也是差不多的亏损比例，只不过他投入的本金小一些，损失也小些。看着账户上的数字，我好心痛。一年就亏掉一半多，那感觉，根本不是酸楚，直接痛（麻）木了。

帅哥表示对不起，说了很多我们听不太懂的原因，看到他身心憔悴的惨样，我们也没有什么办法，反而去安慰他。

接下来怎么办呢？就此离开股市？真不甘心！亏掉了那么多辛辛苦苦赚来的钱。我考虑了一周时间，痛定思痛，决定自己接着炒，把损失夺回来。

于是，我开始学着做股票，到处跟朋友打听、学习，了解基本面，研究K线，读各种书籍，等等。总之，散户做的那些事我都做。2002年的时候，由于爱人去北京读博，我要照顾正在读初中的孩子，干脆就辞掉了在上海的工作，回长沙做起了一个职业股民，开始了炒股的职业生涯。

总结这15年，我五味杂陈：有过大喜，有过大悲；有过希望，有过失望，甚至有过绝望。记得电视剧《北京人在纽约》里面有一句台词："如果你爱他，就送他去纽约，因为那里是天堂；如果你恨他，就送他去纽约，因为那里是地狱。"我认为，把"纽约"二字改成"股市"很贴切：

> 如果你爱他，就送他去股市，因为那里是天堂；如果你恨他，就送他去股市，因为那里是地狱。

天堂也好，地狱也罢，我慢慢适应了。我在这里辛勤耕耘，我在这里收获成果。我在这里备受熬煎，我也在这里豁然开朗！就像《北京·北京》歌词的描绘：

我在这里欢笑　我在这里哭泣　我在这里活着　也在这儿死去

我在这里祈祷　我在这里迷惘　我在这里寻找　也在这儿失去

在这15年里，作为职业股民，我饱尝了个中滋味，领略了其中的酸甜苦辣。

先说酸吧，确实有时候感到很心酸：

首先，跟别人相聚，自己都不知道怎么介绍你自己。以前我都说自己是做股票的，结果总是留电话号码，并被要求推荐股票。股票涨了，电话不断，问是卖掉还是加仓？卖掉了又买什么？如此循环反复，不胜其烦！股票跌了，就像打开了一本《十万个为什么》，甚至还经常落下埋怨。这几年做股票的少了，同学聚会，都是教授、局长、老师什么的，我就只好说自己做点小投资。如果说是做股票，大家基本上都会用一种怪异的眼光看着你，就像看着不务正业的败家子。

网上流传一个段子：牛市的时候，大娘给小伙子介绍对象，都会对姑娘说：这小伙子好能干，不光本职工作干得好，还会炒股票赚钱。到了熊市的时候，股市普遍亏钱，大娘又会说：这小伙子很踏实，平时连股票都不炒。如果还说小伙子炒股票，就会直接被认为是不务正业，未来有成为败家老公的嫌疑。

记得有一次参加老婆的同学聚会，餐桌上有人问起我的职业，老婆幽默了一句："他是个无业游民。"当时心里很不是滋味，好长时间都是心戚戚兮难过！但冷静想想：不是无业游民是什么？在常人眼里，确实就是一个无业游民，天天无所事事，游手好闲。正因为此，我在朋友圈得一绰号：富贵闲人！当然，与真的富贵闲人贾宝玉没什么相似性！

其次，一只股票拿了很久，好不容易赚钱了，当你屁颠屁颠地获利出局，因为赚了一点小钱，心头还沾沾自喜的时候，卖掉的股票仅略微调整，然后就连续地拉升，大涨很多，卖出价相对于后面的股价微不足道，这时的心酸难以言表。比如，我曾经买的深圳华强（000062），买入后拿了很久，一直不涨，大半年以后终于涨了，我在9.3元左右卖掉，还得意于自己的操作。没想到过了两个多月，和我一起买这只股票的朋友从美国打来电话，问我卖掉没有，并说她17元多卖掉了（后来涨到93元多）。当时我心里就像打翻了醋坛子，满不是滋味！

说到甜，就很简单了。我前前后后在股市投入了27万元，经过多年的操作，有了三大收获：

1. 实现了养家糊口的目的。平时的所有开销，无论大小，基本上都来自股市，小的是油盐柴米等日常开支，大的有孩子去英国留学的费用，还包括家人旅游的费用等等。

2. 买了一套别墅，另外还有几套房子，包括杭州市高档小区的房子，以及家里每人一辆汽车。

3. 股市里还有8位数的资金，相对于原始投入，有超过百倍的收益。

还有一点，我不必起早贪黑、日晒雨淋地劳作，可以坐在家里喝着普洱茶，悠闲地看看电脑。

至于苦，三言两语说不完，很多很多。

第一，就是孤独感。这个市场上，没有朋友，除了孤独，还是孤独！我们不妨想想，目前沪深股市总市值超过50万亿元人民币，这里会有多么大的利益呀？“天下熙熙，皆为利来；天下攘攘，皆为利往。”这会招来多少大鳄、小偷、伪君子、骗子？会有多少力量在里面搅和、奔突呀？我们的那点小钱，在股市里面只不过是沧海一粟，也正因为量小，才要时时提防那些资本大鳄的吞噬。所以，在股市，谁都不能依靠，只能靠你自己！only you！

决定走这条道，注定就是绵绵的孤独。从某个意义上说，孤独就是这条路的宿命！

我在QQ上的签名一直没有变：投资是一个孤独的旅程！

如果在投资中能够容忍孤独、正视孤独进而能够享受孤独，那么恭喜你，你具备了做职业股民的潜质。如果不能，那么学会正视它，要么只把炒股作为副业，或者远离股市。

与孤独相连的就是闲！网络语言称之为“闲得蛋疼”。有行情的时候还好一点，可以盯着股票，有机会就操作。但股市处于单边下跌的时候，真正是无所事事，股市没有看头，既不能操作，却又不能远离，还得经常关注，这时候很是闲闷。

我做职业股民的早期，常常是无所事事，到处闲逛！每天买菜、做饭，典型的家庭煮夫。更要命的，可能还在其他人眼里是怪怪的。比如，可能是菜市场里少见的买菜的中年男人，因为那里大都是大爷大妈，少有几个年轻的也基本上都是女性。当然，你也可能是菜农最欢迎的人，因为买菜从来不讨价还价。你还可能是唯一一个天天开奔驰到菜市买菜的人。总之，有点怪头怪脑、不协调。

我最长的一只股票拿了近三年，也就是说，三年时间里都没有操作，我也尝试着做点其他事情混着，做过业务员、销售管理，甚至还到一个私家侦探公司当过调查员。但由于不能远离股市，又怕耽误人家的事情，均不能长时间坚持，后来索性玩起了游戏——巨人公司开发的大型网络游戏《征途》，一直玩到股市慢慢稳定了才作罢。

这种孤独感还来源于自己的操作方法很难与人沟通，难于被人理解。如果与绝大多数散户一样思维，沟通度最高，但是随着自己的交易系统越来越确定，越来越细化，能沟通的人就越来越少，甚至很多时候在与股友交流时都会陷入一种类似于“鸡同鸭讲”的悲哀，你讲什么他不懂，他讲什么你也不懂，当然，这种不懂实际上就是不认同。

第二，股市的苦当然还有亏钱的痛苦，这也是广大散户感同身受的。回头想想，做股票以来也有过多次亏钱的经历，而每亏损一次都会让自己感到刻骨铭心的痛楚，体会什么叫痛彻心扉。大致总结，我认为自己亏钱基本上是这几种情况：

1. 追涨杀跌。早期做股票经常如此。

2. 道听途说。相对于追涨杀跌，道听途说让我亏损更多。

记忆中亏损最狠的有 3 只票，一只是银基发展。当时，有一位在网上认识的朋友信誓旦旦地告诉我，这票要起飞，地产题材，在沈阳有几千亩土地，土地增值潜力巨大，已有大资金介入云云。我全仓买入，等了几个月，股价一直下跌，最后亏损近 30 万割肉出局，好痛哦！真正是切肤之痛，难怪叫割肉。那时候，我的资金不多，不难想象对我的打击有多大，几天都没有睡好觉。

银基发展改名字了，查了一下，改为烯碳新材（000511），股价现在 5 元多。

第二只亏损严重的股票是南风化工。那时候，有专家说，该公司的盐湖里面有钾，准备开采。我当时想，钾是我国最稀缺的肥料，90% 以上都要靠进口，盐湖钾肥、冠农股份涨得多高呀，这个公司一旦开采，股价不知道要涨到多少，100 元都不止。想入非非的又是重仓杀进，守了很长时间，最后守来了辟谣，该盐湖里没有钾，晕死！又是一次大亏损。

第三只股票是远兴能源。这是一位很有来头的朋友，在饭后很神秘地对我说的：年底一定翻番，有大煤矿注入，她已经满仓杀进！她还说，如果没有赚钱，你可以来找我，可谓信誓旦旦。又听进去了，结果也是严重亏损。

又看了一下，这个 000683 现在价是 3 元多，至今还在我卖出价格下面一截。

此外，职业股民的苦还体现在身体上。由于长期面对电脑，就对身体有所损伤。比如，头发减少，长期的紧张与焦虑会使人掉头发；缺乏运动；如果是抽烟的朋友，烟瘾会变大；另外，对眼睛还会有影响，也就是现在所谓的“视频综合征”，眼睛干涩、容易近视等等。我现在如果长时间看电脑，眼睛就会出现干涩，不舒服。所以，不能长期做这个职业。

笔者几年前就下定决心，做完后面的这波牛市就收摊，销户离场，不再做股票，也不再关注股市。这样，我就可以永远离开股市，那时候，也挣到很多钱了，于是，浪迹天涯，快意人生！写到这里，不知不觉想起了《沧海一声笑》的歌词：

沧海笑　滔滔两岸潮　　浮沉随浪记今朝
苍天笑　纷纷世上潮　　谁负谁胜出天知晓

江山笑　烟雨遥　　　　涛浪淘尽红尘俗事知多少
清风笑 竟惹寂寥　　　　豪情还剩一襟晚照
啦……　　　　啦……

在股市浸淫15载，把最有精力的好年华都奉献给了股市，现在接近尾声，好像是我应该离去的时候了。

辣就不说了，因为早就没有了辣，只留下了平和。以前，我还会跟别人比一下收益什么的，记得曾经在sina的UC房间里荐过几回股票，最好的一次是前一天收盘推荐3只股票，第二天有2只涨停，也赢得了很多喝彩。随着阅历的增长，觉得那些都没有什么意义，不能说明什么，也从来没有参加过什么炒股比赛，因为我深刻地知道，作为一个职业股民，短期多赚没有任何意义，重要的是能够在股市里长久生存，稳定赚钱。

现在的心态是什么程度呢？比方说，我看到重仓的股票跌停也一点不会急，只会耐心地看它的成交量，分析是什么原因跌停，绝对不会盲目操作。

对大部分散户而言，要潜心修炼的其实就是心态，股票一跌就慌，恨不得自己买进去的股票当天就大涨，明天就涨停，患有交易饥渴症，恨不得股市周六周日都开门，等等等等。

请记住，一个成功的散户一定是一个心态很好的人。如果想在股市赚钱，那么就一定要修炼好自己的心态。

前些年，我每年都是先扣除家庭的必要开支，自己再留几万现金供平时花销（主要是旅游花费）。这些钱放在现金账户上，不进入股市且随时补充。在股市比较活跃的时候，会随着大盘点位的升高，加大操作利润的留卡比例，直到全部留存到现金卡上。我在2015年的这轮行情后期，就留下了很多的现金，可供家里多年的花费，所以，就能够从容面对股市的涨跌。往往行情过后会有较长时间的下跌与盘整。

从2005年开始，我就能够比较稳定地获利了。从2007年开始形成了现在的操作系统，每年都稳定获利。可以这么说，现在的股市，对我来说已经没有什么风险了。

第二节　上下求索

2400 多年前，楚国的著名诗人屈原写下了不朽的诗篇《离骚》，其中有传诵千年的名句："路漫漫其修远兮，吾将上下而求索。"我们在股市里的摸索、求真又何尝不是如此？

回想起来，也确实很艰辛。过程曲折复杂，可谓山重水复。

刚进入股市，什么也不懂，只好到处找书看，看得最多的是台湾张龄松老先生的《股票操作学》。天天看，睡觉也在琢磨里面的图形，试图读懂花花绿绿的 K 线走势。以后又读了很多的书，什么蜡烛图，波浪理论，什么证券分析，道氏理论，什么短线交易，多空对决等等。

读这些书有没有作用呢？客观地讲，有！这些书可以普及股票知识。让人了解证券市场的博大精深，丰富多彩。但是没有具体可用的方案，对实际操作没有实质性的指导意义。这些东西，大多是国外人总结国外市场的经验，根本不适合 A 股的操作。A 股的基础、设计以及发展历程都是独一无二的，怎么可能完全适用呢？

但我当时不明白这些道理，于是经历了太多的磨难与曲折。

我早期的操作与所有的散户无异，道听途说买股票，追涨杀跌，情形不对就止损等等。后来发现，总是亏损大于盈利，本钱在慢慢变少，心里非常着急。想着这样不行，我还要养家糊口呢，家里两个读书人，大的在读博士，小的在读中学，都要花钱，平时的柴米油盐酱醋茶也要花钱，于是就想着改变。

我曾经有大半年的时间专门做 T，就是反复操作同一只股票。记得当时很花了一些时间寻找做 T 的标的。那个时候，股票比现在少很多，且交易量不大，连续多天，上证每天的交易量只有 50 多亿。所以我就想，这个标的必须盘子较大，以便能够买得进、卖得掉；公司业绩还得好，不能是垃圾公司。结果 T 来 T 去砸自己手里了。经过再三斟酌，选择了两个礼拜，最后决定操作 600005 的武钢股份。当时该股的股价只有 2.7 元左右，且波动不大。结果是有时 T 对了，有时又 T 飞了。但随着 T 的时间增加，也积累了一些经验。从刚开始的 T 反了就亏钱卖掉，到后来的 T 飞了就等待，不割肉，等着股价重新涨上来。如此几次，于是我就想：如果我在前几天割肉，就是亏钱，亏钱卖掉是多么不划算！我只是多等几天就可以盈利，多亏当时没有割肉。

这样做着做着，就慢慢形成了一个固定的观念：少割肉或者不割肉！股价涨上去了会回来，跌下去了也会再起来。我要做的，就是某几天不操作而已，那么我就不操作嘛，去玩！

这样坚持的结果，有时候一天可以赚 1000 多块钱，有时几百块，当然，也有时好几天都没有进账，但所得足够我们一家的生活开销了。

现在想想，这段做 T 的经历还是蛮有意思，通过做 T，我心态慢慢变好了，学会了等待，学会了不随意割肉，也就是老股民常说的：用时间换空间。

还有段时间，我专门做热点类的股票。当时在 sina 的 UC 房间认识了几个兴趣相投的朋友，约好一起做热点股票。我们 5 个人有明确分工，我和一位内蒙古的朋友负责跟踪热点新闻，每天晚上把当天的新闻联播浏览一遍，第二天早上在各大网站寻找有价值的新闻线索，特别是头条新闻。然后从这些信息中甄选出最有价值的热点新闻交给另外两个人，由他们负责根据新闻对应的行业，寻找相应的上市公司，包括该行业的上下游公司，从中找出几个受此新闻事件影响最大的公司。最后由一个技术高手负责选定几个操作目标以及买卖点，大家自行操作。据这个技术派人士自己说，他做过操盘手，平时说话牛哄哄的，绝对不跟你讨论任何炒股的技术问题，一说到这类话题就缄口不言，讳莫如深，听声音大约 40 来岁。现在回想，对他的技术水平完全没有了印象，唯一可以确定的是他肯定是一位职业股民，天天开盘都在房间里。记得有一次，他老婆给他送什么吃的东西，可能无意中动乱了他的电脑，他火冒三丈，大声呵斥了很久，要求老婆以后在他操作的时间内不要进房间，可能是忘记关麦了，被我们全部听到，为此我们还笑了他很久。

这个操作流程大约进行了4个多月，有时候比较顺利，有时候选错了就得割肉。还有印象的是，最后选定的股票，基本上都是基本面较差的，尤其还有亏损股。奇怪的是，亏损股往往涨得比较好，但总的来说没有赚到钱。这种做法让坚持研究股票基本面的我很恐惧，害怕哪天就会把本金亏完。因为一旦买进去不涨，手里拿的就是一堆垃圾，于是，我就坚决退出了。

我也曾经在较长的一段时间只做一个图形。每天收市后就翻票，搜索这种图形以及将有可能走出这种图形的股票，以便第二天进行操作。

做得最久的是阳后双阴加阳的图形。这个图形最早是在sina的UC房间里讨论出来的。经过一段时间的验证，准确率超过70%，后来就专门做这一种图形，每天在盘中发现这种图形就操作，第二天冲高就出局。

我们还总结了该图形的很多要点。比如说：第一根阳线要有量；第二根阴线要比阳线量小；第三根阴线比第二根阴线量更小，且不要创新低；第四根阳线要有量有高度，超过第一根阳线就是买点。这些都是反复操作后总结出来的。

操作了大半年的时间，略有盈余，赚得不多。原因在于：如果大盘不好，图形失真度就高，经常是走着走着就走坏了，这时候就容易陷入两难境地，是卖掉还是坚守？如果坚守又感觉这只股票的基本面很差，心里忐忑不安。所以很难赚到钱。

除了阳后双阴加阳的图形，还专门做过星星点灯、拱形、井字K线等形态，但效果还不如阳后双阴加阳的形态。

后来有一段时间又专门做涨停板，就是只操作当天要涨停的股票。

每天盯着涨幅榜，关注那些即将要涨停的票，符合条件就买，第二天冲高就获利卖出。记得当时决定做涨停板的原因，就是因为有媒体报道：当天涨停板的股票，第二天继续上涨的概率超过67%。我想，既然概率高于50%，那就应当有赚钱的机会，要是在里面选到更好的图形，成功率岂不是更高？于是，小资金参与，不断地总结。最后，将当天涨停板，第二天高开概率最大的图形要素做出了总结：

1. 当天的交易量越小越好。

2. 位置越高越好，越高越安全。低位涨停往往是主力建仓，不安全。

3. 涨停板的封压单越大越好。

4. 换手率越低越好。

5. 走势越干净越好。走势越干净，第二天冲高的力度越大，获利幅度越大。

6. 时间越短越好。当天的第一只涨停票就是领头羊。

7. 拉升的角度越陡峭越好。

8. 封涨停板时，涨停板最后一个卖单越快被扫除越好。

追涨停不能用所有资金，最好不超过三分之一的资金。介入的时机是：先把买单准备好，不确认，等到压单快被扫除时再确认。即：先排队、后确认，确实保证能够封死涨停。如果不能封死涨停，坚决不确认，或者把买单撤掉。股价当天没有封死涨停板，基本上在当天收盘前就会下跌，第二天更会大幅低开，让人很受伤。

追涨停板大概做了半年时间，其中有一段时间做得很顺，自己也以为找到了一条生存之道，以致后来在000929兰州黄河上栽了个大跟头。那天，刚开始做这只票的时候没有发现问题，图形干净，涨停时量也不大，似乎又是一单很不错的交易。我也如愿在该股封涨停的时候买进去了，哪知道买进去十分钟左右，就被打开了封板，量能急剧放大。下午好像又拉起来一波，但卖单更汹涌，导致当天收盘时只小涨了一点点，当天就亏损7%左右。第二天，股价又大幅低开，按照以往的习惯，应当认赔离场，但由于前一天买的时候图形很好，又是重仓杀入，这时候止损太痛，于是心存侥幸，咬牙拿着，希望能奇迹般起死回生，哪知道又是继续下跌，且交易量比前一天还大。第三天的量倒是小了，却由急跌变成阴跌，以后继续逐波下跌，越来越低。最后到我下决心割肉的时候，股价已经差不多被腰斩。这是我操作涨停板受到最大损失的一次，至今记忆犹新。仅这一次损失，我不但把前期的利润全部还了回去，还乖乖地添加了一些本金。

第三节　稳定盈利

后来我又做了其他一些图形，感觉比较靠谱的是前面技术篇里详细说明的四种图形。

在依据技术面操作了很长时间以后，一个尖锐的问题浮现出来，那就是买进的股票能不能“守”的问题。

根据技术面进行操作，成功的就不说了，顺利完成一次战斗，获得一些战利品。但也会经常碰到另外一些情况，按形态买入的个股没有按照预期运行，而是磨磨唧唧没有动静，甚至向反方向运行，或者个股想有所表现但大盘往下走，导致个股不能按照预期运行。这时候，问题就来了，是继续坚守还是认赔离场？

如果认赔止损，前几次操作的利润就可能被吃掉。形成“忙乎不赚钱”的格局，接下来，我们以10次操作为一个周期来举例说明这个问题。

前面说过：如果10次操作有8次盈利，那么这个周期总的来说就是赚钱的。如果操作有7次盈利，基本上算是打个平手，帮证券公司打工。如果只有6次或者6次以下盈利，那么这个周期就是亏损。为什么呢？因为亏损时本金要大些，绝对金额就大些，而涨上去的本金小些，利润部分就要小一些。

比如，股价从100元跌到50元，亏损50%，而股价从50元涨到100元，必须要涨100%，所以，如果在一个周期里止损达到3次，这个周期基本上就算白干了。如果止损超过3次，那么这个周期就是亏损。

那么反过来想，如果坚守呢？如果坚守，股价固然可能涨回去，赚钱的机会还在，但股价会不会继续下跌，从而使自己受到更大的损失呢？散户怕的就是这个。

如何避免出现重大损失的可能？

经过反复地摸索、总结，我发现，当我买入的股票有较好的基本面，我守仓的底气就足得多，而当我买入的是基本面很差的股票时，我就很害怕。于是，我突然有了领悟：既然害怕，为什么要买呢？买入基本面很差的股票，其实就是在赌博！而赌博是赚不到钱的，正所谓“十赌九输”。

想明白了这一点，我就开始认真研究自选股。花大量时间来研究个股的基本面，诸如公司的行业背景，盈利能力，管理水平，技术壁垒，发展前景，等等。一项一项仔细研究，最后建立自己的自选股股票池。由于池子里面的股票都经过精挑细选，所以各个公司的基本面都了如指掌。我的自选股大约有30—50只股票，我会长期跟踪这些股票情况，比如季报、年报，平时的发展动向，经营计划，并购情况等等。每次出新的公告就关注，分析公告对公司经营有什么影响和意义。

我认为，一个职业股民最多也就能同时跟踪这么多股票了，如果再多了，可能就会关注不过来，就像在田里抓鱼，满田的鱼活蹦乱跳，最多只能够用两手各抓一条鱼，如果这条也想抓，那条也想抓，最后就是狗熊掰棒子的结局。如果同时关注的股票太多，自己对自选的股票就会感到陌生，一旦陌生，自选股就失去了意义，因为陌生使你不敢相信。如果是一个非职业的股民，时间更会少很多，或许关注的股票只能在20只以内。

建立自选股以后，我就只在自选股里面寻找操作的目标。一只股票操作结束，就在自选股里面另外寻找处于买点形态的股票操作。如果买入之后，股价没有按照自己的预期运行，就毫不犹豫地坚守，直到获利为止。

这样做有几个明显的好处：

一是不怕。由于自己对所买的股票进行过仔细的研究，股价跌了不会感到害怕，因为知道它的价值。股价是随着价值波动的，这就好比遛狗，人就是价值，狗就是股价。狗经常会变动位置，有时跑到人的前面，有时跑到人的后面，即使跑远了也会回到人的身边，不会跑得无影无踪。

二是极大地提高了成功率。由于总是赚钱了才卖票，亏钱不出，当然成功率非常高。从2007年以来，我基本上没有亏钱卖出过股票。我认为，亏钱出票只有两种情况，第一，基本面出现重大改变，也就是不幸遭遇黑天鹅事件的时候。第二，大盘见顶，面临由牛转熊的时候，而这个时候还要在第一时间出局。除此以外，我找不出任何需要割肉的理由。少了割肉，成功率也就大大提高了。

三是稳定获益。如果每次操作都能够盈利，那么在股市的收益就开始变得稳定起来，也就是从股市稳定地赚钱了，再换句话说，股市就成了一部提款机。当然，这个提款机是有脾气的，什么时候能够取要看它的脸色。我们要做的就是搞好资金管理，在大盘向好的时候留下一定的利润，存入卡里，永远不进入股市。大盘越好，留存比例就越高，直到留存100%的利润。这样，就不会太过于关注大盘的走势，也不会过于计较股市资金的短期得失，与股市保持一定的距离，养成从容不迫的投资心态。我最长的等待时间差不多有三年，最后还是获利比较多才卖出了股票。

总结我的盈利模式，就是简单的两点：

研究基本面决定买什么股票。研究技术面决定你何时买卖！

或者说：基本面选股，技术面选时！

刀刀见血！

当然，这血是股市的，不是自己的。

后 记

经过我和儿子卢宁两年多的辛勤付出，这本书终于付梓了！本书能够这么早出版，主要归功于卢宁的创意与坚持，按照我原来的想法，做这项工作要等到几年后。

在写作该书的艰难日子里，我们既有四易其稿的大动干戈——砍除了1/3的内容，也有反复讨论的精雕细琢——对全书的结构、细节的表述，想了又想，改了又改，丝毫不敢马虎。因为我们深知，在股市中真正确定性的东西是不多的，多的是似是而非、不确定的东西。我们写作本书，就是希望力求解析一些比较确定的、实实在在的东西，使之成为质量过硬的砖瓦、砂石，钢筋、水泥，让散户可以放心地用来搭建自己的操盘之屋，而不至于有坍塌的危险。

阴差阳错地成为职业股民至今已有15个年头，我把最有精力的年华与经验都消磨在A股中。曾经风华正茂的我，如今已是两鬓微霜。多少个日日夜夜，多少次冥思苦想，多少篇报表数据，多少回柳暗花明，我感受了股市里的荆棘密布、陷阱沟渠，也体验了其中的繁花似锦、欢歌笑语！股市的魅力就在于此，欲罢不能，爱恨交加。

想起多年前看到的一个小故事：有个年轻人，要离开山村到大城市闯荡，临行前辞别村里德高望重的老村长。村长给他写了两张纸条，装在两个信封里。一封让他带着路上看，一封留在村里。年轻人在路上打开信封，看到纸条上面只有三个字："不要怕。"

年轻人在外面经历了很多风风雨雨，事业上有过成功，也有过失败。饱经沧桑之后，他回到老家。此时，老村长已然过世，老村长的孙女给了他一个陈旧的信封。他打开信封，纸条上依然是三个字："不要悔。"

人生如此，做股票又何尝不是呢？

庄子说："筌者所以在鱼，得鱼而忘筌；蹄者所以在兔，得兔而忘蹄；言者所以在意，得意而忘言。"我们希望这本书是那个筌，能够使你得到想要的鱼。

"三十功名尘与土，八千里路云和月。"做股票是一个长途跋涉的行程，要迈过一道道坎才能豁然开朗，获得成功，但愿本书能够对散户有所帮助。

卢平忠

于2016年9月7日